NE능률
영어교과서

대한민국 고등학생 **10명 중**
4.7 명이 보는 교과서

영어 고등 교과서 점유율 1위
(7차, 2007 개정, 2009 개정, 2015 개정)

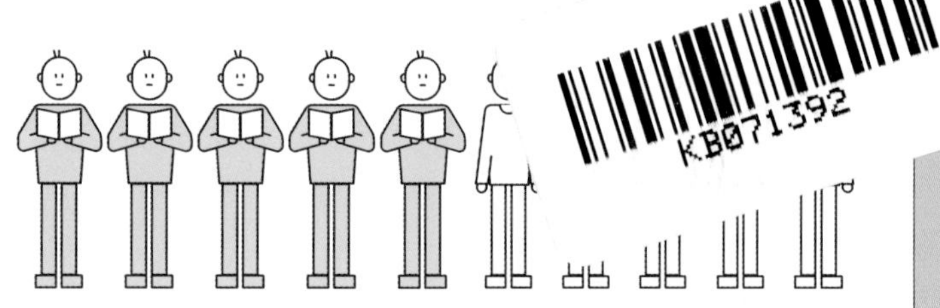

고등학교

중국어 I 자습서

지은이 유성진, 진경화, 이초원, 이수경, 임현숙, 서자연, 고승희
탁은정, 조서연, 박주희, 김민혜

편 집 이효정, 박지수

디자인 박정이

조 판 박정이, 김지혜

마케팅 박혜선, 고유진, 김여진

영 업 한기영, 이경구, 박인규, 정철교, 김남준, 김남형, 이우현

고등학교 중국어 Ⅰ 자습서

NE 능률

머리말

세계무대에서 중국의 위상은 갈수록 높아지고 있으며 어느새 GDP 세계 2위의 경제 대국으로 성장하였습니다. 1992년 한국과 중국이 수교한 이후로 두 나라의 관계는 정치, 문화, 경제 등 여러 분야에 걸쳐 상호 교류와 협력이 강화되고 있고 중국어 교육의 중요성은 갈수록 더욱 커지고 있습니다. 이러한 시대에 국제무대에서 활약할 중국 전문 인재 양성은 시대적인 필수 과제가 되었습니다.

이러한 추세에 맞추어 중국어를 처음 접하는 학생들이 쉽고 보다 효율적으로 학습할 수 있도록 2015년 개정 고등학교 중국어 교육 과정에 따라 〈고등학교 중국어 I〉을 집필하였습니다.

이 교과서와 연계하여 본 자습서는 학습자 스스로 학습할 수 있도록 교과서 내용을 쉽게 설명하고 듣기, 말하기, 읽기, 쓰기를 단계적이고 반복적으로 학습할 수 있도록 구성하였습니다.

첫째, 각 단원 도입부에서는 단원에서 학습할 단어를 한눈에 볼 수 있도록 미리 정리를 하여 어떤 내용을 학습하게 될지 미리 예습할 수 있습니다.

둘째, 교과서 내용에 대한 해석 및 예시 대화, 자세한 읽기 본문 해설을 첨가하여 혼자서도 쉽게 학습할 수 있습니다.

셋째, 교과서에 설명된 문화 이외에도 다양한 문화 소개를 통해 중국에 대한 이해를 높이고 중국 문화를 재미있게 접할 수 있습니다.

넷째, 체크체크 문제를 통해 읽기 내용을 다시 한 번 확인하고, 간단한 유형의 꼬마 문제를 통해 핵심 내용을 한 번 더 점검할 수 있으며, 단원 평가와 총 4회의 중간 · 기말 평가를 수록하여 수업 중의 다양한 평가와 학교 시험에 대비할 수 있습니다.

본 자습서와 함께 중국어 공부를 하면서 학습자 스스로 자신감을 갖고 중국어 학습을 해 나갈 수 있기를 바라며 중국어 실력이 나날이 높아지길 진심으로 기원합니다.

저자 일동

이 책의 구성과 활용 방법

교과서 내용 완전 정복

단어 미리보기

각 단원에서 학습할 단어를 한눈에 볼 수 있도록 단원 앞부분에 미리 정리하여 학습할 내용을 예습할 수 있습니다.

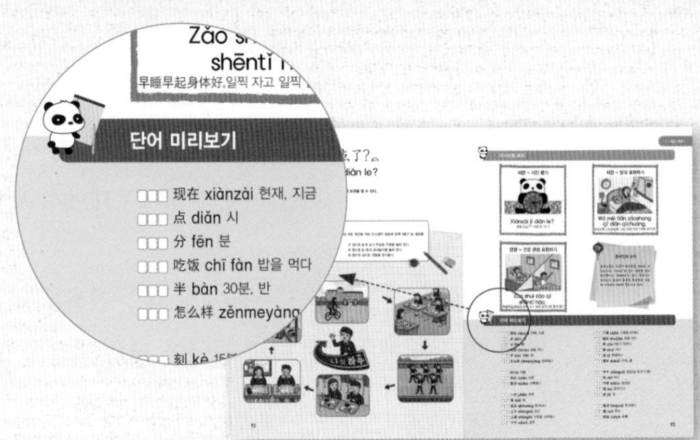

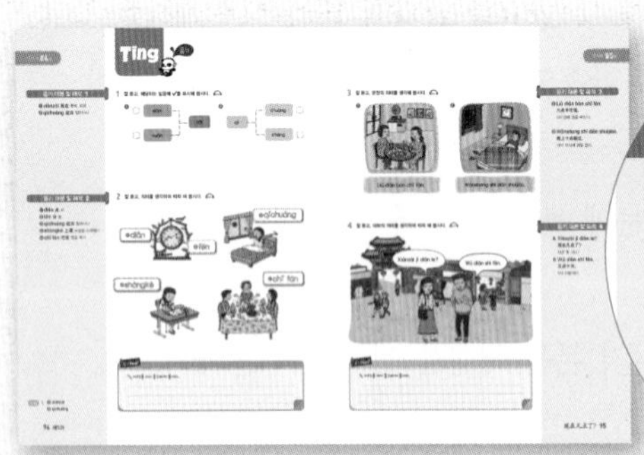

듣기 대본 및 해석 3
❶ Liù diǎn bàn chī fàn.
六点半吃饭。
6시 반에 밥을 먹는다.
晚上十点睡觉。
저녁 10시에 잠을 잔다.

듣기 대본 및 해석

교과서에 실린 모든 듣기 대본을 해석과 함께 수록하여 문제를 풀어본 후에 그 내용을 바로 확인할 수 있습니다.

읽기 본문 해석 및 해설

읽기 본문의 모든 문장에 중요한 내용을 알기 쉽게 해설하여 교과서 내용을 혼자서도 쉽게 이해할 수 있습니다.

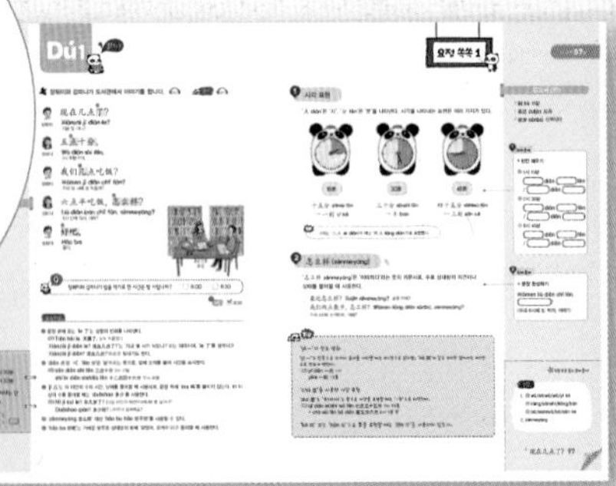

现在几点了?
장웨이
Xiànzài jǐ diǎn le?
지금 몇 시니?
五点十分。
김미나
Wǔ diǎn shí fēn.
5시 10분이야.

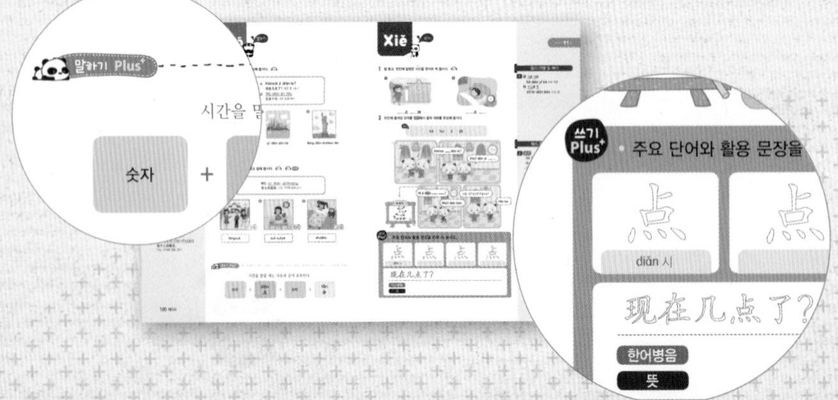

플러스 학습

듣기 플러스, 말하기 플러스, 쓰기 플러스 등 교과서 내용에 더하여 추가 학습을 함으로써 실력을 한층 더 향상시킬 수 있습니다.

다양한 평가를 통한 학교 시험 대비

체크체크, 꼬마 문제, 단원 평가, 중간 · 기말 평가 등 영역별로 체계적인 평가 문제를 통해 확인 학습 효과를 높이고 중간, 기말 고사를 포함한 모든 내신 평가에 대비할 수 있게 하였습니다. 또한 가로세로 퍼즐, 워드서치처럼 재미있고 다양한 유형으로 학습한 내용을 복습할 수 있습니다.

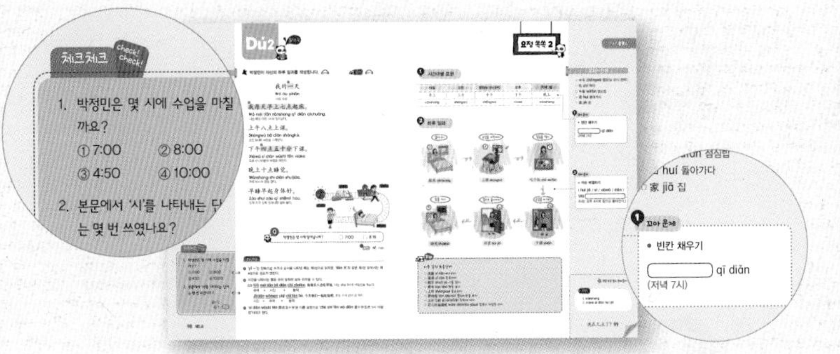

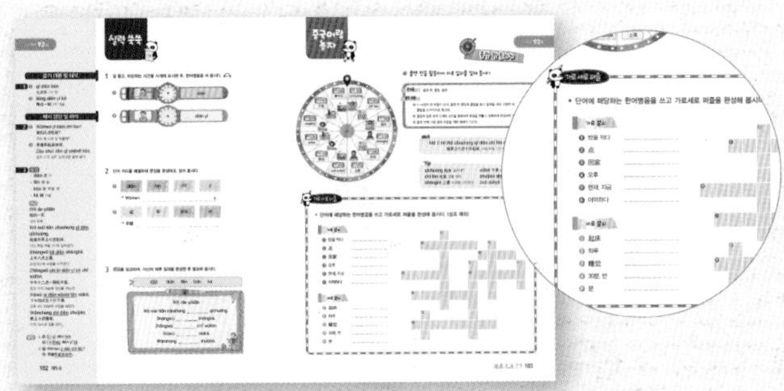

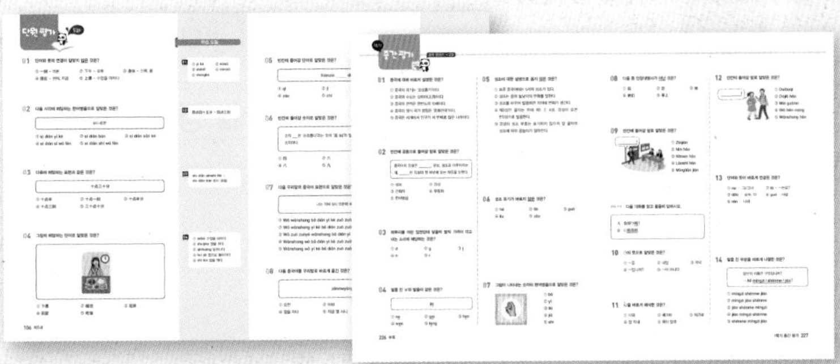

다양한 부록으로 자기주도 학습 가능

단원별 간화자 쓰기 노트, 본문 쓰기 노트 등을 통해 스스로 써 보며 단어와 문장을 완벽하게 익힐 수 있고, 시험 직전 대비용 어휘 정리와 읽기 정리를 통해 짧은 시간에 집중적으로 중요한 내용을 정리할 수 있습니다.

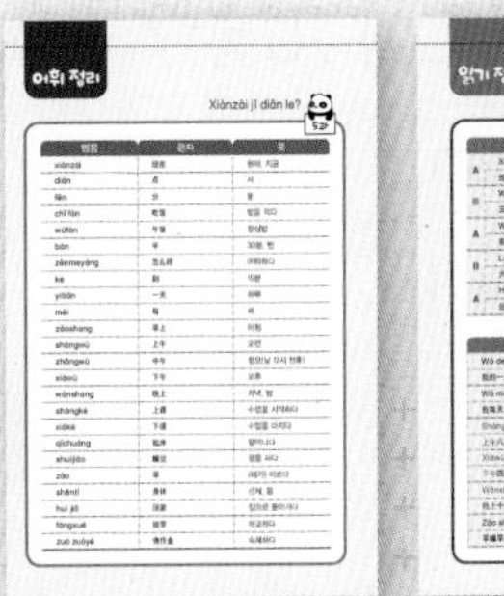

차례

머리말 · 3

구성과 특징 · 4

중국 엿보기 · 8

중국어의 발음 · 10

단원 평가 · 24

1 你好! · 26
Nǐ hǎo!
단원 평가 · 40

2 你叫什么名字? · 42
Nǐ jiào shénme míngzi?
단원 평가 · 56

3 这是谁? · 58
Zhè shì shéi?
단원 평가 · 72

쉬어 가기 1_동물 · 74

4 今天几月几号? · 76
Jīntiān jǐ yuè jǐ hào?
단원 평가 · 90

5 现在几点了? · 92
Xiànzài jǐ diǎn le?
단원 평가 · 106

6 请问，地铁站怎么走？ · 108
Qǐngwèn, dìtiězhàn zěnme zǒu?
단원 평가 · 122

쉬어 가기 2_다양한 동작 · 124

7 您要买什么？ · 126
Nín yào mǎi shénme?
단원 평가 · 140

8 喂！王丽在吗？ · 142
Wèi! Wáng Lì zài ma?
단원 평가 · 156

9 你有什么爱好？ · 158
Nǐ yǒu shénme àihào?
단원 평가 · 172

쉬어 가기 3_다양한 음식 · 174

10 你吃饭了吗？ · 176
Nǐ chī fàn le ma?
단원 평가 · 190

부록 · 192

- 간화자 쓰기 노트 196
- 단원별 쓰기 노트 216
- 1학기 중간 평가 226 / 1학기 기말 평가 230
- 2학기 중간 평가 234 / 2학기 기말 평가 238
- 예시답안과 해설 242
- 교과서 어휘 색인 254
- 단원별 어휘 정리/읽기 정리

중국 엿보기

실크로드(丝绸之路, sīchóu zhī lù)
한나라와 당나라 시기 서역과의 교역을 위해 개척된 교통로이다. 중국의 주요 수출품인 비단이 운반되었다 하여 실크로드라는 이름이 붙여졌다.

신장웨이우얼 자치구
新疆维吾尔 Xīnjiāng Wéiwú'ěr

간쑤성
甘肃 Gānsù

칭하이성
青海 Qīnghǎi

시짱 자치구
西藏 Xīzàng

판다(熊猫, xióngmāo)
중국을 대표하는 동물로 주로 쓰촨 지역에 서식하고 있다. 온순한 편이며 눈 주위와 다리의 털이 검은색인 특징이 있다.

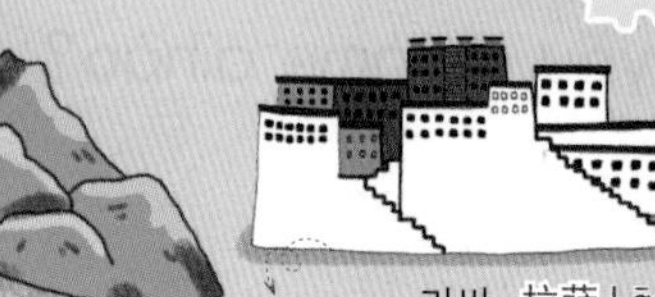

라싸 拉萨 Lāsà

쓰촨성
四川 Sìchuān

포탈라궁(布达拉宫, Bùdálā Gōng)
라싸의 홍산(红山, Hóngshān)에 위치한 불교 의식을 위한 궁전으로 1994년 유네스코 세계문화유산으로 지정되었다.

윈난 스린(云南石林, Yúnnán shílín)
이족(彝族, yízú) 자치현에 위치하며, 기암괴석과 특이한 봉우리들로 숲을 이루고 있는 카르스트 지형이다. 2007년 유네스코 세계자연유산으로 등재되었다.

쿤밍
昆明 Kūnmíng

윈난성
云南 Yúnnán

Q1

중국의 정식 국가 명칭은 '중화민국'이다? O | X

▶ 중국의 정식 국가 명칭

중국의 정식 국가 명칭은 '중화인민공화국(中华人民共和国, Zhōnghuá Rénmín Gònghéguó)'이다.

'중화민국'은 현재까지 타이완에서 사용하고 있는 국명이다.

Q2

중국의 국기는 '오성홍기'이다? O | X

▶ 중국의 국기

중국의 국기는 오성홍기(五星红旗, Wǔxīng-Hóngqí)로 붉은색 바탕에 다섯 개의 노란색 별이 상단에 그려져 있다.

중국의 국기인 오성홍기는 혁명을 상징하는 붉은색 바탕 위에 대지의 광명을 뜻하는 노란색 별 5개가 조화를 이루고 있다. 그중 큰 별은 중국 공산당을, 작은 별 4개는 사회를 구성하는 각각의 계층을 의미한다. 1949년 7월 정식 국기로 채택되었다.

Q3

중국은 세계에서 인구가 세 번째로 많은 나라이다? O | X

▶ 중국의 인구

중국의 인구는 약 13억 7천만 명(2015년 기준)으로, 세계 1위의 인구 대국이다.

중국 정부 통계에 따르면 2016년 기준 중국 인구수는 13억 8,271만 명으로 나타났으며, 2017년 7월에 발표된 CIA 자료에서는 약 13억 7,930만 명인 것으로 집계되었다.

정답 1. × 2. ○ 3. × 4. ○ 5. × 6. ×

하얼빈 빙등제(哈尔滨冰灯节, Hā'ěrbīn bīngdēngjié)
매년 겨울에 개최되며 세계에서 가장 오래된 대규모 눈과 얼음 축제로 손꼽힌다. 유명 얼음 조각가들의 예술 작품을 감상할 수 있어 해마다 많은 관광객이 몰려든다.

헤이룽장성
黑龙江 Hēilóngjiāng

네이멍구 자치구
内蒙古 Nèiménggǔ

지린성
吉林 Jílín

닝샤후이족 자치구
宁夏回族 Níngxià Huízú

랴오닝성
辽宁 Liáoníng

천안문(天安门, Tiān'ān Mén)
고궁의 남쪽에 위치하고 있으며, 가운데에 마오쩌둥의 초상화가 걸려 있다. 그 앞에 있는 천안문 광장은 국가적인 행사를 치르는 장소로 자주 사용되고 있다.

베이징
北京 Běijīng

톈진
天津 Tiānjīn

허베이성
河北 Héběi

산시성
山西 Shānxī

산둥성
山东 Shāndōng

산시성
陕西 Shǎnxī

병마용(兵马俑, bīngmǎyǒng)
진시황릉의 부장품으로 진시황이 사후 자신의 무덤을 지키게 할 목적으로 만든 것으로 추측된다. 보병, 기병 등 병사들의 모습과 표정이 다양하다는 특징이 있다.

허난성 河南 Hénán

장쑤성
江苏 Jiāngsū

안후이성
安徽 Ānhuī

후베이성
湖北 Húběi

충칭
重庆 Chóngqìng

상하이 上海 Shànghǎi

동방명주(东方明珠, Dōngfāngmíngzhū)
높이 468m의 방송 수신탑으로 상하이의 대표적인 랜드마크이다. 전망대가 있어 상하이 시내 전경을 한눈에 바라볼 수 있는 관광 명소로도 유명하다.

저장성
浙江 Zhèjiāng

후난성
湖南 Húnán

장시성
江西 Jiāngxī

구이저우성
贵州 Guìzhōu

푸젠성
福建 Fújiàn

광시좡족 자치구
广西壮族 Guǎngxī Zhuàngzú

광둥성 广东 Guǎngdōng

타이완 台湾 Táiwān

마카오
澳门 Àomén

홍콩
香港 Xiānggǎng

딤섬(点心, diǎnxin)
홍콩을 비롯한 광둥 지역을 대표하는 요리로 차와 함께 간단히 즐길 수 있는 간식거리를 의미한다.

하이난성
海南 Hǎinán

Q6

중국의 면적은 한반도의 10배이다? O | X

중국의 면적

중국의 면적은 약 960만㎢로 한반도의 약 44배이다.

중국 면적은 약 960만㎢(9,596,960㎢)로 세계 4위에 해당한다. 이를 대한민국 면적인 약 9만 9천㎢(99,720㎢)와 비교해 볼 때 약 99배 정도 되며, 북한의 면적인 약 12만㎢(120,538㎢)와 합해도 최소 44배 이상이라고 할 수 있다.

Q5

중국의 수도는 '상하이(上海)'이다? O | X

중국의 행정 구역

중국은 4개 직할시, 22개 성(중국은 타이완을 23번째 성으로 간주), 5개 자치구, 2개 특별 행정구로 나뉘며, 수도는 베이징(北京)이다.

중국은 타이완(台湾, Táiwān)을 23번째 성으로 간주하고 있다. '하나의 중국' 원칙에 따라 타이완은 '차이니즈 타이베이(Chinese Taipei)'로 불리기도 한다.

중국 행정 구역

- 직할시(直辖市): 4개
  ➡ 베이징, 상하이, 톈진, 충칭
- 성(省): 22개(중국은 타이완을 23번째 성으로 간주)
- 자치구(自治区): 5개
  ➡ 신장웨이우얼, 시짱, 네이멍구, 닝샤후이족, 광시좡족
- 특별행정구(特别行政区): 2개
  ➡ 홍콩, 마카오

Q4

중국은 다민족 국가이다? O | X

중국의 민족

중국은 약 92%(2015년 기준)를 차지하는 한족(汉族)과 55개의 소수민족으로 구성된 다민족 국가이다.

중국어의 발음

001

학습 목표 중국어의 발음 요소를 이해하고, 바르게 발음할 수 있다.

학습 내용

성조

성조 익히기

성모

성모 익히기

운모

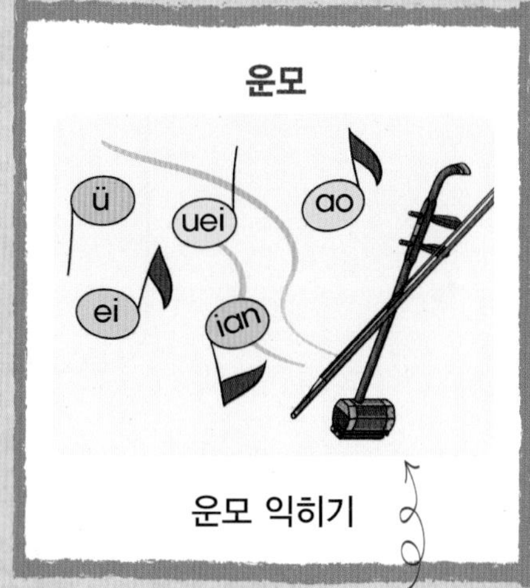

운모 익히기

얼후(二胡, èrhú)
얼후는 중국의 전통 악기로 중국에서는 아주 대중적인 악기이며 해외에서는 '중국의 바이올린'이라는 별칭으로 불리기도 한다. 단단한 나무로 만들어진 몸체에 뱀 가죽을 씌우고 긴 자루를 달아 그 자루에 줄 두 가닥을 연결한 후 그 줄 사이에 활을 끼워 연주한다. 외형은 해금과 비슷하나 실제 연주법에는 차이가 있다.

한위 & 푸퉁화

중국에서는 중국어를 한위(汉语, Hànyǔ)라고 하며, 이는 한족(汉族, Hànzú)이 사용하는 언어라는 뜻입니다. 중국어에는 다양한 방언이 있어 표준어를 제정하여 사용하는데, 이를 푸퉁화(普通话, pǔtōnghuà)라고 합니다.

> **Tip**
> 중국인들은 보통 중국어를 '중국어(中国语)'라고 하지 않고 '한위(汉语, Hànyǔ)'라고 하는데 이는 중국 인구의 절대 다수를 차지하는 한족(汉族, Hànzú)의 언어라는 뜻이다. 중국은 지역이 넓은 만큼 다양한 방언이 존재하는데, 일부 방언들은 중국인들끼리도 의사소통이 어려울 정도로 차이가 크다. 이러한 문제점을 해결하기 위해 표준어인 '푸퉁화(普通话, pǔtōnghuà)'를 제정하였다.

중국에서는 획순이 복잡한 한자인 번체자(繁体字, fántǐzì)를 쉽고 간단한 형태로 바꾸어 쓰고 있는데, 이를 간화자(简化字, jiǎnhuàzì)라고 합니다.

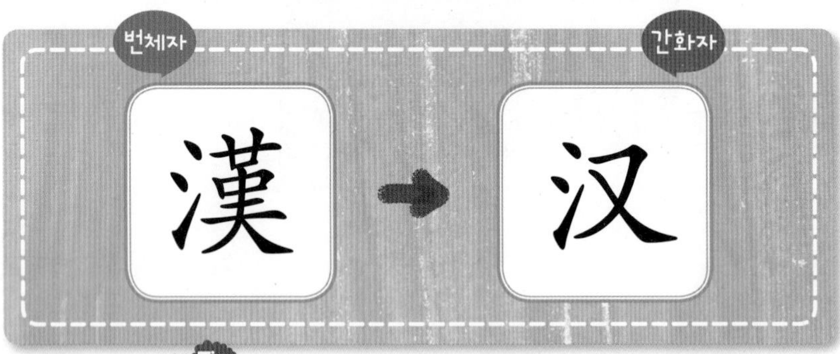

> **Tip**
> • 번체자: 현재 우리나라, 홍콩, 타이완 등지에서 사용하는 원래의 한자이다.
> • 간화자를 만든 이유: 기존 한자가 복잡하고 어려워 사람들의 문맹률이 높아 이를 해결하기 위해 획을 단순하게 바꾼 간화자를 만들었다.

한어병음

중국어는 한자만 보고는 어떻게 발음하는지 알 수 없어서 로마자를 이용하여 발음을 표기하는데, 이를 한어병음(汉语拼音, Hànyǔ Pīnyīn)이라고 합니다.

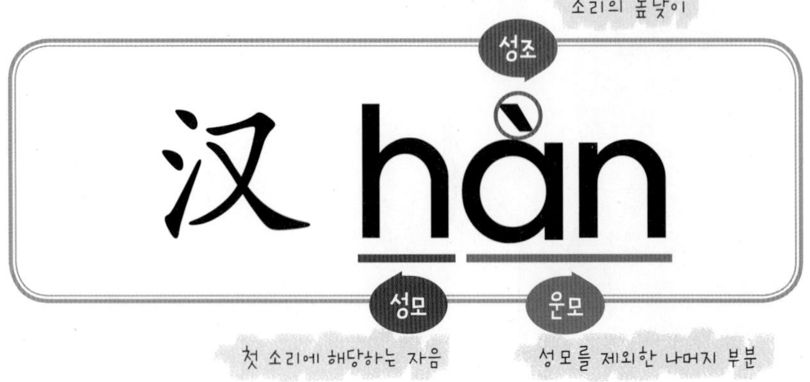

중국어 한어병음의 구성 요소를 써 봅시다.

정답 성조 hǎo 성모 운모

성조

성조(声调, shēngdiào)는 소리의 높낮이를 나타냅니다. 기본적으로 4개의 성조(제1성, 제2성, 제3성, 제4성)가 있으며, 성조가 달라지면 의미도 달라집니다.

제1성

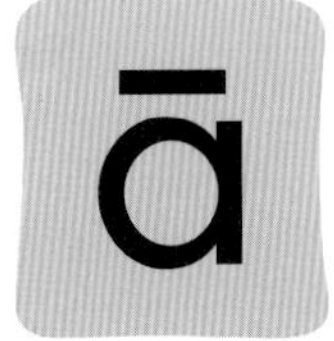

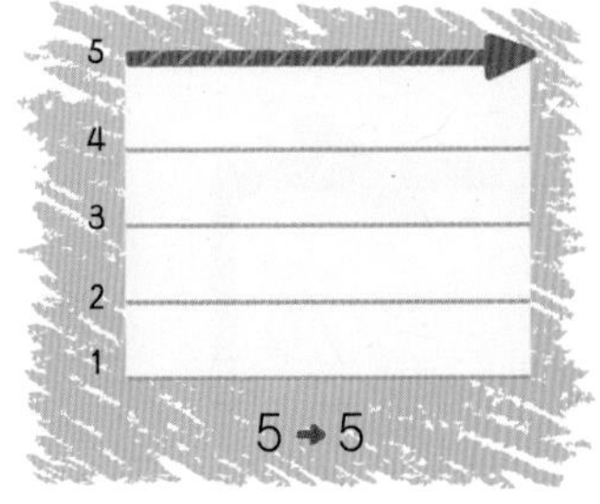

가장 높은 음(솔)으로 처음부터 끝까지 높이 변화 없이 내는 소리이다.

제2성

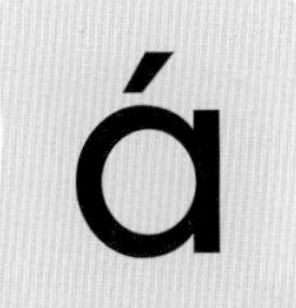

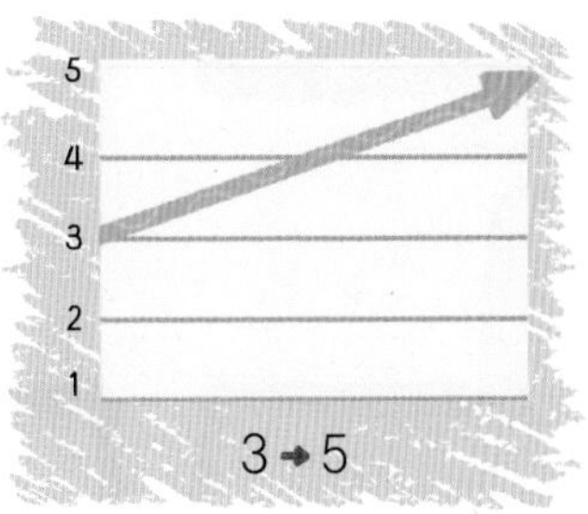

중간(미)에서 가장 높은 음(솔)까지 끌어 올리며 내는 소리이다.

제3성

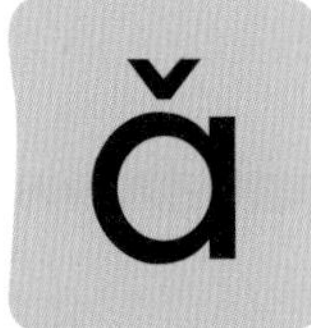

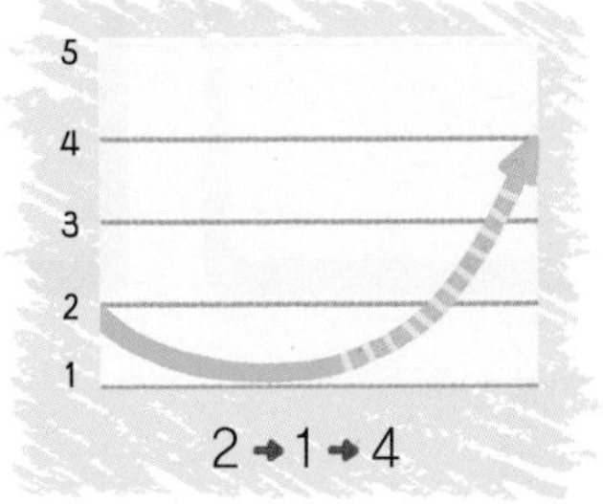

낮은 음(레)에서 가장 낮은 음(도)까지 내려갔다가 다시 위로 올리며 내는 소리이다. 한국 사람들이 가장 발음하기 어려워하는 성조로 발음할 때 가장 낮은 음까지 충분히 내릴 수 있도록 주의한다.

제4성

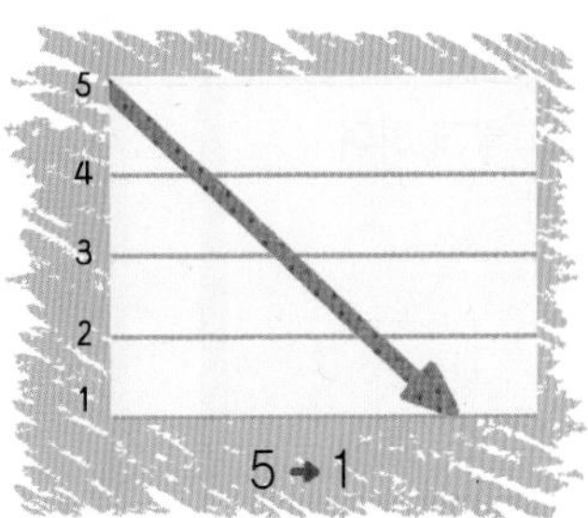

가장 높은 음(솔)에서 가장 낮은 음(도)으로 떨어뜨리며 내는 소리이다.

잘 듣고, 성조에 유의하여 따라 해 봅시다. 

mā　　má　　mǎ　　mà

운모I

a

004

운모(韵母, yùnmǔ)는 음절에서 성모를 제외한 나머지 부분으로, 6개의 기본 운모가 있습니다.

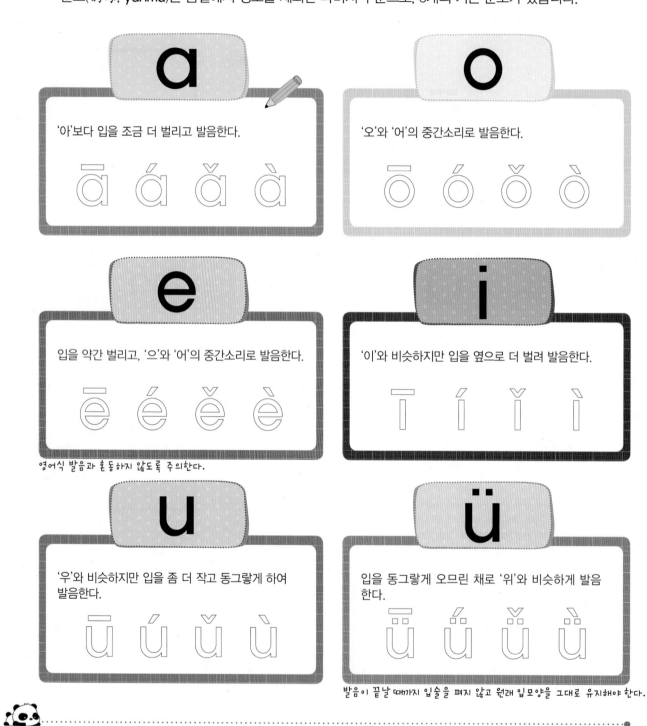

a

'아'보다 입을 조금 더 벌리고 발음한다.

ā á ǎ à

o

'오'와 '어'의 중간소리로 발음한다.

ō ó ǒ ò

e

입을 약간 벌리고, '으'와 '어'의 중간소리로 발음한다.

ē é ě è

영어식 발음과 혼동하지 않도록 주의한다.

i

'이'와 비슷하지만 입을 옆으로 더 벌려 발음한다.

ī í ǐ ì

u

'우'와 비슷하지만 입을 좀 더 작고 동그랗게 하여 발음한다.

ū ú ǔ ù

ü

입을 동그랗게 오므린 채로 '위'와 비슷하게 발음한다.

ǖ ǘ ǚ ǜ

발음이 끝날 때까지 입술을 펴지 않고 원래 입모양을 그대로 유지해야 한다.

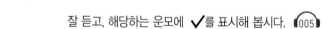

잘 듣고, 해당하는 운모에 ✓를 표시해 봅시다. 005

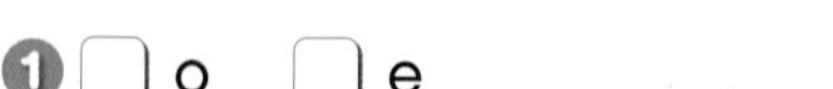

❶ ☐ o ☐ e

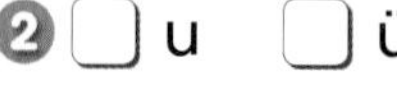

❷ ☐ u ☐ ü

정답 ❶ ☑ e ❷ ☑ ü

006

성모(声母, shēngmǔ)는 음절의 첫소리에 해당하는 자음으로, 모두 21개가 있습니다.

b · p · m + o : 두 입술을 붙였다가 떼면서 내는 소리

우리말의 'ㅃ, ㅍ, ㅁ'처럼 발음한다.

f + o : 윗니를 아랫입술에 살짝 대었다가 떼면서 내는 소리

영어의 'f'와 비슷하게 발음한다.

d · t · n · l  e : 혀끝을 윗니 뒤쪽 잇몸에 붙였다가 떼면서 내는 소리

우리말의 'ㄷ, ㅌ, ㄴ, ㄹ'처럼 발음한다.

g · k · h  e : 혀뿌리를 (여린) 입천장에 가까이 대고 내는 소리

우리말의 'ㄲ, ㅋ, ㅎ'과 비슷하나 우리말의 발음보다 더 목구멍과 가까운 곳에서 소리가 나도록 발음한다.

j · q · x  i : 혀의 앞부분을 입천장 앞쪽에 붙였다 떼거나, 가까이 대고 내는 소리

우리말의 'ㅈ, ㅊ, ㅅ'과 비슷하게 발음한다. 'x'의 경우 '씨'로 강하게 발음하지 않도록 주의한다.

zh · ch · sh · r  i : 혀끝을 들어 올려 입천장 중간쯤에 붙였다 떼거나, 가까이 대고 내는 소리

우리말에는 없는 발음으로 혀를 말아 올려 발음한다.

z · c · s 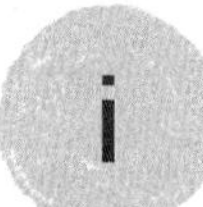 i : 혀끝을 윗니의 뒤쪽에 붙였다 떼거나, 가까이 대고 내는 소리

우리말의 'ㅉ, ㅊ, ㅆ'과 비슷하나 좀 더 마찰하는 음이 나도록 발음한다.

잘 듣고, 해당하는 성모에 ✓를 표시해 봅시다. 007

❶ ☐ p ☐ f

❷ ☐ j ☐ z

정답 ❶ ☑ p ❷ ☑ j

008

a

ai	ao	an	ang
cài 菜 요리	gāo 高 (키가) 크다, 높다	kàn 看 보다	máng 忙 바쁘다

o

ou	ong
zǒu 走 가다, 걷다	hóng 红 붉다, 빨갛다

e

우리말 '에이' 발음과 비슷하다.

ei	en	eng	er
			2
fēi 飞 날다	mén 门 문	lěng 冷 춥다, 차다	èr 二 둘, 2

Tip 운모 'i'가 단독으로 쓰일 때는 'yi'로, 음절의 첫 글자로 쓰일 때는 'y'로 표기한다.

i(yi)

우리말 '이에' 발음과 비슷하다.

우리말 '이엔' 발음과 비슷하다.

ia(ya)	ie(ye)	iao(yao)	iou(you)	ian(yan)
			6	100
jiā 家 집	xiě 写 쓰다	niǎo 鸟 새	liù 六 여섯, 6	qián 钱 돈, 화폐

in(yin)	iang(yang)	ing(ying)	iong(yong)
xìn 信 편지	xiàng 象 코끼리	tīng 听 듣다	xióng 熊 곰

u(wu)

Tip 운모 'u'가 단독으로 쓰일 때는 'wu'로 표기한다.
운모 'u'가 음절의 첫 글자로 쓰일 때는 'w'로 표기한다.

'uei' 앞에 성모가 올 경우 '성모+ui'로 표기한다. u 뒤에 나오는 'ei'는 우리말 '에이'와 비슷하게 발음한다.

ua(wa)	uo(wo)	uai(wai)	uei(wei)
huā 花 꽃	zuò 坐 앉다	shuài 帅 잘생기다	duì 对 맞다

uan(wan)	uen(wen)	uang(wang)	ueng(weng)
chuān 穿 입다	wèn 问 묻다	huáng 黄 노랗다	wèng 瓮 항아리

ü(yu)

Tip 운모 'ü'가 단독으로 쓰이거나 음절의 첫 글자로 쓰일 때는 'yu'로 표기한다.

우리말 '위에' 발음과 비슷하다.

우리말 '위엔' 발음과 비슷하다.

üe(yue)	ün(yun)	üan(yuan)
xuě 雪 눈	yún 云 구름	yuǎn 远 멀다

Tip ( )안의 발음 표기는 성모 없이 운모만으로 발음될 때의 표기법이다.

잘 듣고, 해당하는 운모에 ✓를 표시해 봅시다. 009

❶ ☐ ie ☐ ia ❷ ☐ ou ☐ ao

정답 ❶ ☑ ia ❷ ☑ ou

발음 연습

010

❶ jīdàn
鸡蛋 달걀

❷ bǐnggān
饼干 과자, 비스킷

❸ shuǐguǒ
水果 과일

❹ kāfēi
咖啡 커피

❺ guǒzhī
果汁 과일 주스

❻ Zhēn bàng!
真棒! 정말 대단하다!

❼ kělè
可乐 콜라

❽ niúnǎi
牛奶 우유

❾ miànbāo
面包 빵

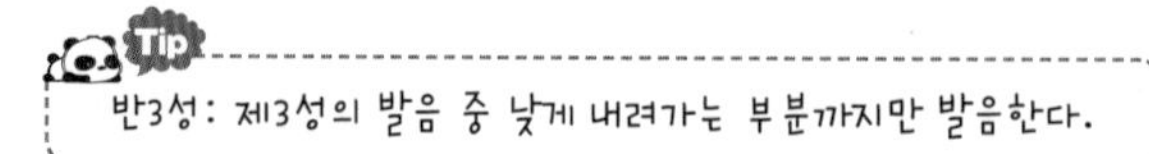

Tip
반3성: 제3성의 발음 중 낮게 내려가는 부분까지만 발음한다.

제3성은 뒤 음절의 성조에 따라 앞 음절의 성조가 변한다. 단, 성조 표기는 바뀌지 않는다.

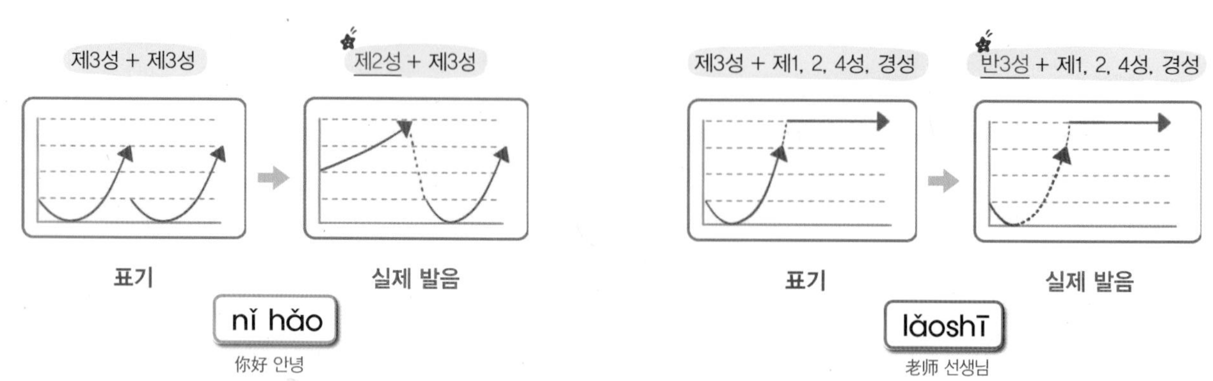

숫자

011

一	二	三	四	五
yī	èr	sān	sì	wǔ
六	七	八	九	十
liù	qī	bā	jiǔ	shí

Tip
손가락 숫자: 중국 사람들은 한손으로 1부터 10까지를 표시하는데, 붐비는 장소나 물건을 살 때 유용하게 사용할 수 있다.

⑩ hēibǎn
黑板 칠판

⑪ Jiāyóu!
加油 힘을 내다, 응원하다

⑫ diànnǎo
电脑 컴퓨터

⑬ zhuōzi
桌子 책상

⑭ yǐzi
椅子 의자

⑮ shūbāo
书包 책가방

경성

경성(轻声, qīngshēng)은 하나의 음절이 본래의 성조를 잃고, 가볍고 짧게 발음되는 음을 말한다.
앞 음절의 성조에 따라 음높이가 달라지며, 성조 부호는 표기하지 않는다.

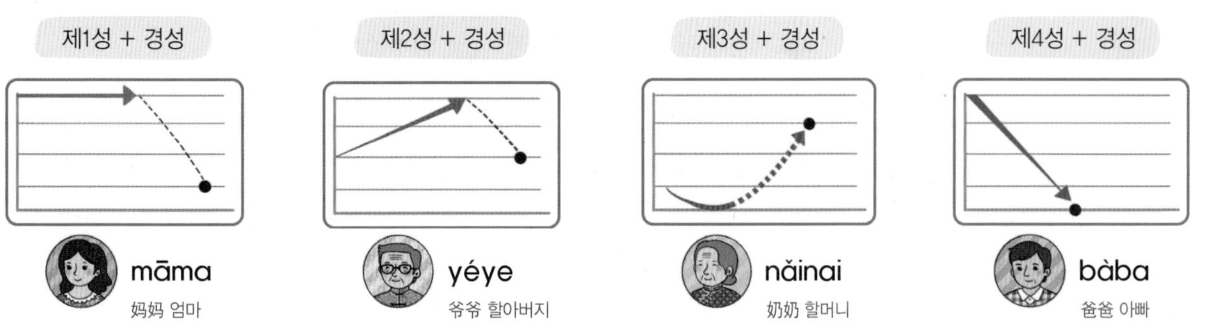

발음 쏙쏙

1 성조 표기법

❶ 성조는 운모 위에 표기한다. 단, i에 표기할 경우 위의 점을 생략한다.

예 dà 大 크다 hé 和 ~와(과) nǐ 你 너

❷ 운모가 여러 개면 입이 더 크게 벌어지는 운모 위에 표기한다.

예 hǎo 好 좋다 mài 卖 팔다 fēi 飞 날다 guó 国 나라

❸ i와 u가 함께 쓰인 경우에는 뒤에 오는 운모 위에 표기한다. 예 duì 队 팀 liù 六 여섯, 6

2 주의해야 할 한어병음 표기

❶ 성모 j, q, x가 ü와 결합할 때 ü의 두 점을 생략한다.

예 j, q, x + ü → ju, qu, xu

Tip 'u'로 발음하지 않도록 주의한다.

❷ 성모와 운모 iou, uei, uen이 결합할 때, 가운데 운모는 생략한다.

예 j + iou → jiu / h + uei → hui / d + uen → dun

Tip 표기할 때는 생략되지만 발음에서 사라지는 것은 아니므로 가운데 운모까지 모두 발음하도록 한다.

一(yī)의 성조 변화

一(yī)는 단독으로 쓰거나 순서를 나타낼 때는 제1성으로 읽지만, 그 밖에는 뒤 음절의 성조에 따라 一(yī)의 성조가 변한다.

一(yī) + 제1성		一(yì) + 제1성	예 yì tiān 一天 하루
제2성	➜	제2성	예 yì nián 一年 일 년
제3성		제3성	예 yìqǐ 一起 함께
一(yī) + 제4성	➜	一(yí) + 제4성	예 yígòng 一共 모두(수량의 합)

1 잘 듣고, 성조를 표시해 봅시다. 012

2 선을 따라가며 발음을 완성해 봅시다.

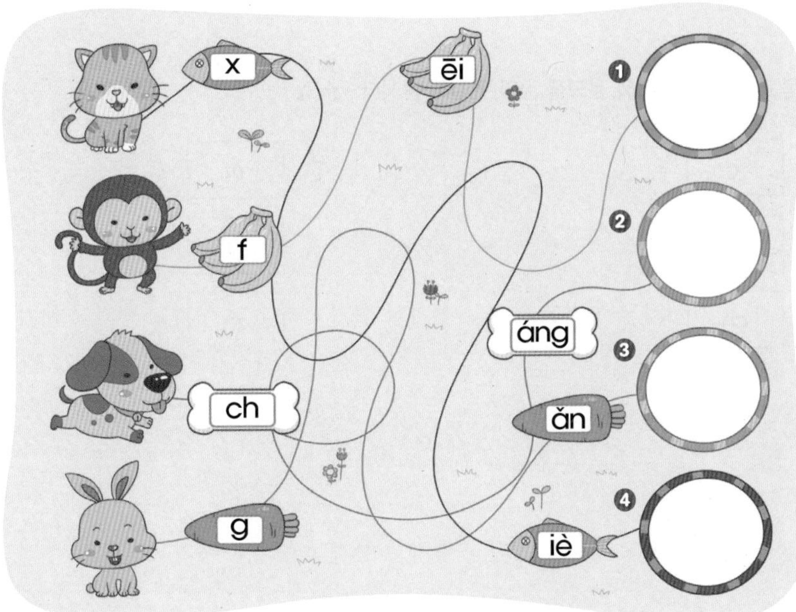

듣기 대본 및 해석

1 ❶ niúnǎi 牛奶 우유
❷ jīdàn 鸡蛋 달걀
❸ miànbāo 面包 빵

예시 답안

2 ❶ fēi
❷ cháng
❸ gǎn
❹ xiè

'ie'와 'ei'의 발음에 주의한다. ❶~❹를 순서대로 읽으면 'Fēicháng gǎnxiè. 非常感谢。'로 '매우 감사합니다.'라는 문장이 된다.

듣기 대본 및 해석

1 ❶ tīng 听 듣다
❷ shuō 说 말하다
❸ dú 读 읽다
❹ xiě 写 쓰다

예시 답안 및 해석

2 ❶ rè 热 덥다
jǐ 几 몇
chá 茶 차
❷ māo 猫 고양이
gǒu 狗 개
zhū 猪 돼지

3 Māma qí mǎ, mǎ màn,
māma mà mǎ.
妈妈骑马, 马慢, 妈妈骂马。
엄마가 말을 탔는데,
말이 느려서 엄마가 말을 꾸짖었다.

Tip

중국어 잰말놀이
Sì shì sì, shí shì shí, shísì shì shísì, sìshí shì sìshí.
四是四，十是十，十四是十四，四十是四十。
4는 4이고, 10은 10이고, 14는 14이고, 40은 40이다.

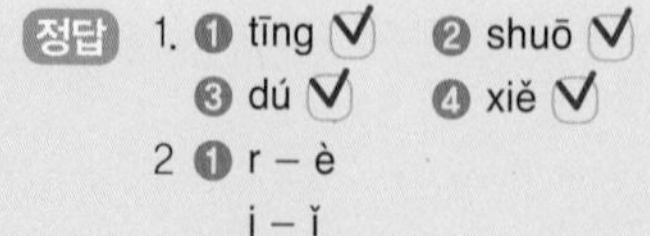

정답 1. ❶ tīng ✓ ❷ shuō ✓ ❸ dú ✓ ❹ xiě ✓
2 ❶ r – è
j – ǐ
ch – á
❷ m – āo
g – ǒu
zh – ū

1 잘 듣고, 알맞은 발음에 ✓를 표시해 봅시다. 013

2 잘 듣고, 알맞은 성모와 운모를 골라 연결해 봅시다. 014

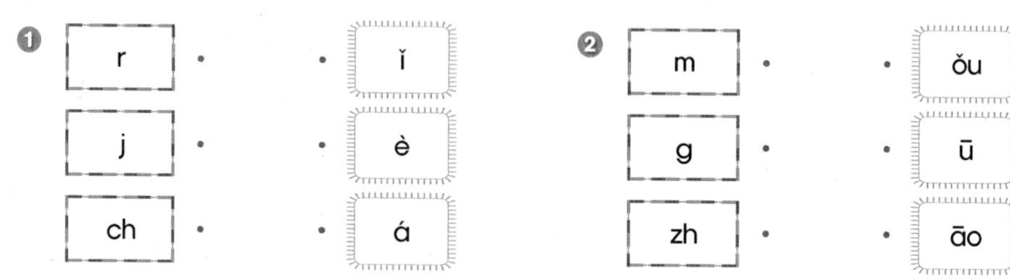

3 잘 듣고, 성조에 유의하여 발음해 봅시다. 015

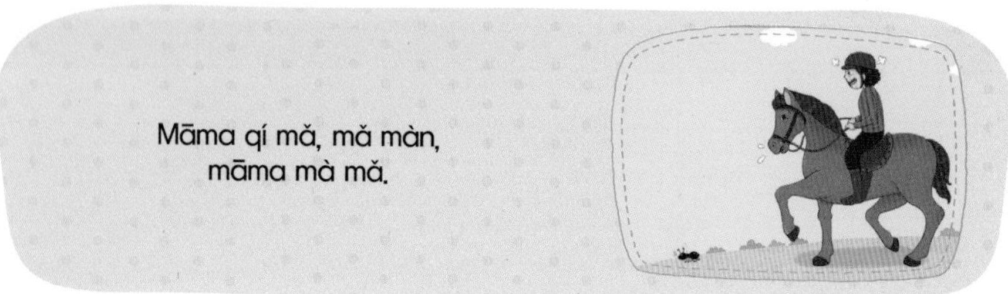

누가 누가 빨리 찾나

✱ 잘 듣고, 해당하는 발음을 찾아봅시다. 016

활동 방법

❶ 두 사람이 짝이 되어 서로 다른 색깔의 펜을 준비한다.

❷ 들려주는 발음을 찾아 ○ 표를 한다.

❸ 더 많은 만두를 찾은 사람이 승리한다.

____ 개 VS ____ 개

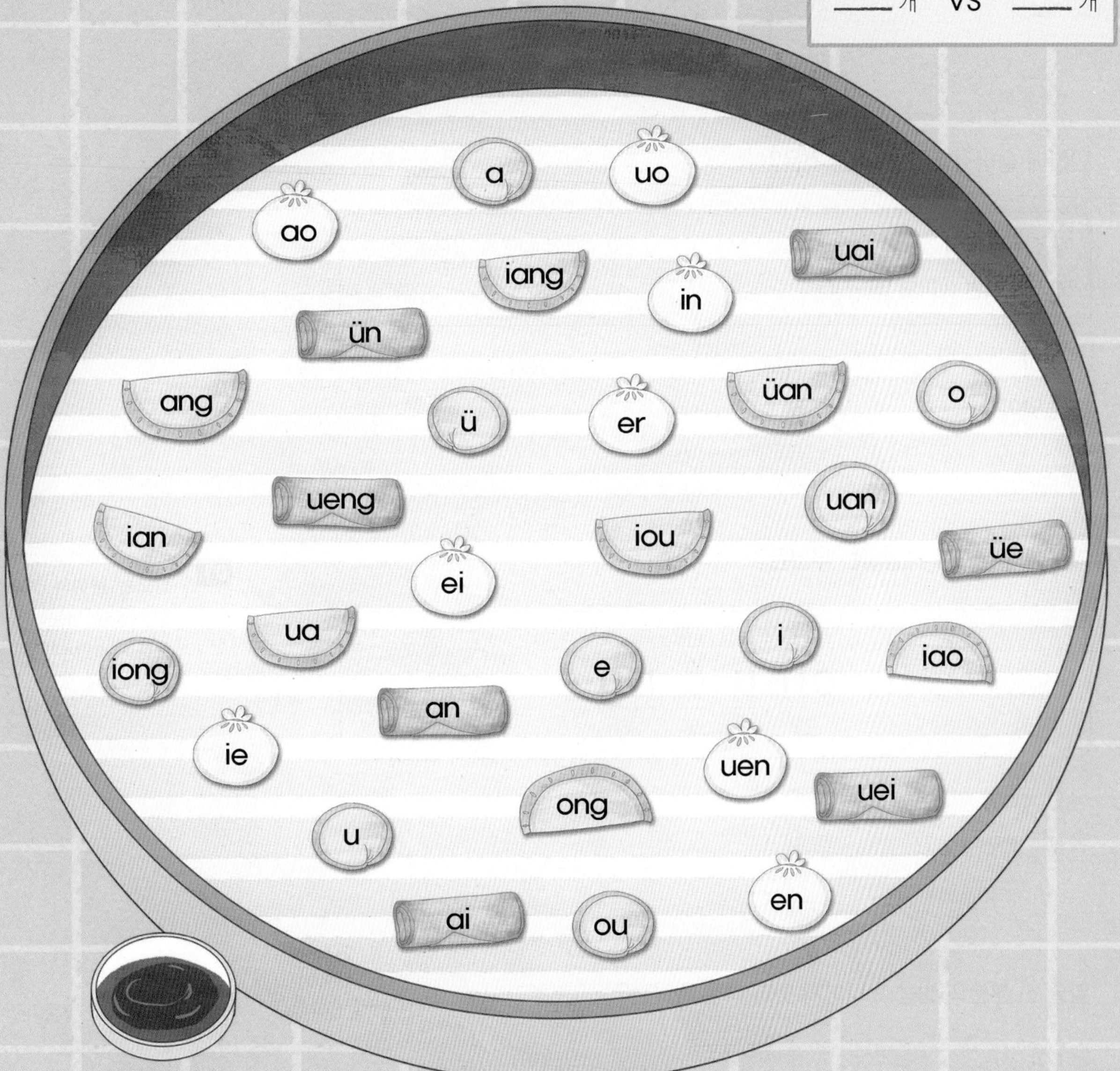

a uo ao uai iang in ün ang ü er üan o ueng uan ian iou üe ei ua i iong e iao an ie uen uei ong u en ai ou

단원 평가 발음

01 다음에 해당하는 성조는?

① 제1성 ② 제2성 ③ 제3성
④ 제4성 ⑤ 경성

02 빈칸에 들어갈 말로 알맞은 것은?

> 성조는 소리의 ________을(를) 나타낸다. 기본적으로 4개의 성조가 있으며, 성조가 달라지면 의미도 달라진다.

① 길이 ② 박자 ③ 크기
④ 높낮이 ⑤ 첫 소리

03 다음에서 성모에 해당하는 부분은?

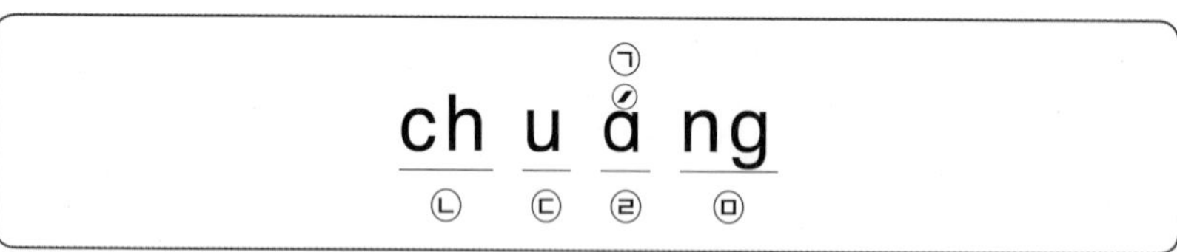

① ㉠ ② ㉡ ③ ㉢
④ ㉣ ⑤ ㉤

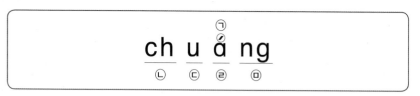

04 밑줄 친 부분의 발음이 나머지 넷과 <u>다른</u> 하나는?

① cai ② gao ③ kan
④ jian ⑤ mang

학습 도움

01 음의 변화가 2–1–4로 낮은 음에서 가장 낮은 음까지 내려갔다가 다시 올리는 성조는 제3성에 해당한다.

02 성조는 소리의 높낮이를 나타낸다.

03 성모는 음절의 첫 소리에 해당하는 자음 부분이며, 운모는 성모를 제외한 나머지 부분이다.

04 운모 'a'의 발음이 바뀌는 경우는 'ian, üan' 두 가지 경우이다.

05 다음 중 한어병음 표기가 바르지 않은 것은?

① wǒ ② jiā ③ yún
④ duèi ⑤ tīng

06 밑줄 친 'yī'가 실제로 발음될 때의 성조로 알맞은 것은?

yī+gòng

① 제1성 ② 제2성 ③ 제3성
④ 제4성 ⑤ 반3성

07 그림이 나타내는 숫자의 한어병음으로 알맞은 것은?

① sì ② wǔ ③ liù
④ qī ⑤ bā

08 빈칸에 들어갈 말로 알맞은 것은?

중국어에는 다양한 방언이 있어 표준어를 제정하여 사용하는데, 이를 ______라고 한다.

① 한위 ② 간화자 ③ 번체자
④ 푸퉁화 ⑤ 한어병음

학습 도움

05 uei 앞에 성모가 올 경우, 표기는 '성모+ui'로 한다.

06 一(yī)는 단독으로 쓰거나 순서를 나타낼 때는 제1성으로 읽지만, 그 밖에는 뒤 음절의 성조에 따라 一(yī)의 성조가 변한다.
一(yī) + 제1성, 제2성, 제3성
➡ 一(yì) + 제1성, 제2성, 제3성
一(yī) + 제4성
➡ 一(yí) + 제4성

08 중국의 표준어는 '푸퉁화'라고 한다.
① '한위'는 중국에서 중국어를 부르는 말이다.
② 간화자는 획순이 복잡한 번체자를 간단한 형태로 바꾼 한자를 말한다.
③ 번체자는 원래의 한자를 말한다.
⑤ 한어병음은 로마자를 이용해 중국어 발음을 표기한 것이다.

你好! 017

Nǐ hǎo!

안녕!

학습 목표 상황에 맞는 인사 표현을 할 수 있다.

문화 Plus⁺

- 学而不思则罔，思而不学则殆 xué ér bù sī zé wǎng, sī ér bù xué zé dài : '배우기만 하고 생각하지 않으면 맹목적으로 되고, 생각만 하고 배우지 않으면 위태롭다.' 논어에 나오는 구절로, 생각이 없는 배움과 배움이 없는 생각 모두 위험할 수 있으므로 두 가지가 함께 이루어져야 함을 강조하고 있다.
- 중국의 아침 식사
  중국에서는 맞벌이를 하는 가정이 대부분이기 때문에 아침은 주로 길거리에서 사 먹는 경우가 많다. 대표적인 음식으로는 유탸오(油条, yóutiáo)와 더우장(豆浆, dòujiāng)이 있다. 유탸오는 밀가루 반죽을 길게 만들어 튀긴 중국식 꽈배기이고, 더우장은 콩을 불려서 갈은 후 국물만 걸러 끓인 중국식 콩국이다.

zhōngxué 중등학교, 중·고등학교
우리나라와 달리 중학교뿐만 아니라 고등학교까지 포함한다.
○○中学
思而不学则殆
学而不思则罔
màn 천천히
慢
油条 豆浆

의사소통 표현

만남 – 인사하기

Nǐ hǎo!

你好! 안녕!

헤어짐 – 작별하기

Zàijiàn!

再见! 잘 가!

감사 – 감사 표현하기

Xièxie!

谢谢! 고마워!

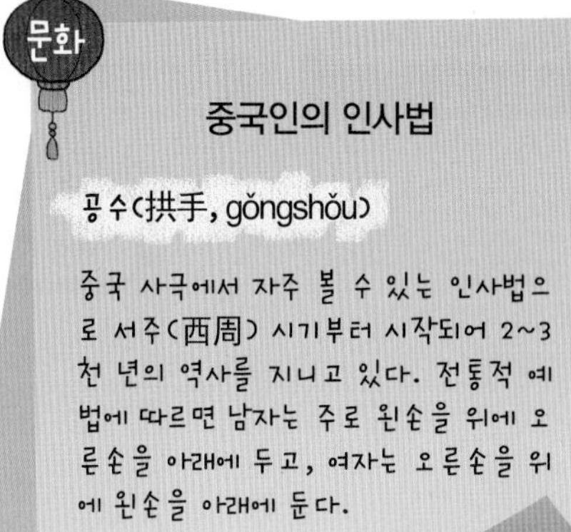

문화

중국인의 인사법

공수(拱手, gǒngshǒu)

중국 사극에서 자주 볼 수 있는 인사법으로 서주(西周) 시기부터 시작되어 2~3천 년의 역사를 지니고 있다. 전통적 예법에 따르면 남자는 주로 왼손을 위에 오른손을 아래에 두고, 여자는 오른손을 위에 왼손을 아래에 둔다.

단어 미리보기

- □□□ 你 nǐ 너
- □□□ 好 hǎo 안녕하다, 좋다
- □□□ 们 men ~들(복수를 나타냄)
- □□□ 再见 zàijiàn 잘 가, 안녕(작별 인사)
- □□□ 明天 míngtiān 내일
- □□□ 见 jiàn 만나다

- □□□ 大家 dàjiā 여러분
- □□□ 早上 zǎoshang 아침
- □□□ 我 wǒ 나
- □□□ 您 nín 당신(你의 존칭)
- □□□ 他 tā 그
- □□□ 她 tā 그녀
- □□□ 一会儿 yíhuìr 잠시, 잠시 후

- □□□ 吗 ma ~입니까?
- □□□ 很 hěn 매우, 아주
- □□□ 谢谢 xièxie 고맙습니다

- □□□ 不 bù ~이 아니다
- □□□ 客气 kèqi 예의를 차리다

- □□□ 忙 máng 바쁘다
- □□□ 漂亮 piàoliang 예쁘다
- □□□ 聪明 cōngmíng 똑똑하다
- □□□ 老师 lǎoshī 선생님
- □□□ 谢 xiè 감사하다
- □□□ 对不起 duìbuqǐ 미안합니다
- □□□ 没 méi 없다
- □□□ 关系 guānxi 관계

- □□□ 晚上 wǎnshang 저녁
- □□□ 饿 è 배고프다
- □□□ 热 rè 덥다
- □□□ 渴 kě 목마르다
- □□□ 累 lèi 피곤하다

교과서 **26**쪽

듣기 대본 및 해석 1

❶ nǐ 你 너
❷ hěn 很 매우, 아주

1 잘 듣고, 해당하는 발음에 ✓를 표시해 봅시다. 018

❶
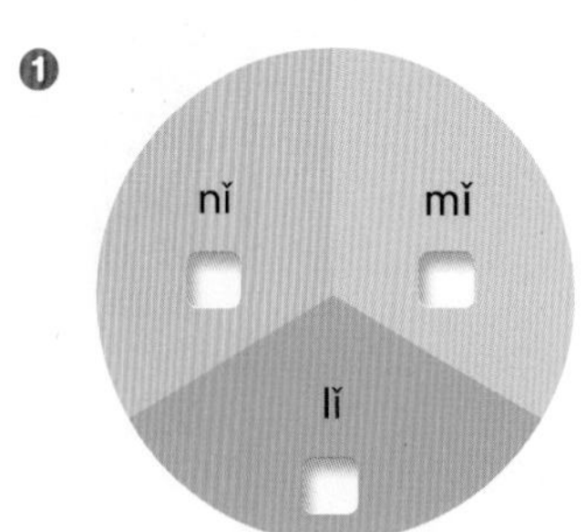

❷
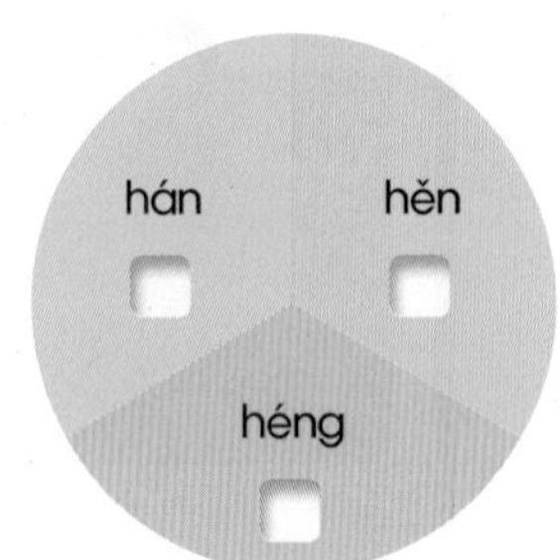

듣기 대본 및 해석 2

❶ wǒ 我 나
❷ nǐ 你 너
❸ zǎoshang 早上 아침
❹ lǎoshī 老师 선생님
❺ hǎo 好 안녕하다, 좋다

2 잘 듣고, 의미를 생각하며 따라 써 봅시다. 019

'zǎoshang'의 'shang'은 경성으로 짧고 가볍게 발음한다. 'lǎoshī'의 lǎo는 반3성으로 발음해야 한다. 반3성은 낮게 내려가는 부분(2→1)까지만 발음하고, 뒤의 올라가는 부분(1→4)은 발음하지 않는다.

듣기 Plus+

MP3를 다시 들으며 써 봅시다.

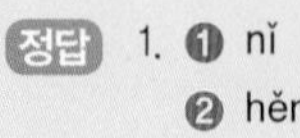
정답 1. ❶ nǐ
❷ hěn

3 잘 듣고, 문장의 의미를 생각해 봅시다. 020

❶

Nǐ hǎo!

❷

Xièxie!

듣기 대본 및 해석 3

❶ Nǐ hǎo!
你好!
안녕!

❷ Xièxie!
谢谢!
고마워!

4 잘 듣고, 대화의 의미를 생각하며 따라 해 봅시다. 021

듣기 대본 및 해석 4

A Zàijiàn!
再见!
잘 가!

B Míngtiān jiàn!
明天见!
내일 만나자!

듣기 Plus+

MP3를 다시 들으며 써 봅시다.

교과서 **28**쪽

교과서 단어

- □ 你 nǐ 너
- □ 好 hǎo 안녕하다, 좋다
- □ 们 men ~들(복수를 나타냄)
- □ 再见 zàijiàn 잘 가, 안녕(작별 인사)
- □ 明天 míngtiān 내일
- □ 见 jiàn 만나다

예문 단어

- 老师 lǎoshī 선생님
- 拜拜 báibái 안녕(헤어질 때 인사)
- 晚上 wǎnshang 저녁

체크체크 check! check!

1. 중국어에서 복수형을 만들 때 사용하는 단어는?
   ① nǐ ② hǎo
   ③ men ④ míngtiān
2. 헤어질 때 하는 인사에 공통으로 들어가는 단어에 밑줄 그어 보세요.

정답 1. ③ 2. jiàn 见

친구들과 인사를 합니다. 022 

김미나 ❶ 你好!
Nǐ hǎo!
안녕!

장웨이 ❷ 你们好!
Nǐmen hǎo!
얘들아 안녕!

 장웨이와 김미나가 작별 인사를 합니다. 024

장웨이 ❸ 再见!
Zàijiàn!
잘 가!

김미나 ❹ 明天见!
Míngtiān jiàn!
내일 만나자!

친구를 만났을 때 하는 인사 표현은 무엇입니까? ☐ Nǐ hǎo! ☐ Zàijiàn!

☑ Nǐ hǎo!

본문 해설

❶ 'Nǐ hǎo! 你好!'는 중국에서 가장 일반적으로 사용하는 인사말로 이미 알고 있는 사람이나 처음 만나는 사람 상관없이 사용한다.

❷ 'men 们'은 인칭대명사와 사람을 나타내는 명사 뒤에 붙어서 복수 형태를 만든다.
예시 nǐ+men → nǐmen 你们 너희들
lǎoshī+men → lǎoshīmen 老师们 선생님들

❸ 'Zàijiàn! 再见!'은 헤어질 때 쓰는 인사말이다. 헤어질 때에는 영어의 'bye-bye'에서 소리를 따와 만든 'Báibái! 拜拜!'라는 표현도 사용할 수 있다.

❹ 'jiàn 见' 앞에 'míngtiān 明天'과 같은 시간과 관련된 단어를 사용하면 그 시간에 만나자는 뜻이 된다.
예시 Wǎnshang jiàn! 晚上见! 저녁에 만나자!

교과서 29쪽

1 你好! (Nǐ hǎo!)

'你好! Nǐ hǎo!'는 '안녕!'이라는 뜻으로, 시간과 장소에 상관없이 일반적으로 사용하는 인사말이다. '好 hǎo' 앞에 대상이나 시간을 다양하게 넣어 인사할 수 있다.

대상 + 好

大家好! Dàjiā hǎo!
여러분 안녕하세요!

시간 + 好

早上好! Zǎoshang hǎo!
좋은 아침! (아침 인사)

2 인칭 대명사

구분	단수	복수
1인칭	我 wǒ 나	我们 wǒmen 우리(들)
2인칭	你 nǐ 너 / 您 nín 당신	你们 nǐmen 너희(들)
3인칭	他 tā 그	他们 tāmen 그들
	她 tā 그녀	她们 tāmen 그녀들

3 再见! (Zàijiàn!)

'再见! Zàijiàn!'은 '잘 가!'라는 뜻으로, 헤어질 때 하는 인사말이다.
'见 jiàn' 앞에 시간을 나타내는 말이 오기도 한다.

시간 + 见 一会儿见! Yíhuìr jiàn! 잠시 후에 만나자!

Tip

'nǐmen 你们'과 'dàjiā 大家'의 차이점

'nǐmen 你们'은 말하는 사람을 제외한 나머지 사람들을, 'dàjiā 大家'는 그 장소 안에 있는 모든 사람을 가리킨다. 'Nǐmen hǎo! 你们好!', 'Dàjiā hǎo! 大家好!' 둘 다 여러 사람에게 인사할 때 사용할 수 있지만, 발표를 하거나 자기소개 등을 할 때에는 'Dàjiā hǎo!'를 더 많이 사용한다. 'dàjiā 大家'의 경우 이미 복수의 의미이므로 'dàjiāmen'이라고 하지 않는다.

시간에 따른 인사말

아침 인사의 경우 친한 사이에는 'Zǎoshang hǎo! 早上好!' 대신 'Zǎo! 早!'만 사용해서 인사할 수도 있다. 또한 'zǎoshang 早上' 대신 다른 시간대와 관련된 단어를 넣으면 그 시간에 하는 인사말이 된다.
예시 Wǎnshang hǎo! 晚上好! 안녕!(저녁 인사)

2인칭 복수와 3인칭 복수 표현 주의점

'nínmen 您们'이라는 표현은 일반적으로 잘 쓰이지 않으며, 남자와 여자가 섞여 있을 경우에는 'tāmen 他们'을 사용한다.

교과서 단어

- □ 大家 dàjiā 여러분
- □ 早上 zǎoshang 아침
- □ 我 wǒ 나
- □ 您 nín 당신(你의 존칭)
- □ 他 tā 그
- □ 她 tā 그녀
- □ 一会儿 yíhuìr 잠시, 잠시 후

1 꼬마 문제

- 빈칸 채우기

(　　　　) hǎo!
(여러분 안녕하세요!)

2 꼬마 문제

- 알맞은 말 고르기

'너희'
① wǒmen ② nǐmen
③ tāmen ④ dàjiāmen

3 꼬마 문제

- 해석하기

Míngtiān jiàn!
(　　　　)!

정답 부분 접고 문제 풀기!

정답

1. Dàjiā
2. ②
3. 내일 만나자/내일 보자

교과서 30쪽

교과서 단어

- □ 吗 ma ~입니까?
- □ 很 hěn 매우, 아주
- □ 谢谢 xièxie 고맙습니다
- □ 不 bù ~이 아니다
- □ 客气 kèqi 예의를 차리다

예문 단어

- 老师 lǎoshī 선생님

장웨이와 박정민이 서로의 안부를 묻습니다. 026

장웨이 ❶ 你好吗?
Nǐ hǎo ma?
잘 지내니?

박정민 ❷ 我很好。
Wǒ hěn hǎo.
잘 지내.

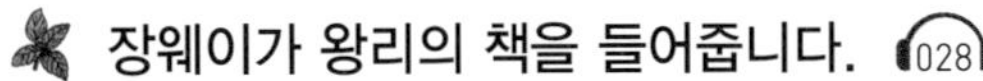
장웨이가 왕리의 책을 들어줍니다. 028

왕리 ❸ 谢谢!
Xièxie!
고마워!

장웨이 不❹客气!
Bú kèqi!
천만에!

TIP '不 bù'는 뒤에 제4성이 오면 제2성으로 발음한다.

Q '고맙습니다'는 중국어로 어떻게 말합니까? □ Xièxie! □ Bú kèqi!

Q 정답 ☑ Xièxie!
→ 'Bú kèqi! 不客气!'는 '천만에!'라는 뜻으로 고맙다는 인사에 대한 대답이다.

체크체크 check! check!

1. 친구에게 안부를 물을 때 사용하는 표현에 밑줄 그어 보세요.
2. '~이 아니다'라는 뜻의 단어를 본문에서 찾아 쓰세요.

정답 1. Nǐ hǎo ma? 你好吗? 2. bù 不

본문 해설

❶ 'Nǐ hǎo ma? 你好吗?'는 서로 아는 사이인 경우에만 사용하는 인사말이다.

❷ 'hěn 很'은 본래 '매우, 아주'라는 강조의 의미를 가지고 있지만 중국 사람들이 형용사 앞에 습관적으로 사용하면서 그 의미가 많이 약해졌다. 따라서 여기서 'Wǒ hěn hǎo. 我很好.'라는 대답은 '나는 매우 잘 지내'라고 강조해서 해석하지 않아도 된다.

❸ '고맙다'는 의미의 'xièxie 谢谢' 뒤에 감사의 대상을 넣어 이야기할 수도 있다.
xièxie 谢谢 + 감사의 대상
예시 Xièxie nǐ! 谢谢你! (너에게) 고마워!
Xièxie lǎoshī! 谢谢老师! 선생님 고맙습니다!

❹ 'kèqi 客气'는 '케치'로 발음하지 않도록 주의한다.

교과서 31쪽

1 吗 (ma)

'吗 ma'는 '~입니까?'라는 뜻으로, 문장 끝에 붙여 의문문을 만든다.

你忙吗? Nǐ máng ma? 너 바쁘니?

2 很 (hěn)

'很 hěn'은 '매우, 아주'라는 뜻으로, 형용사 앞에 습관적으로 붙여 사용한다.

她很漂亮。 Tā hěn piàoliang. 그녀는 (매우) 예쁘다.
他很聪明。 Tā hěn cōngmíng. 그는 (아주) 똑똑하다.

3 감사와 사과 표현

'谢谢! Xièxie!'는 '고맙습니다!'라는 뜻으로, 뒤에 대상을 붙여 말할 수 있다.
이에 대한 대답은 '不客气! Bú kèqi!' 또는 '不谢! Bú xiè!'로 한다.

A 谢谢老师! Xièxie lǎoshī! 선생님 고맙습니다!
B 不谢! Bú xiè! 천만에!

'对不起! Duìbuqǐ!'는 '미안합니다!'라는 뜻으로, 이에 대한 대답은 다음과 같다.

对不起! Duìbuqǐ!
미안합니다!

没关系! Méi guānxi!
괜찮습니다!

Tip

사과 표현

'Duìbuqǐ! 对不起!'는 정중하게 사과할 때 사용하는 표현이며, 일상생활에서 미안함을 표현할 때는 'Bùhǎoyìsi! 不好意思! 미안합니다!'를 더 자주 사용한다.

교과서 단어

- □ 忙 máng 바쁘다
- □ 漂亮 piàoliang 예쁘다
- □ 聪明 cōngmíng 똑똑하다
- □ 老师 lǎoshī 선생님
- □ 谢 xiè 감사하다
- □ 对不起 duìbuqǐ 미안합니다
- □ 没 méi 없다
- □ 关系 guānxi 관계

1 꼬마 문제

- 빈칸 채우기

Nǐ máng (　　　)?
(너 바쁘니?)

2 꼬마 문제

- 어순 배열하기

hěn / tā / cōngmíng
(　　　　　　).
(그녀는 똑똑하다.)

3 꼬마 문제

- 알맞은 표현 쓰기

미안합니다!
(　　　　　　)!

정답 부분 접고 문제 풀기!

정답

1. ma
2. Tā hěn cōngmíng
3. Duìbuqǐ

교과서 단어

- □晚上 wǎnshang 저녁
- □饿 è 배고프다
- □热 rè 덥다
- □渴 kě 목마르다
- □累 lèi 피곤하다

예시 대화 및 해석

1 ❶ Nín hǎo! 您好!
안녕하세요!
❷ Lǎoshī hǎo! 老师好!
선생님 안녕하세요!
❸ Wǎnshang hǎo! 晚上好!
안녕! (저녁 인사)

2 ❶ A Nǐ è ma? 你饿吗?
배고프니?
B Wǒ hěn è. 我很饿。
배고파.
❷ A Nǐ rè ma? 你热吗?
덥니?
B Wǒ hěn rè. 我很热。
더워.
❸ A Nǐ kě ma? 你渴吗?
목마르니?
B Wǒ hěn kě. 我很渴。
목말라.
❹ A Nǐ lèi ma? 你累吗?
피곤하니?
B Wǒ hěn lèi. 我很累。
피곤해.

1 밑줄 친 부분을 바꾸어 인사해 봅시다. 030 031 단어

2 밑줄 친 부분을 바꾸어 묻고 답해 봅시다. 032 033 단어

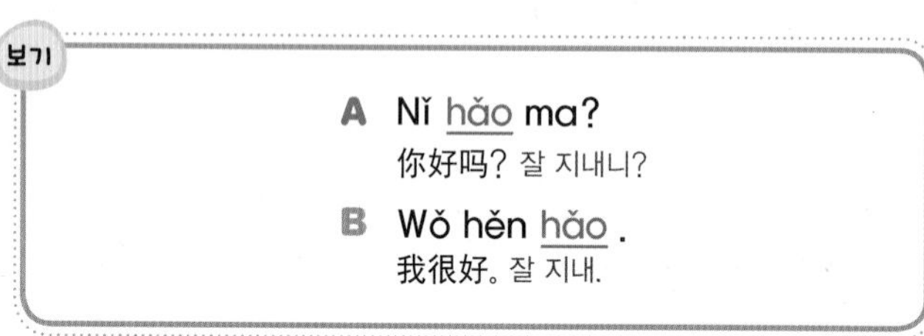

말하기 Plus+

만났을 때 하는 인사말은 다음과 같이 표현한다.

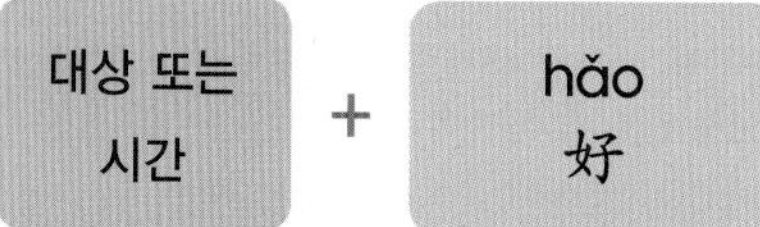

1 잘 듣고, 한자에 알맞은 발음을 찾아 ○ 표를 한 후, 밑줄 친 부분에 써 봅시다. 034

❶ 好 ➡ ______ ❷ 大家 ➡ ______

2 빈칸에 들어갈 단어를 보기에서 골라 대화를 완성해 봅시다.

보기: xièxie nǐ hǎo duìbuqǐ

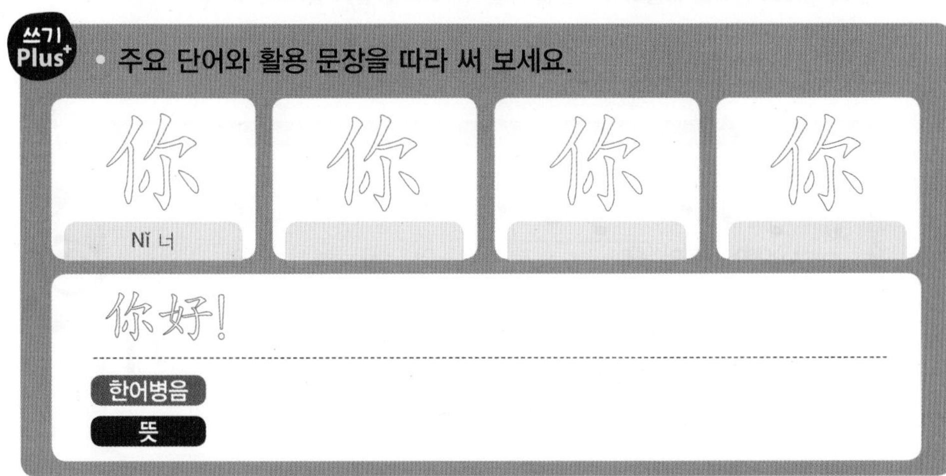

쓰기 Plus+
• 주요 단어와 활용 문장을 따라 써 보세요.
你 你 你 你
Nǐ 너
你好!
한어병음
뜻

듣기 대본 및 해석

1 ❶ hǎo 好 안녕하다, 좋다
❷ dàjiā 大家 여러분
➡ hǎo 好
안녕하다, 좋다
lǎoshī 老师
선생님
dàjiā 大家
여러분
nǐ 你
너

예시 답안 및 해석

2 보기
- xièxie 谢谢 고맙습니다
- nǐ 你 너
- hǎo 好 안녕하다, 좋다
- duìbuqǐ 对不起 미안합니다

- A Nǐ hǎo! 你好! 안녕!
  B Nǐ hǎo! 你好! 안녕!
- A Xièxie! 谢谢! 고마워!
  B Bú kèqi! 不客气! 천만에!
- A Duìbuqǐ! 对不起! 미안해!
  B Méi guānxi! 没关系! 괜찮아!

교과서 34쪽

듣기 대본 및 해석

1 ❶ **A** Zàijiàn!
再见! 잘 가!
B Míngtiān jiàn!
明天见! 내일 만나자!
❷ **A** Xièxie!
谢谢! 고마워!
B Bú kèqi!
不客气! 천만에!

예시 답안 및 해석

2 보기
- jiàn 见 만나다
- guānxi 关系 관계
- míngtiān 明天 내일
- ma 吗 ~입니까?
- hěn 很 매우, 아주
- hǎo 好 안녕하다, 좋다
- dàjiā 大家 여러분
- nǐ 你 너
- men 们 ~들(복수를 나타냄)
- wǒ 我 나

❶ 你好吗? Nǐ hǎo ma?
❷ 明天见! Míngtiān jiàn!

3 보기
- hǎo 好 안녕하다, 좋다
- zàijiàn 再见 잘 가
- dàjiā 大家 여러분

Lǎoshī hǎo! 老师好!
선생님 안녕하세요!
❶ Dàjiā hǎo! 大家好!
여러분 안녕하세요!
❷ Zàijiàn! 再见!
잘 가!
Míngtiān jiàn! 明天见!
내일 만나자!

정답 1. ❶ ○ ❷ ×
2. ❶ Nǐ hǎo ma
❷ Míngtiān jiàn
3. ❶ Dàjiā hǎo!
❷ Zàijiàn!

1 잘 듣고, 그림과 일치하면 ○표, 일치하지 않으면 ×표를 해 봅시다. 035

❶

☐

❷

☐

2 보기의 단어를 활용하여 문장을 완성하고, 읽어 봅시다.

3 잘 듣고, 보기의 단어를 활용하여 빈칸을 채운 후, 노래를 불러 봅시다. 036

보기 hǎo zàijiàn dàjiā

중국어랑
놀자

교과서 **35**쪽

두더지 눈치 게임

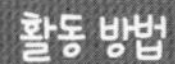
활동 방법

짝꿍끼리 역할 정하기
A : Xièxie!
B : Bú kèqi!

Xièxie!
Bú kèqi!

Xièxie!

Bú kèqi!

❶ 선생님은 칠판에 본문에서 배운 A, B 대화문을 적는다.

예 A Xièxie! B Bú kèqi!

❷ 선생님의 '시작' 소리와 함께 한 학생이 일어나면서 A 문장을 말하면, 상대 짝이 B 문장을 말한다.

❸ 정해진 시간 동안 같은 방법으로 게임을 진행한다.

❹ 정해진 시간이 끝난 후, 서 있는 학생이 많은 분단이 이긴다.

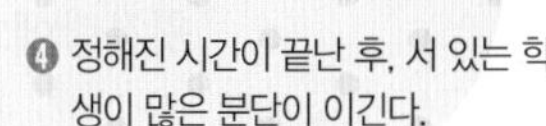

Tip
짝끼리 A, B 문장을 완성하지 못할 때, 동시에 일어날 때, 순서를 바꿔 말할 때는 제자리에 앉는다.

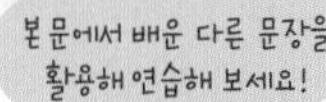

본문에서 배운 다른 문장을 활용해 연습해 보세요!

가로 세로 퍼즐

• 단어에 해당하는 한어병음을 쓰고 가로세로 퍼즐을 완성해 봅시다. (성조 제외)

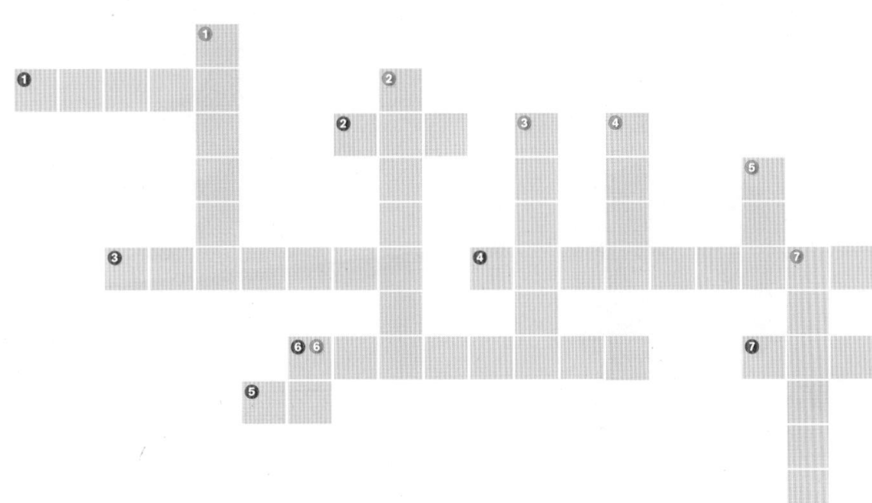

가로 열쇠

❶ 여러분 ________
❷ 안녕하다, 좋다 ________
❸ 미안합니다 ________
❹ 괜찮습니다 ________
❺ 그/그녀 ________
❻ 내일 ________
❼ 很 ________

세로 열쇠

❶ 선생님 ________
❷ 잘 가, 안녕(작별인사) ________
❸ 천만에요 ________
❹ 바쁘다 ________
❺ 们 ________
❻ ~입니까? ________
❼ 고맙습니다 ________

중국인의 인사법

중국인은 어떻게 인사를 할까요?

중국에서는 일반적으로 서로 아는 사이일 경우 한국처럼 손을 흔들고, 공식 석상에서는 악수합니다. 윗사람에게는 상체를 약간 숙여 인사를 하거나, 가볍게 묵례를 합니다.

중국의 전통적인 인사법은 공수(拱手, gǒngshǒu)라고 합니다. 한 손은 주먹을 쥐고, 다른 한 손은 주먹 쥔 손을 감싼 채 가볍게 흔들며 인사하는 것으로 상대방에 대한 존경을 나타냅니다.

상황에 맞는 다양한 인사말을 살펴봅시다.

新年快乐! Xīnnián kuàilè!
새해 복 많이 받으세요!

중국에서는 새해가 되면 '新年快乐! Xīnnián kuàilè!'라는 말과 함께 덕담을 주고받으며, 아이들은 어른들에게 세뱃돈(压岁钱, yāsuìqián)을 받는다.

恭喜恭喜! Gōngxǐ gōngxǐ!
축하해!

중국인들은 빨간색이 행운을 가져다준다고 생각하여 축의금이나 세뱃돈 등을 건넬 때 红包(hóngbāo)라는 빨간색 봉투를 사용한다.

欢迎光临! Huānyíng guānglín!
어서 오세요!

'欢迎 huānyíng'은 환영하다, '光临 guānglín'은 왕림하다(남이 찾아오는 것을 높여 이르는 말)라는 뜻으로 식당이나 상점에서 손님을 맞이할 때 사용하는 표현이다.

慢走! Mànzǒu!
조심히 가세요!

집에 온 손님을 배웅할 때 사용하는 표현으로 직역하면 '천천히 가세요'라는 의미지만, 실제로는 '조심히 살펴가세요'라는 의미이다.

1. 공수(拱手, gǒngshǒu)는 중국의 전통적인 인사법이다. O | X
2. 축하할 때는 恭喜恭喜(Gōngxǐ gōngxǐ)라고 한다. O | X

정답 & 해설 1. O
2. O 중국 사람들은 상대방에게 기쁜 일이 있거나 축하할 일이 있을 때 '恭喜恭喜! Gōngxǐ gōngxǐ!'라고 축하한다.

과제 활동

세계 여러 나라의 인사말을 조사하여, 발표해 봅시다.

세계 여러 나라의 인사말

나라	인사말
일본	오하요고자이마스(おはようございます) – 아침 인사 곤니치와(こんにちは) – 점심 인사 곰방와(こんばんは) – 저녁 인사
태국	사와디카(สวัสดีค่ะ) – 여자 사와디캅(สวัสดีครับ) – 남자
인도, 네팔	나마스떼(नमस्ते)
프랑스	봉주르(Bonjour) – 낮 인사 봉수아(Bonsoir) – 저녁 인사
스페인	부에노스 디아스(Buenos días) – 아침 인사 부에나스 따르데스(Buenas tardes) – 오후 인사 부에나스 노체스(Buenas noches) – 저녁 인사

단원 평가 1과

01 밑줄 친 부분을 실제로 발음할 때의 성조로 알맞은 것은?

你好!

① 제1성 ② 제2성 ③ 제3성
④ 제4성 ⑤ 반3성

02 단어와 뜻의 연결이 알맞은 것은?

① 你 – 나 ② 我 – 당신 ③ 老师 – 학생
④ 您 – 너 ⑤ 很 – 매우, 아주

03 다음 대화의 상황으로 알맞은 것은?

A Zàijiàn!
B Zàijiàn!

① 고마울 때 ② 만났을 때 ③ 미안할 때
④ 칭찬할 때 ⑤ 헤어질 때

04 그림에 해당하는 단어로 알맞은 것은?

① è
② kě
③ rè
④ lèi
⑤ máng

학습 도움

01 Nǐ hǎo! 안녕!

제3성과 제3성이 연달아 나올 때 앞에 나오는 제3성은 제2성으로 발음해야 한다.

02
① nǐ 너
② wǒ 나
③ lǎoshī 선생님
④ nín 당신(你의 존칭)
⑤ hěn 매우, 아주

03
A 再见! 잘 가!
B 再见! 잘 가!

'Zàijiàn 再见!'은 서로 헤어질 때 하는 인사말이다.

04
① 饿 배고프다
② 渴 목마르다
③ 热 덥다
④ 累 피곤하다
⑤ 忙 바쁘다

학습 도움

05 B의 대답으로 가장 알맞은 것은?

A Duìbuqi!
B ________________!

① Xièxie ② Nǐ hǎo ③ Dàjiā hǎo
④ Méi guānxi ⑤ Míngtiān jiàn

05
A 对不起! 미안해!
① 谢谢! 고마워!
② 你好! 안녕!
③ 大家好! 여러분 안녕하세요!
④ 没关系! 괜찮아!
⑤ 明天见! 내일 만나자!

06 밑줄 친 부분을 실제로 발음할 때의 성조로 알맞은 것은?

<u>不</u>客气!

① 제1성 ② 제2성 ③ 제3성
④ 제4성 ⑤ 경성

06
'bù 不'는 뒤에 제4성이 오면 제2성으로 발음한다.

07 빈칸에 공통으로 들어갈 단어로 알맞은 것은?

구분	단수	복수
3인칭	他 그	他___ 그들
	她 그녀	她___ 그녀들

① 见 ② 吗 ③ 们
④ 大家 ⑤ 早上

07
① jiàn 만나다
② ma ~입니까?
③ men ~들
④ dàjiā 여러분
⑤ zǎoshang 아침

중국어에서 복수형을 만들 때 사용하는 단어는 'men 们'이다.

08 중국의 인사와 관련된 설명으로 알맞지 <u>않은</u> 것은?

① 윗사람에게는 허리를 깊이 숙여 인사한다.
② 전통적인 인사법은 공수(拱手, gǒngshǒu)이다.
③ 새해에 '新年快乐! Xīnnián kuàilè!'라고 인사한다.
④ 일반적으로 서로 아는 사이에서는 손을 흔들어 인사한다.
⑤ '어서오세요!'라는 인사는 중국어로 '欢迎光临! Huānyíng guānglín!'이라고 한다.

08
중국에서는 우리나라와 달리 윗사람에게도 상체를 약간 숙여 인사를 하거나, 가볍게 묵례를 한다.

你叫什么名字? 037

Nǐ jiào shénme míngzi?

너는 이름이 뭐니?

학습 목표 이름과 국적 관련 표현을 할 수 있다.

문화 Plus⁺

중국어의 국가명 표기

국가명을 중국어로 표기할 때는 한자를 사용하여 발음을 비슷하게 만드는 음역(音译)을 한다. 예를 들어 Yīngguó(英国, 영국-England의 Eng 발음을 따옴), Měiguó(美国, 미국-America의 me발음을 따옴), Déguó(德国, 독일 Deutschland 의 deu 발음을 따옴) 등과 같이 한 부분을 음역하고 guó(国, 나라)를 붙이거나, Jiānádà(加拿大, 캐나다), Xībānyá (西班牙, 스페인-에스파냐), Mòxīgē(墨西哥, 멕시코)와 같이 전체를 음역하여 국가명을 표기한다.

Xībānyá
Sofia
西班牙 스페인

Yīngguó
Jack
英国 영국

Měiguó
Kevin
美国 미국

Hánguó
김미나
韩国 한국

Yìndù
Priyanka
印度 인도

Zhōngguó
Wáng Lì
中国 중국

日本 일본
Rìběn
たくや

의사소통 표현

인적 사항 – 이름 묻기

Nǐ jiào shénme míngzi?

你叫什么名字? 너는 이름이 뭐니?

만남 – 반가움 표현하기

Rènshi nǐ hěn gāoxìng.

认识你很高兴。만나서 반가워.

인적 사항 – 국적 묻기

Nǐ shì nǎ guó rén?

你是哪国人? 너는 어느 나라 사람이니?

중국의 성(姓)씨와 호칭

중국 신백가성(新百家姓) 목판

다양한 중국 성씨의 많고 적음에 따라 순위를 새겨놓은 목판이다. 중국에서 역사상 이미 출현했던 성씨는 24,000여 개가 넘는데, 현재 2만 개의 성씨가 사라지고 약 4,700여 개의 성씨가 현존한다.

단어 미리보기

- □□□ 叫 jiào ~라고 부르다
- □□□ 什么 shénme 무엇, 무슨
- □□□ 名字 míngzi 이름
- □□□ 呢 ne ~는요?
- □□□ 认识 rènshi 알다
- □□□ 高兴 gāoxìng 기쁘다
- □□□ 也 yě ~도, 역시

- □□□ 冷 lěng 춥다
- □□□ 帅 shuài 잘생기다
- □□□ 知道 zhīdào 알다, 이해하다

- □□□ 是 shì ~이다
- □□□ 哪 nǎ 어느
- □□□ 国 guó 나라
- □□□ 人 rén 사람

- □□□ 中国人 Zhōngguórén 중국인
- □□□ 都 dōu 모두, 다

- □□□ 韩国人 Hánguórén 한국인
- □□□ 意大利人 Yìdàlìrén 이탈리아인
- □□□ 中国 Zhōngguó 중국
- □□□ 学生 xuésheng 학생
- □□□ 棒 bàng 뛰어나다, 훌륭하다

- □□□ 甘地 Gāndì 간디
- □□□ 莫扎特 Mòzhātè 모차르트
- □□□ 柳宽顺 Liǔ Kuānshùn 유관순
- □□□ 英国 Yīngguó 영국
- □□□ 韩国 Hánguó 대한민국
- □□□ 美国 Měiguó 미국
- □□□ 日本 Rìběn 일본

교과서 **40**쪽

1 잘 듣고, 해당하는 발음에 ✓를 표시해 봅시다. 038

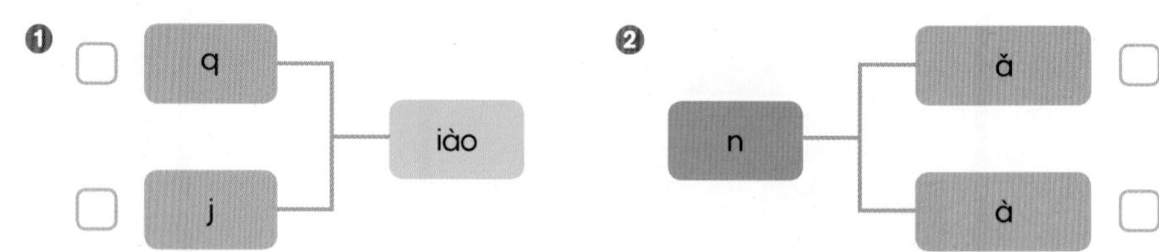

듣기 대본 및 해석 1

❶ jiào 叫 ~라고 부르다
❷ nǎ 哪 어느

2 잘 듣고, 의미를 생각하며 따라 써 봅시다. 039

듣기 대본 및 해석 2

❶ Hánguó 韩国 대한민국
❷ Zhōngguó 中国 중국
❸ Yīngguó 英国 영국
❹ Měiguó 美国 미국
❺ Rìběn 日本 일본
➡ 국가명의 첫 글자는 대문자로 표기한다.

듣기 Plus

MP3를 다시 들으며 써 봅시다.

정답 1. ❶ jiào
❷ nǎ

교과서 41쪽

3 잘 듣고, 문장의 의미를 생각해 봅시다. 040

❶

Rènshi nǐ hěn gāoxìng.

❷

Nǐ shì nǎ guó rén?

듣기 대본 및 해석 3

❶ Rènshi nǐ hěn gāoxìng.
认识你很高兴。
만나서 반가워.

❷ Nǐ shì nǎ guó rén?
你是哪国人?
너는 어느 나라 사람이니?

4 잘 듣고, 대화의 의미를 생각하며 따라 해 봅시다. 041

Nǐ jiào shénme míngzi?
Wǒ jiào Wáng Lì.

듣기 대본 및 해석 4

A Nǐ jiào shénme míngzi?
你叫什么名字?
너는 이름이 뭐니?

B Wǒ jiào Wáng Lì.
我叫王丽。
나는 왕리라고 해.

듣기 Plus+

MP3를 다시 들으며 써 봅시다.

....

....

....

교과서 42쪽

교과서 단어

- □ 叫 jiào ~라고 부르다
- □ 什么 shénme 무엇, 무슨
- □ 名字 míngzi 이름
- □ 呢 ne ~는요?
- □ 认识 rènshi 알다
- □ 高兴 gāoxìng 기쁘다
- □ 也 yě 또한, 역시

예문 단어

- 是 shì ~이다
- 爱 ài 사랑하다

박정민과 왕리가 서로의 이름을 묻습니다. 042

박정민 ❶你叫什么名字?
Nǐ jiào shénme míngzi?
너는 이름이 뭐니?

왕리 我❷叫王丽, 你❸呢?
Wǒ jiào Wáng Lì, nǐ ne?
나는 왕리라고 해, 너는?

박정민 我叫朴正民, ❹认识你很高兴。
Wǒ jiào Piáo Zhèngmín, rènshi nǐ hěn gāoxìng.
나는 박정민이라고 해. 만나서 반가워.

왕리 我❺也很高兴。
Wǒ yě hěn gāoxìng.
나도 반가워.

자신의 이름을 먼저 소개한 사람은 누구입니까? ◯ 박정민 ◯ 왕리

정답 ☑ 왕리

본문 해설

❶ 손윗사람이나 어르신에게는 'Nín zěnme chēnghu? 您怎么称呼?'나 'Nín guì xìng? 您贵性?'이라고 묻는다. 'Nín guì xìng? 您贵性?'이라고 물을 때에는 'Wǒ xìng Wáng, jiào Wáng Lì. 我姓王, 叫王丽。'로 답한다.

❷ 'jiào 叫'는 '~라고 부르다'라는 뜻으로 여기서는 'shì 是'로 바꿔 쓸 수 있다.
예시 Wǒ jiào Wáng Lì. 我叫王丽。나는 왕리라고 해.
Wǒ shì Wáng Lì. 我是王丽。나는 왕리야.

❸ 'ne 呢'는 '~는요?'라는 뜻으로 앞서 말한 내용을 되물을 때 사용한다.
예시 Wǒ hěn hǎo, nǐ ne? 我很好, 你呢? 나는 잘 지내, 너는?

❹ 'Rènshi nǐ hěn gāoxìng. 认识你很高兴。'은 'Hěn gāoxìng rènshi nǐ. 很高兴认识你。'로 순서를 바꾸어 말할 수 있다.

❺ 'yě 也'는 '~도, 역시'라는 뜻으로 주어 뒤, 술어 앞에 위치한다.
예시 Wǒ yě ài nǐ. 我也爱你。나도 너를 사랑해.

1. '나는 박정민이라고 해'라는 문장에 들어가는 단어는?
   ① hěn ② yě
   ③ jiào ④ ne
2. 본문에서 '기쁘다'를 나타내는 단어에 밑줄 그어 보세요.

정답 1. ③ 2. gāoxìng 高兴

교과서 43쪽

1 什么(shénme)

'什么 shénme'는 '무엇, 무슨'이라는 뜻으로, '什么 shénme'와 같이 의문사가 있는 문장 끝에는 '吗 ma'를 붙이지 않는다.

A 你叫什么名字? Nǐ jiào shénme míngzi? 너는 이름이 뭐니?
B 我叫金美娜。 Wǒ jiào Jīn Měinà. 나는 김미나라고 해.

2 呢(ne)

'呢 ne'는 '~는요?'라는 뜻으로, 문장 끝에 쓰여 상대방의 질문을 되물을 때 사용한다.

A 你冷吗? Nǐ lěng ma? 너 춥니?
B 很冷, 你呢? Hěn lěng, nǐ ne? 추워, 너는?

3 也(yě)

'也 yě'는 주어 뒤에 쓰여 '~도, 역시'라는 뜻을 나타낸다.

你也很帅。 Nǐ yě hěn shuài. 너도 잘생겼어.
我也知道。 Wǒ yě zhīdào. 나도 알아.

Tip

'rènshi 认识'와 'zhīdào 知道'의 차이점

두 단어는 모두 '알다'라는 의미를 지니지만 다음과 같은 차이점이 있다. 목적어가 인물일 경우 'rènshi 认识'는 서로 알고 있다는 의미로 사용되고, 'zhīdào 知道'는 인물에 대한 정보는 알고 있으나 그 인물을 만나지는 못했다는 의미로 사용된다.

예시 Wǒ rènshi tā. 我认识他。 나는 그를 안다.(그와 내가 서로 알고 있다.)
Wǒ zhīdào tā. 我知道他。 나는 그를 안다.(나는 그에 대한 정보는 알고 있지만 만나본 적은 없다.)

교과서 단어

- □ 冷 lěng 춥다
- □ 帅 shuài 잘생기다
- □ 知道 zhīdào 알다, 이해하다

1 꼬마 문제

- 빈칸 채우기

Nǐ jiào (　　　　) míngzi?
(너는 이름이 뭐니?)

2 꼬마 문제

- 문장 완성하기

Wǒ ài nǐ, (　　　　)?
(나는 너를 사랑해, 너는?)

3 꼬마 문제

- 어순 배열하기

(gāoxìng / hěn / yě)
Wǒ (　　　　　　).
(나도 반가워.)

정답 부분 접고 문제 풀기!

정답

1. shénme
2. nǐ ne
3. yě hěn gāoxìng

교과서 단어

- □ 是 shì ~이다
- □ 哪 nǎ 어느
- □ 国 guó 나라
- □ 人 rén 사람
- □ 中国人 Zhōngguórén 중국인
- □ 都 dōu 모두, 다

예문 단어

- 韩国人 Hánguórén 한국인
- 美国人 Měiguórén 미국인
- 法国人 Fǎguórén 프랑스인
- 老师 lǎoshī 선생님

김미나가 장웨이에게 국적을 묻습니다. 044 단어 045

김미나 你是哪❶国人?
Nǐ shì nǎ guó rén?
너는 어느 나라 사람이니?

장웨이 我是❷中国人❸。
Wǒ shì Zhōngguórén.
나는 중국인이야.

김미나 她也是❹中国人吗?
Tā yě shì Zhōngguórén ma?
걔도 중국인이니?

장웨이 是，我们都是中国人。
Shì, wǒmen dōu shì Zhōngguórén.
응, 우리는 모두 중국인이야.

장웨이는 어느 나라 사람입니까? ☐ 중국인 ☐ 일본인

Q정답  중국인
➡ 일본인은 'Rìběnrén 日本人'이다.

체크체크 check! check!

1. 김미나는 어느 나라 사람입니까?
   ① 한국인 ② 중국인 ③ 일본인 ④ 본문에서 알 수 없음
2. '중국'을 한어병음과 간화자로 써 보세요.

정답 1. ④ 2. Zhōngguó 中国

본문 해설

❶ 'nǎ 哪'는 '어느, 어떤'이란 뜻의 의문사로, 'ma 吗'와 함께 쓰지 않도록 주의한다.

❷ 'shì 是'는 '~이다'라는 뜻의 동사로, 단독으로 쓰일 때는 긍정의 대답을 나타내기도 한다.
예시 A Nǐ shì Zhōngguórén ma? 你是中国人吗? 너는 중국인이니?
B Wǒ shì Zhōngguórén. 我是中国人。 나는 중국인이야. / Shì. 是。 맞아.

❸ 국적을 표현할 때는 국가명 뒤에 'rén 人'을 붙여서 표현한다.
예시 Hánguórén 韩国人 한국인
Měiguórén 美国人 미국인
Fǎguórén 法国人 프랑스인

❹ '주어 + shì 是 + 목적어 + ma 吗' 형식으로 의문문을 만들 수 있다.
예시 Nǐ shì zhōngguórén ma? 你是中国人吗? 너는 중국인이니?
Tā shì lǎoshī ma? 她是老师吗? 그녀는 선생님이니?

교과서 45쪽

1 是(shì)

'是 shì'는 '~이다'라는 뜻으로, 설명이나 판단을 나타낸다. 부정형은 '不是 bú shì'이다.

긍정 A + 是 + B

我是韩国人。 Wǒ shì Hánguórén.
나는 한국인이야.

부정 A + 不是 + B

我不是中国人。 Wǒ bú shì Zhōngguórén.
나는 중국인이 아니야.

2 哪(nǎ)

'哪 nǎ'는 '어느'라는 뜻의 의문사로, 문장 끝에는 '吗 ma'를 붙이지 않는다.

A 你是哪国人? Nǐ shì nǎ guó rén? 너는 어느 나라 사람이니?
B 我是意大利人。 Wǒ shì Yìdàlìrén. 나는 이탈리아인이야.

3 都(dōu)

'都 dōu'는 '모두, 다'라는 뜻으로, 앞에 나온 사람이나 사물을 총칭할 때 쓰인다.

我们都是中国学生。 Wǒmen dōu shì Zhōngguó xuésheng. 우리는 모두 중국 학생입니다.
你们都很棒! Nǐmen dōu hěn bàng! 너희들 모두 정말 대단하다!

Tip

'bù 不'의 성조 변화

'bù 不'는 단독으로 쓸 때는 제4성으로 읽지만, 'shì 是'와 같은 제4성 앞에서는 제2성으로 성조가 변한다.

예시 Bú kèqi! 不客气! 천만에!

교과서 단어

- □ 韩国人 Hánguórén 한국인
- □ 意大利人 Yìdàlìrén 이탈리아인
- □ 中国 Zhōngguó 중국
- □ 学生 xuésheng 학생
- □ 棒 bàng 뛰어나다, 훌륭하다

1 꼬마 문제

• 빈칸 채우기

Wǒ (　　　) Hánguórén.
(나는 한국인이야.)

2 꼬마 문제

• 알맞은 말 고르기

Nǐ shì (nǎ / shénme) guó rén?
(너는 어느 나라 사람이니?)

3 꼬마 문제

• 어순 배열하기

(shì / wǒmen / Hánguórén / dōu)
(　　　　　　　　).
(우리는 모두 한국인입니다.)

정답 부분 접고 문제 풀기!

정답

1. shì
2. nǎ
3. Wǒmen dōu shì Hánguórén

교과서 단어

- □ 甘地 Gāndì 간디
- □ 莫扎特 Mòzhātè 모차르트
- □ 柳宽顺 Liǔ Kuānshùn 유관순
- □ 英国 Yīngguó 영국
- □ 韩国 Hánguó 대한민국
- □ 美国 Měiguó 미국
- □ 日本 Rìběn 일본

예시 대화 및 해석

1 ❶ A Nǐ jiào shénme míngzi?
你叫什么名字? 너는 이름이 뭐니?
B Wǒ jiào Gāndì.
我叫甘地。나는 간디라고 해.

❷ A Nǐ jiào shénme míngzi?
你叫什么名字? 너는 이름이 뭐니?
B Wǒ jiào Mòzhātè.
我叫莫扎特。나는 모차르트라고 해

❸ A Nǐ jiào shénme míngzi?
你叫什么名字? 너는 이름이 뭐니?
B Wǒ jiào Liǔ kuānshùn.
我叫柳宽顺。나는 유관순이라고 해.

2 ❶ A Nǐ shì nǎ guó rén?
你是哪国人?
너는 어느 나라 사람이니?
B Wǒ shì Yīngguórén.
我是英国人。나는 영국인이야.

❷ A Nǐ shì nǎ guó rén?
你是哪国人?
너는 어느 나라 사람이니?
B Wǒ shì Hánguórén.
我是韩国人。나는 한국인이야.

❸ A Nǐ shì nǎ guó rén?
你是哪国人?
너는 어느 나라 사람이니?
B Wǒ shì Měiguórén.
我是美国人。나는 미국인이야.

❹ A Nǐ shì nǎ guó rén?
你是哪国人?
너는 어느 나라 사람이니?
B Wǒ shì Rìběnrén.
我是日本人。나는 일본인이야.

1 밑줄 친 부분을 바꾸어 이름을 묻고 답해 봅시다. 046 047 단어

보기
A Nǐ jiào shénme míngzi?
你叫什么名字? 너는 이름이 뭐니?
B Wǒ jiào Wáng Lì.
我叫王丽。나는 왕리라고 해.

❶ 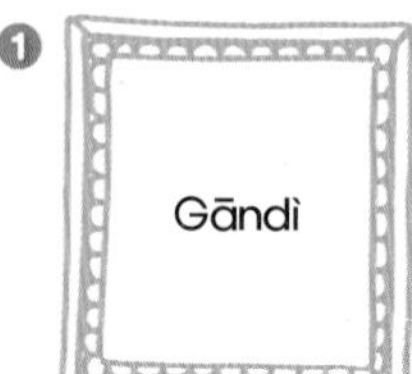

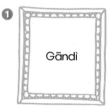

❷ 

❸ 

2 밑줄 친 부분을 바꾸어 국적을 묻고 답해 봅시다. 048 049 단어

보기
A Nǐ shì nǎ guó rén?
你是哪国人? 너는 어느 나라 사람이니?
B Wǒ shì Zhōngguórén.
我是中国人。나는 중국인이야.

국적을 말할 때는 다음과 같이 표현한다.

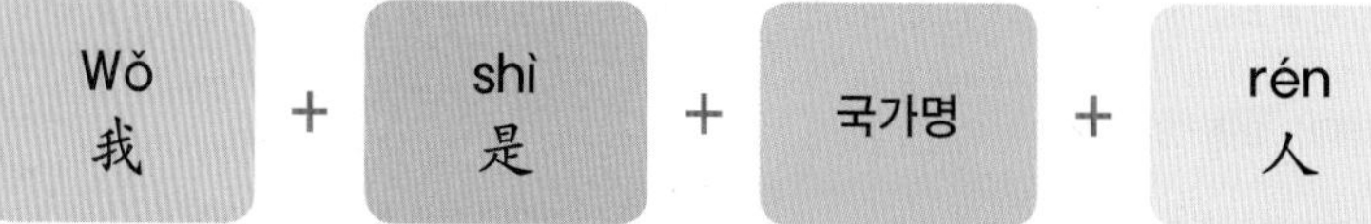

교과서 47쪽

1 잘 듣고, 한자에 알맞은 발음을 완성해 봅시다. 050

❶ 

→ 名字 ______________

❷ 

→ 认识 ______________

2 그림을 보고, 문장을 완성해 봅시다.

Wǒ ______ Piáo Zhèngmín.
Wǒ shì ________ rén.
Wǒ jiào ________ .
Wǒ shì ________ rén.
Hánguó
Zhōngguó
Piáo Zhèngmín
Wáng Lì
써 보기
叫

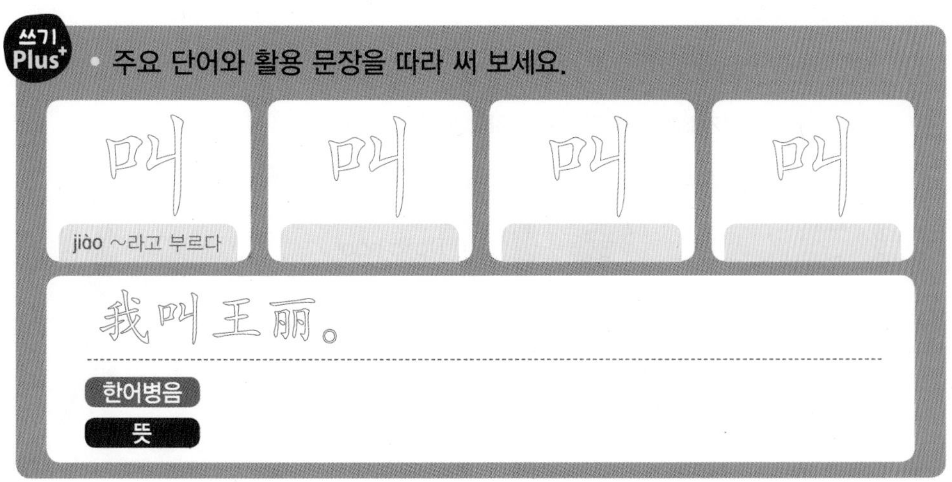

쓰기 Plus+
• 주요 단어와 활용 문장을 따라 써 보세요.
叫 叫 叫 叫
jiào ~라고 부르다
我叫王丽。
한어병음
뜻

듣기 대본 및 해석

1 ❶ míngzi 이름
❷ rènshi 알다

예시 답안 및 해석

2
- Wǒ jiào Piáo Zhèngmín.
  我叫朴正民。
  나는 박정민이라고 해.
  Wǒ shì Hánguórén.
  我是韩国人。
  나는 한국인이야.
- Wǒ jiào Wáng Lì.
  我叫王丽。
  나는 왕리라고 해.
  Wǒ shì Zhōngguórén.
  我是中国人。
  나는 중국인이야.

교과서 48쪽

듣기 대본 및 해석

1 ❶ Wǒ shì Yīngguórén.
我是英国人。
나는 영국인이야.

❷ Wǒ shì Měiguórén.
我是美国人。
나는 미국인이야.

❸ Wǒmen dōu shì Rìběnrén.
我们都是日本人。
우리는 모두 일본인이야.

예시 답안 및 해석

2 ❶ **A** 你是哪国人?
Nǐ shì nǎ guó rén?
너는 어느 나라 사람이니?

B 我是韩国人。
Wǒ shì Hánguórén.
나는 한국인이야.

❷ **A** Nǐ shì Měiguórén ma?
你是美国人吗?
너는 미국인이니?

B Bú shì, wǒ shì Yīngguórén.
不是，我是英国人。
아니, 나는 영국인이야.

3 예시
大家好! 여러분, 안녕하세요!
我叫王丽。제 이름은 왕리입니다.
我是中国人。저는 중국인입니다.
认识你们很高兴。
여러분을 만나서 반갑습니다.

大家好! 여러분, 안녕하세요!
我叫李韩民。제 이름은 이한민입니다.
我是韩国人。저는 한국인입니다.
认识你们很高兴。여러분을 만나서 반갑습니다.

정답 1. ❶ C ❷ A ❸ B
2. ❶ 你是 哪 国 人?
❷ Nǐ shì Měiguórén ma?
3. Dàjiā hǎo!
Wǒ jiào Lǐ Hánmín.
Wǒ shì Hánguórén.
Rènshi nǐmen hěn gāoxìng.

1 잘 듣고, 해당하는 인물을 찾아 기호를 써 봅시다. 051

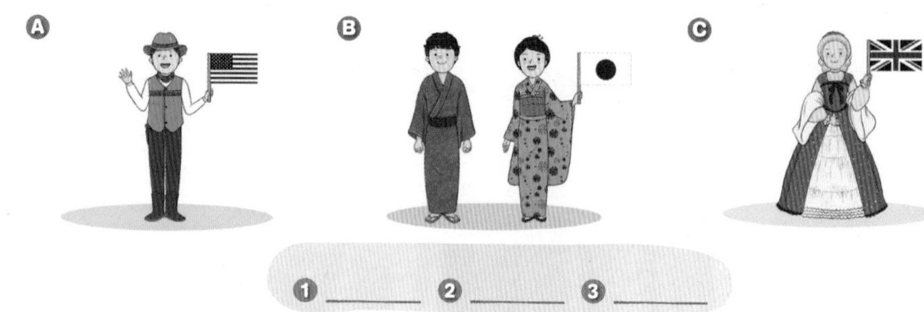

❶ ______ ❷ ______ ❸ ______

2 보기의 단어를 활용하여 문장을 완성하고, 대화해 봅시다.

❶ A 你是 ______ ______ ______?
B 我是韩国人。

❷ A Nǐ ______ ______ ma?
B Bú shì, wǒ shì Yīngguórén.

3 예시를 참고하여 자기소개 글을 완성하고, 읽어 봅시다.

예시
Dàjiā hǎo!
Wǒ jiào Wáng Lì.
Wǒ shì Zhōngguórén.
Rènshi nǐmen hěn gāoxìng.

교과서 49쪽

중국어 명패 만들기

자신의 이름을 중국어로 어떻게 말할까요?

1 자기 이름의 한자와 뜻을 알아온다.

박 (성씨 박 朴)
정 (바를 정 正)
민 (백성 민 民)

2 포털 검색 사이트에서 '중국어 사전'을 검색한다.

중국어 사전 | 검색

3 '옥편처럼 찾기' → '독음으로 찾기'를 누른다.

옥편처럼 찾기
병음으로 찾기 | 부수로 찾기 | 독음으로 찾기 | 총 획수로 찾기

4 한자의 뜻을 참고하여, 자신의 이름에 해당하는 중국어 발음을 찾는다.

옥편처럼 찾기
병음으로 찾기 | 부수로 찾기 | **독음으로 찾기** | 총 획수로 찾기
ㄱ ㄴ ㄷ ㄹ ㅁ ㅂ ㅅ ㅇ ㅈ ㅊ ㅋ ㅌ ㅍ ㅎ
독음 : 박

朴 pò 팽나무 박	泊 pō 호수 박
朴 Piáo 성씨 박	迫 pò 접근할 박

나만의 중국어 명패를 만들어 볼까요?

❶ A4용지를 세울 수 있게 삼각형으로 접는다.

❷ 중국어와 한어병음으로 이름을 쓰고 예쁘게 꾸민다.

워드서치

• 단어에 해당하는 한어병음을 쓰고 단어를 찾아봅시다.

1 ~라고 부르다 ______
2 이름 ______
3 무엇, 무슨 ______
4 认识 ______
5 ~도, 역시 ______
6 기쁘다 ______
7 한국인 ______
8 중국 ______
9 일본 ______
10 都 ______

z	ì	t	d	ù	R	è	n	Z	i	l	m
h	g	ā	o	x	ì	n	g	h	ě	ǎ	e
ě	f	à	n	g	b	ù	d	ō	u	o	n
n	j	x	í	m	ě	i	à	n	y	g	e
s	i	u	n	í	n	ǐ	j	g	u	ó	s
b	à	n	g	n	r	x	i	g	y	u	h
d	o	u	ā	y	è	j	ā	u	a	r	é
u	w	ǒ	H	á	n	g	u	ó	r	é	n
ō	x	ì	ǎ	n	s	u	n	y	ě	n	m
h	ò	u	o	g	h	ó	m	í	n	g	e
m	í	n	g	z	i	n	y	ì	n	d	ù
h	n	ǐ	ē	y	ī	n	g	g	u	ó	n

중국의 성(姓)씨와 호칭

중국에는 어떤 성(姓)씨가 가장 많을까요?

현재 중국에서 사용되는 성(姓)씨의 종류는 4,700여 종으로 그중 이(李, Lǐ)가 가장 많습니다. 그 다음으로 왕(王, Wáng), 장(张, Zhāng), 유(刘, Liú) 순이며, 이들 성이 전체 인구의 22% 정도 차지합니다. 제갈량(诸葛亮)의 诸葛(Zhūgě)처럼 두 글자인 성씨도 적지 않습니다.

중국인은 어떤 이름을 좋아할까요?

	남	여
1	伟(Wěi) 위대하다	芳(Fāng) 향기롭다
2	强(Qiáng) 강하다	娜(Nà) 아름답다
3	磊(Lěi) 큰 돌	敏(Mǐn) 영리하다
4	洋(Yáng) 바다	静(Jìng) 고요하다
5	勇(Yǒng) 용감하다	秀英(Xiùyīng) 빼어난 꽃
6	军(Jūn) 군사	丽(Lì) 아름답다

문화 Plus+

중국인의 이름은 한 글자가 많으며, 남자 이름으로는 크고 강한 이미지의 한자를 선호하고, 여자 이름으로는 아름답고 영리한 이미지의 한자를 선호한다.

중국인의 호칭

중국에서는 상대방을 부르는 호칭으로 친밀함을 판단할 수 있습니다. 학생들끼리는 서로의 이름을 부르고, 친한 사이일 경우 자기보다 나이가 많으면 성(姓) 앞에 老(lǎo)를 붙여 '老王 Lǎo Wáng'이라고 부르며, 자신보다 나이가 어리면 小(xiǎo)를 붙여 '小张 Xiǎo Zhāng'이라고 부릅니다.

Nǐ jiào shénme míngzi?
你叫什么名字?
老王, 您好!
Lǎo Wáng, nín hǎo!

Lǐ Nà.
李娜。
小张, 你好!
Xiǎo Zhāng, nǐ hǎo!

새로운 호칭

美女(měinǚ)는 '미녀'라는 뜻이지만, 최근에 젊은 여성에 대한 호칭으로 많이 쓰이고 있습니다. 남자에게는 帅哥(shuàigē)라고 하는데, 이 역시 '미남'이라는 뜻이지만, 젊은 남성에 대한 호칭으로도 많이 쓰이고 있습니다.

문화 O X 퀴즈

1. 중국에서 가장 많은 성씨는 유(刘, Liú) 씨다. O | X
2. 자신보다 나이가 어리면 성 앞에 小(xiǎo)를 붙여 부른다. O | X

1. X 중국에서 가장 많은 성씨는 이(李, Lǐ) 씨다.
2. O 친한 사이일 경우 자기보다 나이가 많으면 성(姓) 앞에 '老 lǎo'를 붙이고, 자신보다 나이가 어리면 '小 xiǎo'를 붙여 부른다.

과제 활동

상황에 따라 다른 중국의 다양한 호칭을 조사하고, 발표해 봅시다.

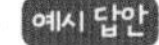

중국인은 친구와 동료를 부를 때 흔히 성과 이름을 함께 부르는데, 친한 사이에는 성을 빼고 이름만 부르는 경우가 많다.
예를 들어 학교에서 친구를 부를 때는 'Wáng Lì 王丽'라고 성과 이름을 함께 부르거나, '학우, 급우'라는 표현인 'tóngxué 同学'를 사용하여 'Wáng tóngxué 王同学'라고 부르기도 한다. 또한 중국인들은 한 글자 이름일 경우, 'Lìlì 丽丽'처럼 이름을 중복하여 불러 친근함을 표현하기도 한다.
상대방과 가까운 사이가 아니라면 예의를 갖추는 것이 필요하다. 성 뒤에 그 사람의 직업이나 직위의 명칭을 붙이는 것이 보편적이다. 예를 들어 학교에서 선생님을 부를 때 보통 성과 함께 'lǎoshī 老师'를 붙여서 'Lǐ lǎoshī 李老师'라고 부른다.
상대방과 가까운 사이가 아닐 경우 예의를 갖춰서 남자는 'xiānsheng 先生' 여자는 'xiǎojiě 小姐'를 성 뒤에 붙여 사용한다.

단원 평가 2과

학습 도움

01 단어와 뜻의 연결이 알맞지 않은 것은?

① 什么 – 무엇　　② 名字 – 이름
③ 高兴 – 기쁘다　　④ 认识 – 알다
⑤ 都 – ~라고 부르다

01
① shénme　② míngzi
③ gāoxìng　④ rènshi
⑤ dōu

02 빈칸에 들어갈 말로 알맞은 것은?

Nǐ shì ______ guó rén?

① nǎ　② bù　③ hěn
④ jiào　⑤ shénme

02
你是哪国人?
너는 어느 나라 사람이니?
① 哪 어느
② 不 ~이 아니다
③ 很 매우, 아주
④ 叫 ~라고 부르다
⑤ 什么 무엇, 무슨

03 다음 단어의 한어병음으로 알맞은 것은?

也

① nǐ　② yě　③ nǎ
④ guó　⑤ rén

03
① 你 너
② 也 ~도, 역시
③ 哪 어느
④ 国 나라
⑤ 人 사람

04 다음 문장의 중국어 표현으로 알맞은 것은?

우리는 모두 중국인이야.

① Zhōngguórén dōu shì wǒmen.
② Dōu wǒmen shì Zhōngguórén.
③ Wǒmen dōu shì Zhōngguórén.
④ Dōu shì wǒmen Zhōngguórén.
⑤ Wǒmen shì dōu Zhōngguórén.

04
我们都是中国人。

05 B의 대답으로 가장 알맞은 것은?

A Rènshi nǐ hěn gāoxìng.
B ________________.

① Wǒ jiào Wáng Lì
② Wǒ shì Hánguórén
③ Wǒ yě shì Měiguórén
④ Wǒ yě hěn gāoxìng
⑤ Wǒ bú shì Zhōngguórén

06 국가명과 뜻의 연결이 알맞지 않은 것은?

① Yìndù – 인도
② Rìběn – 일본
③ Hánguó – 한국
④ Měiguó – 영국
⑤ Zhōngguó – 중국

07 다음 문장에서 필요 없는 단어는?

你叫什么名字吗?

① 你
② 叫
③ 吗
④ 名字
⑤ 什么

08 중국의 성(姓)씨와 호칭에 대한 설명으로 알맞은 것은?

① 현재 중국에서 가장 많은 성씨는 왕(王, Wáng) 씨다.
② 중국인은 여자 이름을 'Wěi 伟'라고 짓는 것을 가장 좋아한다.
③ 'shuàigē 帅哥'는 자신보다 나이 많은 남자에게 쓰는 호칭이다.
④ 'měinǚ 美女'는 최근에 젊은 여성에 대한 호칭으로 많이 쓰이고 있다.
⑤ 친한 사이일 경우 자기보다 나이가 많으면 이름 앞에 'xiǎo 小'를 붙여서 부른다.

학습 도움

05
A 认识你很高兴。
만나서 반가워.
① 我叫王丽。
나는 왕리라고 해.
② 我是韩国人。
나는 한국인이야.
③ 我也是美国人。
나도 미국인이야.
④ 我也很高兴。
나도 반가워.
⑤ 我不是中国人。
나는 중국인이 아니야.

06
① 印度 ② 日本
③ 韩国 ④ 美国
⑤ 中国

07
Nǐ jiào shénme míngzi?
너는 이름이 뭐니?
① nǐ ② jiào
③ ma ④ míngzi
⑤ shénme

'shénme 什么'는 의문사로 문장 끝에 'ma 吗'를 붙이지 않는다.

这是谁? 052

Zhè shì shéi?

얘는 누구니?

학습 목표 다른 사람을 소개하고, 학년과 나이를 표현할 수 있다.

문화 Plus+

중국 고등학교 교복(校服, xiàofú)

중국의 상당수 고등학교는 체육복(运动服, yùndòngfú)을 교복으로 채택하고 있다. 체육복을 입으면 활동하기 편할 뿐 아니라, 경제적 부담을 줄일 수 있어 학생 간 위화감 조성과 같은 부정적 측면을 예방할 수 있다는 장점이 있다. 실제로 중국에서는 방과 후 활동으로 농구, 탁구, 배드민턴 등 체육 활동이 활발히 이루어지고 있으며, 특히 하루에 한 번 전교생이 운동장에 모여 단체 체조(课间操, kèjiāncāo)를 하는 등 학교생활에서 체육복은 없어서는 안 될 필수품이다.

书包 shūbāo 책가방
跑道 pǎodào 트랙
操场 cāochǎng 운동장
书 shū 책
饮料 yǐnliào 음료수
长椅 chángyǐ 벤치
照片 zhàopiàn 사진

의사소통 표현

만남 – 소개하기

Zhè shì wǒ de Zhōngguó péngyou.

这是我的中国朋友。얘는 내 중국 친구야.

인적 사항 – 학년 말하기

Tā shàng gāozhōng èr niánjí.

她上高中二年级。그녀는 고등학교 2학년이야.

인적 사항 – 나이 묻기

Tā duō dà le?

他多大了? 그는 몇 살이니?

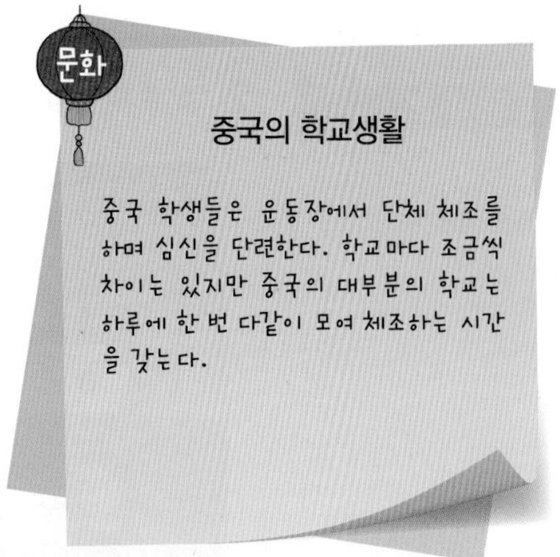

문화

중국의 학교생활

중국 학생들은 운동장에서 단체 체조를 하며 심신을 단련한다. 학교마다 조금씩 차이는 있지만 중국의 대부분의 학교는 하루에 한 번 다같이 모여 체조하는 시간을 갖는다.

단어 미리보기

- □□□ 这 zhè 이(것)
- □□□ 谁 shéi 누구
- □□□ 的 de ~의
- □□□ 朋友 péngyou 친구
- □□□ 上 shàng (~에) 다니다
- □□□ 几 jǐ 몇
- □□□ 年级 niánjí 학년
- □□□ 高中 gāozhōng 고등학교

- □□□ 桌子 zhuōzi 책상
- □□□ 那 nà 저(것), 그(것)
- □□□ 椅子 yǐzi 의자
- □□□ 同学 tóngxué 학우, 동급생
- □□□ 书包 shūbāo 책가방

- □□□ 小学 xiǎoxué 초등학교
- □□□ 初中 chūzhōng 중학교
- □□□ 中学 zhōngxué 중 · 고등학교
- □□□ 大学 dàxué 대학교

- □□□ 有 yǒu 있다
- □□□ 哥哥 gēge 형, 오빠
- □□□ 没有 méiyǒu 없다
- □□□ 个 ge 개, 명[양사]
- □□□ 弟弟 dìdi 남동생
- □□□ 多 duō 얼마나
- □□□ 大 dà (나이가) 많다
- □□□ 了 le ~되다(어기조사)
- □□□ 今年 jīnnián 올해

- □□□ 岁 suì 살, 세[양사]

- □□□ 小 xiǎo 작다
- □□□ 狗 gǒu 개
- □□□ 词典 cídiǎn 사전
- □□□ 妹妹 mèimei 여동생
- □□□ 两 liǎng 둘, 2
- □□□ 年纪 niánjì 나이, 연령

- □□□ 奶奶 nǎinai 할머니
- □□□ 爸爸 bàba 아버지
- □□□ 妈妈 māma 어머니
- □□□ 姐姐 jiějie 언니, 누나

교과서 54쪽

듣기 대본 및 해석 1

❶ zhè 这 이(것)
❷ suì 岁 살, 세[양사]
➡ 'ui'로 표기되는 운모의 실제 발음은 'uei'이다.

1 잘 듣고, 해당하는 발음에 ✓를 표시해 봅시다. 053

듣기 대본 및 해석 2

❶ zhè 这 이(것)
❷ gāozhōng 高中 고등학교
❸ péngyou 朋友 친구
❹ gēge 哥哥 형, 오빠
❺ dìdi 弟弟 남동생

2 잘 듣고, 의미를 생각하며 따라 써 봅시다. 054

듣기 Plus+

MP3를 다시 들으며 써 봅시다.

정답 1. ❶ zhè
❷ suì

3 잘 듣고, 문장의 의미를 생각해 봅시다. 055

❶

❷

동생
나
OO바다!

Zhè shì wǒ de Zhōngguó péngyou.

Wǒ yǒu yí ge dìdi.

4 잘 듣고, 대화의 의미를 생각하며 따라 해 봅시다. 056

Tā duō dà le?
Tā jīnnián shíwǔ suì le.

듣기 Plus+

✎ MP3를 다시 들으며 써 봅시다.

듣기 대본 및 해석 3

❶ Zhè shì wǒ de Zhōngguó péngyou.
这是我的中国朋友。
얘는 내 중국 친구야.

❷ Wǒ yǒu yí ge dìdi.
我有一个弟弟。
나는 남동생이 한 명 있어.

듣기 대본 및 해석 4

A Tā duō dà le?
他多大了?
그는 몇 살이니?

B Tā jīnnián shíwǔ suì le.
他今年十五岁了。
그는 올해 15살이야.

문화 Plus+

진시황병마용(秦始皇兵马俑, Qínshǐhuáng bīngmǎyǒng)은 흙으로 빚어 만든 사람 크기의 병마용이 중국 최초의 황제인 진시황의 무덤을 지키고 있는 곳으로 중국 시안(西安, Xī'ān)에 자리한 유네스코 세계문화 유산에도 등재된 고대 유적지이다.

교과서 단어

- □ 这 zhè 이(것)
- □ 谁 shéi 누구
- □ 的 de ~의
- □ 朋友 péngyou 친구
- □ 上 shàng (~에) 다니다
- □ 几 jǐ 몇
- □ 年级 niánjí 학년
- □ 高中 gāozhōng 고등학교

예문 단어

- 书 shū 책
- 班主任 bānzhǔrèn 담임 선생님

체크체크 check! check!

1. '나의 중국 친구'를 중국어로 말하면?
2. 본문에서 '上 shàng'은 어떤 의미인가?

정답 1. 我的中国朋友 wǒ de Zhōngguó péngyou 2. (~에) 다니다

왕리와 김미나가 사진을 보며 이야기를 합니다. 057  

왕리
这是谁? ❶
Zhè shì shéi?
얘는 누구니?

김미나
这是我的中国朋友。 ❷
Zhè shì wǒ de Zhōngguó péngyou.
얘는 내 중국 친구야.

왕리
她上几年级? ❸
Tā shàng jǐ niánjí?
그녀는 몇 학년이니?

김미나
她上高中二年级。 ❹
Tā shàng gāozhōng èr niánjí.
그녀는 고등학교 2학년이야.

김미나의 중국 친구는 몇 학년입니까? ◯ 중학교 3학년 ◯ 고등학교 2학년

☑ 고등학교 2학년
➡ 중학교 3학년은 'chūzhōng sān niánjí 初中三年级'이다.

본문 해설

❶ 'zhè 这'는 가까이에 있는 물건이나 사람을 가리킬 때 사용한다. 'zhè 这' 자리에는 'tā 他(그)', 'tā 她(그녀)' 등 다른 대명사가 올 수 있으며, 'shéi 谁' 자리에는 'shénme 什么(무엇)'와 같은 다른 의문사가 올 수 있다.

예시 Tā shì shéi? 他是谁? 그는 누구입니까?
Zhè shì shénme? 这是什么? 이것은 무엇입니까?

❷ 'de 的'는 '~의'라는 뜻으로 소유 관계를 나타낸다.

예시 Zhè shì Wáng Lì de shū. 这是王丽的书。이것은 왕리의 책이다.
Tā shì wǒ de bānzhǔrèn. 她是我的班主任。그녀는 나의 담임 선생님입니다.

❸ 'shàng 上'은 '(~에) 다니다'라는 동사로 학년을 물어볼 때 사용한다.

예시 **A** Nǐ shàng jǐ niánjí? 你是几年级? 너는 몇 학년이니?
B Wǒ shàng chūzhōng yī niánjí. 我是初中一年级。나는 중학교 1학년이야.

❹ '학교급 + 숫자 + niánjí 年级'를 순서대로 쓰면 학년을 말하는 표현이 된다.

예시 Tā shàng xiǎoxué yī niánjí. 他上小学一年级。그는 초등학교 1학년입니다.
Tā shàng dàxué sān niánjí. 她上大学三年级。그녀는 대학교 3학년입니다.

교과서 57쪽

1 这(zhè)

'这 zhè'는 '이(것)'이라는 뜻으로, 말하는 사람 기준으로 가까이 있는 사람 혹은 사물을 가리킬 때 사용한다. 말하는 사람을 기준으로 멀리 있는 것을 가리킬 때는 '那 nà'를 사용한다.

这是桌子。 Zhè shì zhuōzi.
이것은 책상이다.

那是椅子。 Nà shì yǐzi.
저것은 의자이다.

2 的(de)

'的 de'는 '~의'라는 뜻으로, 뒤에 있는 명사를 수식할 때 사용한다.

这是我的同学。 Zhè shì wǒ de tóngxué. 얘는 내 학교 친구야.
那是她的书包。 Nà shì tā de shūbāo. 저것은 그녀의 책가방이다.

3 중국의 학제

小学
xiǎoxué
초등학교

初中
chūzhōng
중학교

高中
gāozhōng
고등학교

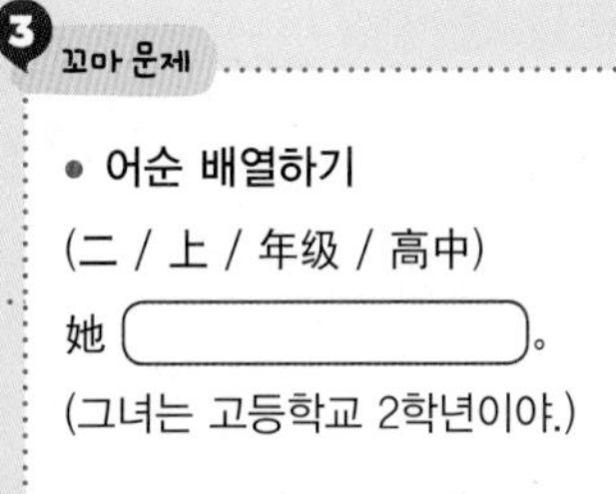

大学
dàxué
대학교

교과서 단어

- □ 桌子 zhuōzi 책상
- □ 那 nà 저(것), 그(것)
- □ 椅子 yǐzi 의자
- □ 同学 tóngxué 학우, 동급생
- □ 书包 shūbāo 책가방
- □ 小学 xiǎoxué 초등학교
- □ 初中 chūzhōng 중학교
- □ 中学 zhōngxué 중·고등학교
- □ 大学 dàxué 대학교

1 꼬마 문제

• 빈칸 채우기

(　　　) shì yǐzi.
(저것은 의자이다.)

2 꼬마 문제

• 빈칸 채우기

Zhè shì wǒ (　　　) tóngxué.
(얘는 내 학교 친구야.)

3 꼬마 문제

• 어순 배열하기

(二 / 上 / 年级 / 高中)
她 (　　　　　)。
(그녀는 고등학교 2학년이야.)

정답 부분 접고 문제 풀기!

정답

1. Nà
2. de
3. 上高中二年级

교과서 58쪽

교과서 단어

- 有 yǒu 있다
- 哥哥 gēge 형, 오빠
- 没有 méiyǒu 없다
- 个 ge 개, 명[양사]
- 弟弟 dìdi 남동생
- 多 duō 얼마나
- 大 dà (나이가) 많다
- 了 le ~되다(어기조사)
- 今年 jīnnián 올해
- 岁 suì 살, 세[양사]

예문 단어

- 兄弟姐妹 xiōngdìjiěmèi 형제자매
- 比 bǐ ~보다
- 高 gāo (키가) 크다
- 考上 kǎoshàng 시험에 합격하다

장웨이가 김미나에게 형제에 관해 묻습니다. 059

단어 060

장웨이
❶ 你有哥哥吗?
Nǐ yǒu gēge ma?
너 오빠 있니?

김미나
❷ 没有，我有一个弟弟。
Méiyǒu, wǒ yǒu yí ge dìdi.
아니, 나는 남동생이 한 명 있어.

장웨이
❸ 他多大了?
Tā duō dà le?
그는 몇 살이니?

김미나
❹❺ 他今年十五岁了。
Tā jīnnián shíwǔ suì le.
그는 올해 15살이야.

김미나의 남동생은 몇 살입니까? ☐ 15살 ☐ 16살

정답 ☑ 15살
➡ 16살은 'shíliù suì 十六岁'이다.

본문 해설

❶ 'yǒu 有'는 '가지고 있다'라는 소유의 의미로, 'yǒu 有' 뒤에 대상을 넣어 'A + yǒu 有 + B(A에게 B가 있다)'의 어순으로 말한다. 부정은 'yǒu 有' 앞에 'méi 没'를 써서 나타낸다.
예시 Nǐ yǒu Zhōngguó péngyou ma? 你有中国朋友吗? 너(에게) 중국 친구가 있니?
Nǐ yǒu xiōngdìjiěmèi ma? 你有兄弟姐妹吗? 너 형제자매가 있니?

❷ 'ge 个'는 '개, 명'이라는 뜻의 양사로, '수사 + ge 个 + 명사'의 어순으로 쓴다.
예시 sān ge gēge 三个哥哥 오빠/형 세 명
sì ge tóngxué 四个同学 학교 친구 네 명

❸ 'duōdà 多大'에서 'dà 大'는 '(나이가) 많다'는 뜻이다. '(키가) 크다'일 때는 'gāo 高'를 쓰므로 혼동하지 않도록 한다.
예시 Tā bǐ wǒ dà. 他比我大。그는 나보다 나이가 많다.
Tā bǐ wǒ gāo. 他比我高。그는 나보다 키가 크다.

❹ 'suì 岁'는 나이를 세는 양사이다.

❺ 'le 了'는 문장 끝에 쓰여 변화된 상태나 상황을 나타내는 어기조사이다. '(작년에는 아니었으나) 올해 15살로 (상태가 변화)되었다'는 뜻이다.
예시 Tā kǎoshàng dàxué le. 她考上大学了。그녀는 대학에 합격했다.

체크체크 check! check!

1. 빈칸에 들어갈 말로 알맞은 것은?
Nǐ yǒu _____ ma?
(너 오빠 있니?)
① gēge ② dìdi

2. 빈칸에 들어갈 말을 한어병음으로 쓰시오.
Tā jīnnián shíwǔ _____ le.
(그는 올해 15살이야.)

정답 1. ① 2. suì

교과서 59쪽

1 有(yǒu)

'有 yǒu'는 '있다'라는 뜻으로, 부정형은 '没有 méiyǒu'이다.

긍정 A + 有 + B

我有小狗。Wǒ yǒu xiǎo gǒu.
나는 강아지가 있다.

부정 A + 没有 + B

她没有词典。Tā méiyǒu cídiǎn.
그녀는 사전이 없다.

2 个(ge)

TIP '两 liǎng'은 '둘, 2'라는 뜻으로, 양사와 함께 쓰여 수량을 나타낸다.

'个 ge'는 '개, 명'이라는 뜻의 양사로, 사람이나 사물을 세는 단위이다.

A 你有几个妹妹? Nǐ yǒu jǐ ge mèimei? 너는 여동생이 몇 명 있니?
B 我有两个妹妹。Wǒ yǒu liǎng ge mèimei. 나는 여동생이 두 명 있어.

3 나이 묻기

'了 le'는 '~되다'라는 뜻으로, 문장 끝에 쓰여 상황의 발생이나 상태의 변화를 나타낸다.

상대방의 연령에 따라 나이를 묻는 표현이 달라진다.

你几岁了?
Nǐ jǐ suì le?
몇 살이니?

你多大了?
Nǐ duō dà le?
몇 살이니?

您多大年纪了?
Nín duō dà niánjì le?
연세가 어떻게 되세요?

Tip

숫자 읽기

1	2	3	4	5	6	7	8
yī	èr/liǎng	sān	sì	wǔ	liù	qī	bā
一	二/两	三	四	五	六	七	八
9	10	11	12	13	14	15	16
jiǔ	shí	shíyī	shí'èr	shísān	shísì	shíwǔ	shíliù
九	十	十一	十二	十三	十四	十五	十六
17	18	19	20	21	22	23	24
shíqī	shíbā	shíjiǔ	èrshí	èrshíyī	èrshí'èr	èrshísān	èrshísì
十七	十八	十九	二十	二十一	二十二	二十三	二十四
25	26	27	28	29	30		
èrshíwǔ	èrshíliù	èrshíqī	èrshíbā	èrshíjiǔ	sānshí		
二十五	二十六	二十七	二十八	二十九	三十		

교과서 단어

- □ 小 xiǎo 작다
- □ 狗 gǒu 개
- □ 词典 cídiǎn 사전
- □ 妹妹 mèimei 여동생
- □ 两 liǎng 둘, 2
- □ 年纪 niánjì 나이, 연령

1 꼬마 문제

- 빈칸 채우기

Tā (　　　) cídiǎn.
(그녀는 사전이 없다.)

2 꼬마 문제

- 문장 완성하기

Wǒ yǒu (　　　) mèimei.
(나는 여동생이 두 명 있어.)

3 꼬마 문제

- 어순 배열하기

(年纪 / 了 / 多大)
您 (　　　)?
(연세가 어떻게 되세요?)

정답 부분 접고 문제 풀기!

정답

1. méiyǒu
2. liǎng ge
3. 多大年纪了

교과서 60쪽

교과서 단어

- □ 奶奶 nǎinai 할머니
- □ 爸爸 bàba 아버지
- □ 妈妈 māma 어머니
- □ 姐姐 jiějie 언니, 누나

예시 대화 및 해석

1 ❶ A Zhè shì shéi? 这是谁?
이분은 누구야?
B Zhè shì wǒ de nǎinai.
这是我的奶奶。
이분은 나의 할머니야.
A Tā duō dà niánjì le?
她多大年纪了?
그녀는 연세가 어떻게 되셔?
B Tā jīnnián liùshíwǔ suì le.
她今年六十五岁了。
그녀는 올해 65세야.

❷ bàba 爸爸 아빠
sìshíwǔ 四十五 45

❸ māma 妈妈 엄마
sìshísān 四十三 43

❹ A Zhè shì shéi? 这是谁?
이 사람은 누구야?
B Zhè shì wǒ de gēge.
这是我的哥哥。
이 사람은 나의 오빠야.
A Tā duō dà le? 他多大了?
그는 몇 살이니?
B Tā jīnnián shíwǔ suì le.
他今年十五岁了。
그는 올해 15살이야.

❺ jiějie 姐姐 언니
shíliù 十六 16

❻ A Zhè shì shéi? 这是谁?
얘는 누구야?
B Zhè shì wǒ de mèimei.
这是我的妹妹。얘는 나의 여동생이야.
A Tā jǐ suì le? 她几岁了?
그녀는 몇 살이니?
B Tā jīnnián jiǔ suì le.
她今年九岁了。
그녀는 올해 9살이야.

가족 구성원을 말할 때 'de 的'를 생략할 수 있다.
예시 wǒ (de) māma
我(的)妈妈 나의 엄마

1 밑줄 친 부분을 바꾸어 소개해 봅시다. 061 062 단어

보기

A Zhè shì shéi?
这是谁? 얘는 누구야?

B Zhè shì wǒ de Zhōngguó péngyou.
这是我的中国朋友。얘는 내 중국 친구야.

A Tā duō dà le?
他多大了? 그는 몇 살이니?

B Tā jīnnián shíwǔ suì le.
他今年十五岁了。그는 올해 15살이야.

말하기 Plus+

나이를 말할 때는 다음과 같이 표현한다.

교과서 61쪽

1 잘 듣고, 한자에 알맞은 발음을 골라 써 봅시다. 063

2 문장에 해당하는 한어병음을 미로를 통과하며 찾은 후, 써 봅시다.

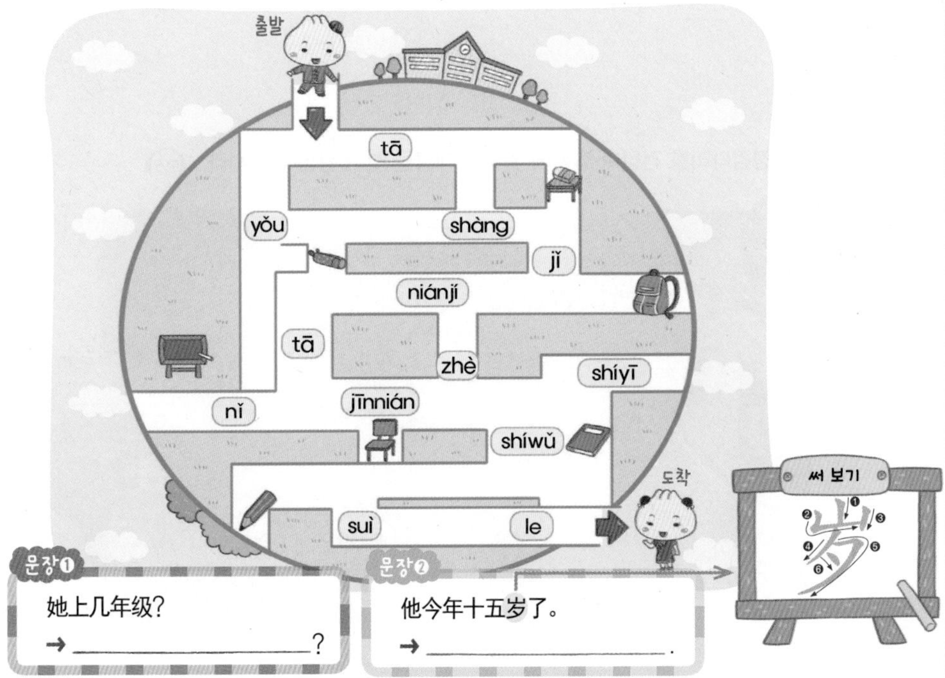

문장❶ 她上几年级?
→ ________________?

문장❷ 他今年十五岁了。
→ ________________.

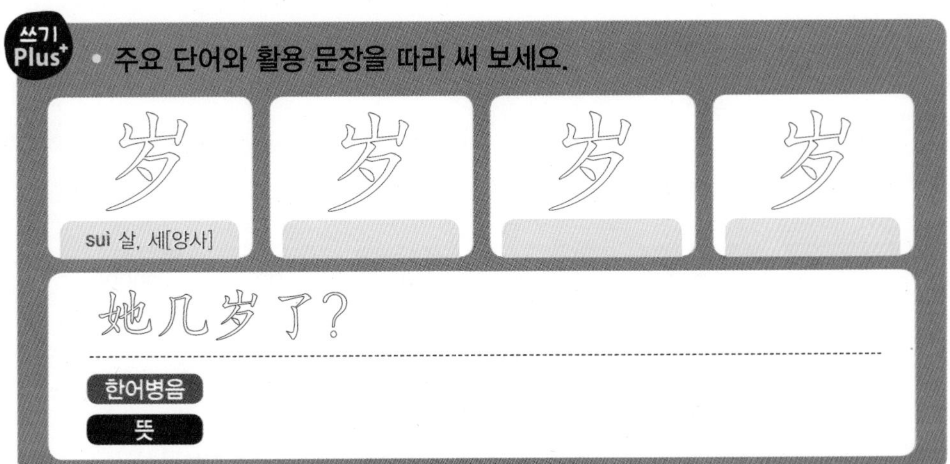

쓰기 Plus+
• 주요 단어와 활용 문장을 따라 써 보세요.
岁 岁 岁 岁
suì 살, 세[양사]
她几岁了?
한어병음
뜻

듣기 대본 및 해석

1 ❶ zhè 这 이(것)
❷ shéi 谁 누구

예시 답안 및 해석

2 ❶ 她上几年级?
Tā shàng jǐ niánjí?
그녀는 몇 학년이니?

❷ 他今年十五岁了。
Tā jīnnián shíwǔ suì le.
그는 올해 15살이야.

교과서 62쪽

듣기 대본 및 해석

1 ❶ Tā duō dà le?
他多大了?
그는 몇 살이니?

❷ Wǒ yǒu yí ge dìdi.
我有一个弟弟。
나는 남동생이 한 명 있어.

2 ❶ A Zhè shì shéi?
这是谁?
얘는 누구니?

B Zhè shì wǒ de Zhōngguó péngyou.
这是我的中国朋友。
얘는 내 중국 친구야.

예시 답안 및 해석

3 · 年级 niánjí 학년
· jīnnián 今年 올해
· 有 yǒu 있다
· 多 duō 얼마나
· ge 个 개, 명[양사]
· shàng 上 (~에) 다니다

❶ Tā shàng jǐ niánjí?
她上几年级? 그녀는 몇 학년이야?

❷ Wǒ yǒu yí ge dìdi.
我有一个弟弟。나는 남동생 한 명이 있다.

❸ Tā jīnnián duō dà le?
他今年多大了? 그는 올해 몇 살이야?

정답 1. ❶ ☐ ☑
→ 어른의 연세를 묻고 싶다면, 'Tā duō dà niánjì le? 他多大年纪了?'라고 말해야 한다.
❷ ☑ ☐
→ 여동생은 'mèimei 妹妹'이다.
2. Zhè shì wǒ de Zhōngguó péngyou.
3. ❶ Tā shàng jǐ niánjí?
她上几年级?
❷ Wǒ yǒu yí ge dìdi.
我有一个弟弟。
❸ Tā jīnnián duō dà le?
他今年多大了?

1 잘 듣고, 내용과 일치하는 그림을 찾아 ✓를 표시해 봅시다. 064

❶ ☐ ☐ ❷ ☐ ☐

2 잘 듣고, 징검다리를 건너며 질문에 알맞은 대답을 찾아 완성해 봅시다. 065

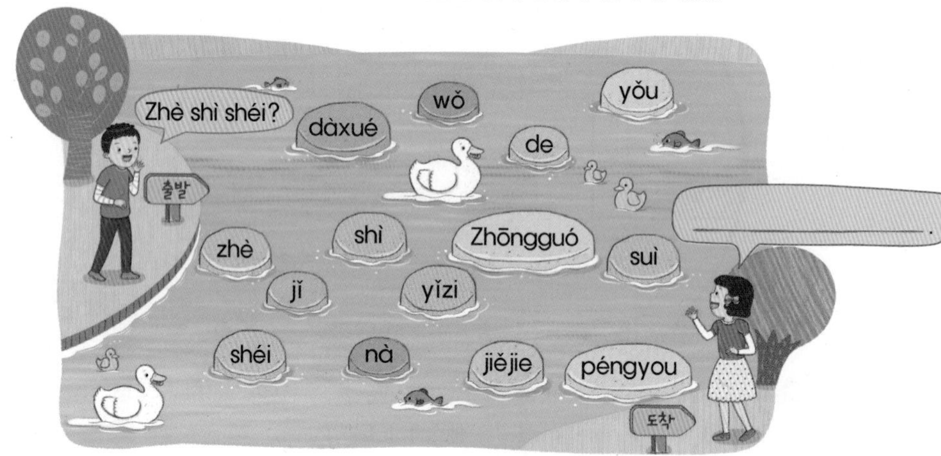

3 단어 카드를 골라 문장을 완성해 봅시다.

年级	jīnnián	有	多	ge	shàng

❶ Tā ________ jǐ niánjí? 她上几 ________?

❷ Wǒ yǒu yí ________ dìdi. 我 ________ 一个弟弟。

❸ Tā ________ duō dà le? 他今年 ________ 大了?

교과서 63쪽

나이 릴레이 게임

활동 방법

❶ 4~6명이 한 모둠이 되어 가장 먼저 시작할 사람을 정한다.

❷ 중국어로 1~31세까지 차례대로 나이를 말한다.
(한 사람이 한 번에 한 개에서 최대 세 개까지의 나이를 말할 수 있다.)

예 학생1 一岁、两岁 → 학생2 三岁 → 학생3 四岁、五岁、六岁 ……

❸ 31세(三十一岁)를 외치는 사람이 게임에서 지게 된다.

가로 세로 퍼즐

• 단어에 해당하는 한어병음을 쓰고 가로세로 퍼즐을 완성해 봅시다. (성조 제외)

가로 열쇠

❶ 同学 ________
❷ 책상 ________
❸ 몇 ________
❹ 이(것) ________
❺ 있다 ________
❻ 两 ________
❼ 올해 ________

세로 열쇠

❶ 多 ________
❷ 친구 ________
❸ 여동생 ________
❹ (~에) 다니다 ________
❺ 의자 ________
❻ 弟弟 ________
❼ 할머니 ________

중국의 학교생활

체육복 입고 생활하는 모습

중국은 9월에 새로운 학년이 시작되며, 대부분 학교는 평소에 활동하기 편한 체육복을 교복으로 입습니다.

많은 학생이 기숙사 생활을 하며, 1교시는 보통 8시에 시작합니다. 수업은 일반적으로 45분씩 진행되고, 눈 보호 체조나 운동장 단체 체조를 하며 심신을 단련합니다.
점심시간은 낮잠 자는 시간이 포함되어 우리나라보다 깁니다. 주로 교실이나 기숙사에서 낮잠을 자는데, 고등학생들은 이 시간을 아껴 자습시간으로 활용하기도 합니다.

문화 Plus+

- 중국의 고등학교는 보통 8시에 1교시 수업을 시작하며, 수업 시작 전에는 아침 자습(早自习, zǎo zìxí) 시간이 있고, 방과 후에도 저녁 식사 후 저녁 자습(晚自习, wǎn zìxí) 시간이 있다. 자습 시간에는 소리를 내어 교과서의 내용을 말하며 외우기(背课, bèikè)도 한다. 오전이나 오후 두 시간 수업 후 다함께 간단한 체조(课间操, kèjiāncāo)나 눈 보호 체조(眼保健操, yǎnbǎojiàncāo)를 한다.
  점심시간은 동절기와 하절기가 서로 다르다. 하절기의 시작은 5월 1일이며 2시간의 점심시간을 갖고, 동절기의 시작은 10월 1일로 1시간 반의 점심시간을 갖는다. 점심시간은 낮잠(午觉, wǔjiào) 시간을 포함한 것으로, 중국의 학교에서 낮잠 시간을 갖는 것은 보편화되어 있다.

- 중국의 방과 후 활동(课外活动, kèwài huódòng)은 교내 활동과 교외 활동으로 나뉘며, 체육 활동, 자율 동아리 활동, 학생회 활동, 봉사 활동 등이 포함된다. 체육 활동에는 학생들이 체력을 단련할 수 있는 농구, 배드민턴, 탁구 등이 있다. 모의 법정, 토론, 음악 등 학생이 주축이 되어 자신의 능력을 발휘하고 또래 친구와 함께 나눌 수 있는 자율 동아리 활동도 이루어지고 있다. 학생회에서는 학교 신문이나 잡지를 펴내기도 한다. 그밖에 도움의 손길이 필요한 병원, 적십자회, 자선단체 등에서 봉사 활동을 하는 교외 활동도 진행하고 있다.
  하지만 중국 고등학생도 우리나라 고등학생과 마찬가지로 대입을 앞두고 학습에 대한 부담감이 큰 편이다. 따라서 고등학생의 방과 후 활동은 학업에 부담을 주지 않는 선에서 제한적으로 이루어지는 경우가 많다.

한국 학생들이 대학 수학 능력 시험을 보는 것처럼 중국 학생들도 대학 입학시험인 高考(gāokǎo)를 치릅니다. 시기는 매년 6월 7일부터 이틀 혹은 사흘에 걸쳐 시행되며, 지역에 따라 시험 문제가 다르게 출제되는 추세입니다.

수험장 입구에서 수험표와 신분증 검사를 합니다.

수험생을 위한 무료 수송차가 지원되며, 일부 도로가 통제됩니다.

高考(gāokǎo) 시간표

省份	6月7日		6月8日	
	9:00-11:30	15:00-17:00	9:00-11:30	15:00-17:00
北京	语文	数学(文) 数学(理)	文综/理综	外语 (外语专业需口试)
天津	语文	数学(文) 数学(理)	文综/理综	外语
上海	语文	数学	政治、历史、 地理、物理、 化学、生命科学	外语 (含听力)

보통 국어, 수학, 영어 외에 문과는 문과 종합, 이과는 이과 종합 시험을 봅니다.

高考(gāokǎo) 실시 장면

문화 OX 퀴즈

1. 중국 대부분의 학교는 활동하기 편한 체육복을 교복으로 입는다. O X
2. 중국은 12월에 대학 입학시험인 高考(gāokǎo)를 치른다. O X

정답 & 해설 1. O
2. X 중국은 6월에 대학 입학시험인 '高考 gāokǎo'를 치른다.

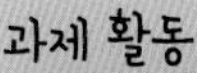

과제 활동

한국과 중국의 학교생활을 조사하고,
공통점과 차이점을 발표해 봅시다.

예시 답안 한국은 3월에 새 학기가 시작되고, 1교시 시작 시간은 8시 20분~9시 20분 사이이며, 학교와 지역마다 조금씩 차이가 있다. 수업은 50분씩 진행되며, 대부분의 일반고 학생은 집에서 통학을 하고, 교복을 입는다. 중국은 9월에 새 학기가 시작되며, 1교시는 8시에 시작하여 45분씩 진행된다. 고등학교의 경우 기숙사가 있는 학교가 많고, 대부분 교복으로 체육복을 입는다.

한국과 중국의 고등학생은 모두 대학입시를 위한 준비에 몰두한다는 공통점이 있다. 하지만 중국 학생들은 우리의 수능 시험에 해당하는 '高考 gāokǎo'가 대입에 있어 절대적인 반면, 우리나라는 수시라는 제도가 있어 대입에서 수능이 차지하는 비중은 학생마다 차이가 클 수 있다는 점이 서로 다르다.

단원 평가 3과

학습 도움

01 빈칸에 들어갈 말로 알맞은 것은?

A Zhè shì ________?
B Zhè shì wǒ de Zhōngguó péngyou.

① jǐ ② nǎ ③ shéi
④ duō dà ⑤ shénme

02 빈칸에 공통으로 들어갈 말로 알맞은 것은?

A 她 ___ 几年级?
B 她 ___ 高中二年级。

① 有 ② 的 ③ 都
④ 也 ⑤ 上

03 빈칸에 들어갈 말로 알맞은 것은?

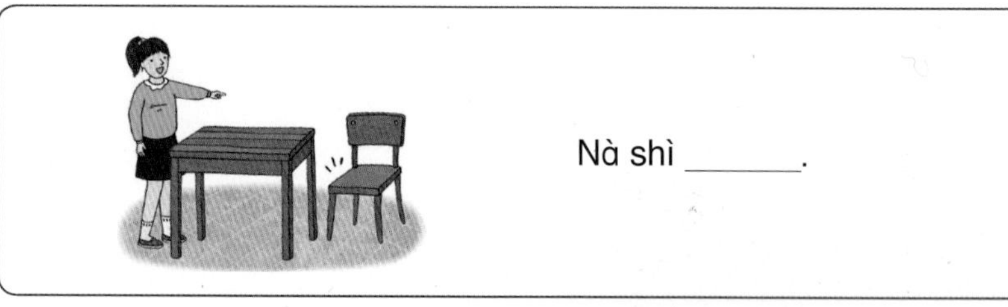

Nà shì _______.

① yǐzi ② cídiǎn ③ zhuōzi
④ shūbāo ⑤ xiǎogǒu

04 단어와 뜻의 연결이 알맞은 것은?

① 小学 – 고등학교 ② 初中 – 초등학교
③ 中学 – 중학교 ④ 高中 – 중 · 고등학교
⑤ 大学 – 대학교

01
A 这是谁?
이 사람은 누구입니까?
B 这是我的中国朋友。
이 사람은 내 중국 친구입니다.

① 几 몇 ② 哪 어느
③ 谁 누구 ④ 多大 몇 살
⑤ 什么 무엇, 무슨

02
A Tā shàng jǐ niánjí?
그녀는 몇 학년이니?
B Tā shàng gāozhōng èr niánjí.
그녀는 고등학교 2학년이야.

① yǒu 있다
② de ~의
③ dōu 모두, 다
④ yě ~도, 역시
⑤ shàng (~에) 다니다

03
那是椅子。저것은 의자이다.

① 椅子 의자 ② 词典 사전
③ 桌子 책상 ④ 书包 책가방
⑤ 小狗 강아지

04
- 小学 xiǎoxué 초등학교
- 初中 chūzhōng 중학교
- 中学 zhōngxué 중·고등학교
- 高中 gāozhōng 고등학교
- 大学 dàxué 대학교

05 빈칸에 들어갈 말로 알맞은 것은?

Nín duō dà ________ le?
Wǒ jīnnián qīshí suì le.

① niánjí ② niánjì ③ jǐ suì
④ shénme ⑤ nǎ guó

06 빈칸에 들어갈 말로 알맞은 것은?

나는 오빠가 두 명 있다.
我有 ________ 哥哥。

① 一个 ② 两个 ③ 两岁
④ 二个 ⑤ 二岁

[07~08] 다음 대화를 읽고 물음에 답하시오.

A 你有㉠姐姐吗?
B ㉡______ 有, 我有一个妹妹。

07 ㉠의 뜻으로 알맞은 것은?

① 언니 ② 여동생 ③ 남동생
④ 할머니 ⑤ 아버지

08 ㉡에 들어갈 말로 알맞은 것은?

① 很 ② 了 ③ 不
④ 是 ⑤ 没

학습 도움

05
A 您多大年纪了?
연세가 어떻게 되세요?
B 我今年七十岁了。
나는 올해 70살이란다.
① 年级 학년
② 年纪 나이, 연령
③ 几岁 몇 살
④ 什么 무엇
⑤ 哪国 어느 나라
웃어른께 연세를 묻고 있는 상황이다. ③번 'jǐ suì 几岁'는 10세 미만의 어린 아이에게 나이를 물을 때 사용한다.

06
Wǒ yǒu liǎng ge gēge.
① yí ge 한 명
② liǎng ge 두 명
③ liǎng suì 두 살
④, ⑤ 숫자 'èr 二'은 'ge 个'나 'suì 岁'와 같은 양사 앞에 쓸 수 없으므로 잘못된 표현이다.

07
① 姐姐 jiějie
② 妹妹 mèimei
③ 弟弟 dìdi
④ 奶奶 nǎinai
⑤ 爸爸 bàba

08
① hěn 매우, 아주
② le ~되다(어기조사)
③ bù ~이 아니다
④ shì ~이다
⑤ méi 없다

쉬어 가기 1

동물

066

❶ 鸟 niǎo 새

❷ 鸡 jī 닭

❸ 大象 dàxiàng 코끼리

❹ 熊猫 xióngmāo 판다

❺ 牛 niú 소

❻ 兔子 tùzi 토끼

❼ 老虎 lǎohǔ 호랑이

❽ 狮子 shīzi 사자

❾ 熊 xióng 곰

❿ 猫 māo 고양이

你属什么? Nǐ shǔ shénme?
너 무슨 띠야?

我属马。Wǒ shǔ mǎ.
나는 말띠야

鼠 shǔ 쥐	牛 niú 소	虎 hǔ 호랑이	兔 tù 토끼	龙 lóng 용	蛇 shé 뱀
马 mǎ 말	羊 yáng 양	猴 hóu 원숭이	鸡 jī 닭	狗 gǒu 개	猪 zhū 돼지

띠를 묻고 답하는 표현:
属 shǔ ~띠이다

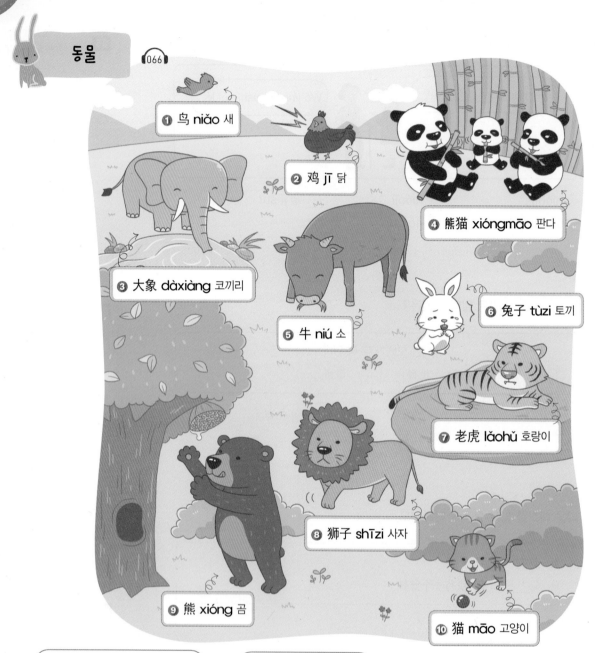

중국의 보물, 판다에 대해 알아볼까요?

중국을 대표하며 국보로 지정되어 있는 판다는 청정지역에 사는 희귀동물로, 서식지는 쓰촨 지방과 티베트 고산지대입니다. 주로 대나무나 죽순 등을 먹으며, 비교적 비가 많은 습한 곳을 좋아합니다. 큰 덩치와 귀, 눈 주변의 검은 반점이 특징이며, 기질이 온순하고 생김새가 귀여워 많은 사람의 사랑을 받고 있습니다.

문화 Plus+

청두 판다 번식 연구기지

1987년 중국 정부가 멸종 위기에 처한 판다를 보호하기 위해 쓰촨성 청두(成都)에 설립한 곳으로 판다의 연구 및 보존, 사육 등을 주 업무로 인공 번식된 판다들을 야생적응 훈련을 거쳐 다시 야생으로 보내는 일을 하고 있다.

청두 판다 번식 연구기지

중국에서 온 귀한 손님 '아이바오'와 '러바오'

중국에서 판다는 중요한 외교 수단으로도 이용됩니다. 2014년 한중 정상 회담 합의에 따라 공동 연구 목적으로 2016년 한국으로 둥지를 옮긴 '아이바오'와 '러바오'는 많은 사람의 사랑을 받고 있습니다.

4 今天几月几号? 067

Jīntiān jǐ yuè jǐ hào?

오늘은 몇 월 며칠이니?

학습 목표 날짜와 요일 표현을 할 수 있다.

문화 Plus⁺

춘절 (春节, Chūnjié)

중국의 설날인 음력 1월 1일 춘절에는 여러 가지 풍습이 있다. 한쪽에서는 사자춤(舞狮子, wǔshīzi)과 용춤(舞龙, wǔlóng)을 추며 흥을 돋우고, 또 한쪽에서는 폭죽(鞭炮, biānpào)을 터뜨리고 불꽃놀이(烟花, yānhuā)를 하며 축제의 분위기를 더한다. 특히 폭죽을 터뜨리면서 나는 요란한 소리는 악귀를 쫓아 한 해를 무탈하게 보낼 수 있기를 기원하는 뜻도 담고 있다. 각 집의 대문이나 현관에는 빨간색 종이에 건강과 평안을 빌고, 뜻한 바를 이룰 수 있게 해달라는 내용을 적어 붙여 놓는데, 이것을 '春联 chūnlián'이라고 한다. 뿐만 아니라 '복(福, fú)' 자를 거꾸로 붙여 놓는데, 이는 ''복'자가 뒤집혀 있다(福倒了, fú dàole)'라는 말과 '복이 온다(福到了, fú dàole)'가 발음이 같기 때문이다. 이외에도 우리나라와 마찬가지로 웃어른께 세배를 드리고 세뱃돈(压岁钱, yāsuìqián)을 받는 풍습이 있다.

一帆风顺年年好
yìfānfēngshùn niánnián hǎo
일이 순조롭게 진행되어 해마다 좋아지기를 바란다

万事如意 wànshìrúyì
모든 일이 뜻대로 이루어진다

万事如意步步高
wànshìrúyì bùbù gāo
모든 일이 뜻대로 이루어지고 점점 좋아지기를 바란다

年年有鱼(余) niánnián yǒuyú
해마다 여유롭기를 바란다

의사소통 표현

날짜 – 날짜 묻기

Jīntiān jǐ yuè jǐ hào?

今天几月几号? 오늘은 몇 월 며칠이니?

축하 – 축하하기

Zhù nǐ shēngrì kuàilè!

祝你生日快乐! 생일 축하해!

요일 – 요일 묻기

Jīntiān xīngqī jǐ?

今天星期几? 오늘은 무슨 요일이지?

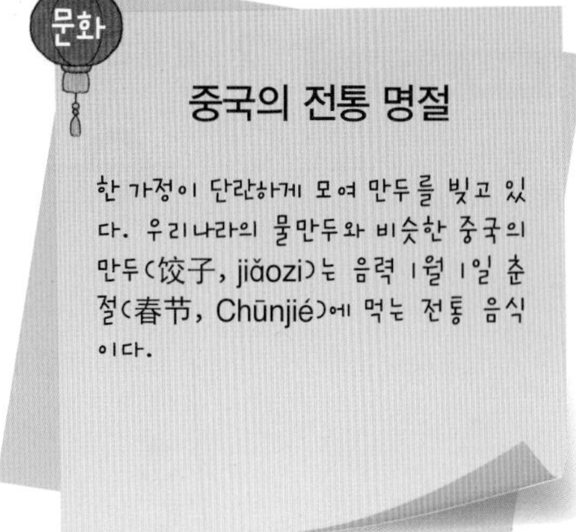

문화

중국의 전통 명절

한 가정이 단란하게 모여 만두를 빚고 있다. 우리나라의 물만두와 비슷한 중국의 만두(饺子, jiǎozi)는 음력 1월 1일 춘절(春节, Chūnjié)에 먹는 전통 음식이다.

단어 미리보기

□□□ 今天 jīntiān 오늘
□□□ 月 yuè 월
□□□ 号 hào 일
□□□ 生日 shēngrì 생일
□□□ 吧 ba ~이지요?(추측의 어기조사)
□□□ 真 zhēn 정말, 참으로
□□□ 祝 zhù 빌다, 기원하다
□□□ 快乐 kuàilè 즐겁다

□□□ 前天 qiántiān 그제
□□□ 昨天 zuótiān 어제
□□□ 后天 hòutiān 모레
□□□ 平安 píng'ān 평안(하다)
□□□ 幸福 xìngfú 행복(하다)

□□□ 星期 xīngqī 요일, 주
□□□ 下 xià 다음
□□□ 汉语 Hànyǔ 중국어

□□□ 考试 kǎoshì 시험
□□□ 还 hái 아직
□□□ 天 tiān 날, 일
□□□ 加油 jiāyóu 힘을 내다, 응원하다
□□□ 吧 ba ~하자(청유, 제안의 어기조사)

□□□ 上 shàng 지난
□□□ 日 rì 일, 날
□□□ 一起 yìqǐ 함께
□□□ 玩儿 wánr 놀다
□□□ 男 nán 남자

□□□ 劳动节 Láodòngjié 노동자의 날
□□□ 国庆节 Guóqìngjié 건국기념일
□□□ 圣诞节 Shèngdànjié 성탄절
□□□ 体育 tǐyù 체육
□□□ 排球 páiqiú 배구
□□□ 比赛 bǐsài 시합

교과서 70쪽

듣기 대본 및 해석 1

❶ kuàilè 快乐 즐겁다
❷ xīngqī 星期 요일, 주

1 잘 듣고, 해당하는 발음에 ✓를 표시해 봅시다. 068

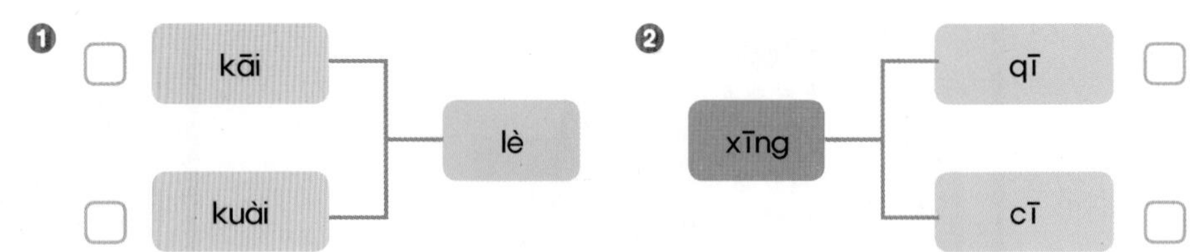

듣기 대본 및 해석 2

❶ wǔ yuè 五月 5월
❷ xīngqīliù 星期六 토요일
❸ jiǔ hào 九号 9일
❹ shēngrì 生日 생일
❺ kǎoshì 考试 시험

2 잘 듣고, 의미를 생각하며 따라 써 봅시다. 069

듣기 Plus+

MP3를 다시 들으며 써 봅시다.

정답 1. ❶ kuàilè
❷ xīngqī

교과서 71쪽

3 잘 듣고, 문장의 의미를 생각해 봅시다. 070

❶

生日快乐

Zhù nǐ shēngrì kuàilè!

❷

Jīntiān xīngqī jǐ?

4 잘 듣고, 대화의 의미를 생각하며 따라 해 봅시다. 071

Jīntiān jǐ yuè jǐ hào?
Wǔ yuè jiǔ hào.
5

듣기 Plus+

MP3를 다시 들으며 써 봅시다.

듣기 대본 및 해석 3

❶ Zhù nǐ shēngrì kuàilè!
祝你生日快乐!
생일 축하합니다!

❷ Jīntiān xīngqī jǐ?
今天星期几?
오늘은 무슨 요일입니까?

듣기 대본 및 해석 4

A Jīntiān jǐ yuè jǐ hào?
今天几月几号?
오늘은 몇 월 며칠이니?

B Wǔ yuè jiǔ hào.
五月九号。
5월 9일이야.

교과서 72쪽

Dú 1 읽기 1

교과서 단어

- 今天 jīntiān 오늘
- 月 yuè 월
- 号 hào 일
- 生日 shēngrì 생일
- 吧 ba ~이지요?(추측의 어기조사)
- 真 zhēn 정말, 참으로
- 的 de ~인 것
- 祝 zhù 빌다, 기원하다
- 快乐 kuàilè 즐겁다

예문 단어

- 去 qù 가다
- 旅游 lǚyóu 여행(하다)
- 羡慕 xiànmù 부러워하다
- 身体 shēntǐ 신체, 몸
- 健康 jiànkāng 건강하다

장웨이, 김미나 그리고 왕리가 달력을 보며 이야기를 합니다. 072 단어 073

장웨이
今天几❶月几号❷?
Jīntiān jǐ yuè jǐ hào?
오늘은 몇 월 며칠이니?

김미나
五月九号。
Wǔ yuè jiǔ hào.
5월 9일이야.

장웨이
明天是你的生日吧❸?
Míngtiān shì nǐ de shēngrì ba?
내일이 네 생일이지?

왕리
❹真的吗? ❺祝你生日快乐!
Zhēn de ma? Zhù nǐ shēngrì kuàilè!
정말? 생일 축하해!

Q 김미나의 생일은 언제입니까? ☐ 5월 9일 ☐ 5월 10일

Q 정답 ☑ 5월 10일
➡ 오늘이 5월 9일(五月九号, Wǔ yuè jiǔ hào)이고 내일(明天, míngtiān)이 생일(生日, shēngrì)이라고 했으므로, 김미나의 생일은 5월 10일이다.

본문 해설

❶ 'jǐ 几'를 사용하여 날짜, 요일을 물을 수 있다.

❷ 'hào 号'는 날짜의 '일(日)'을 뜻하며, 그밖에 방 번호, 옷이나 신발 사이즈 등을 말할 때도 사용한다.

❸ 'ba 吧'는 추측의 의미를 나타내는 어기조사로, 문장 끝에 위치한다.
예시 A Nǐ shì Hánguórén ba? 你是韩国人吧? 너는 한국인이지?
B Búshì. Wǒ shì Zhōngguórén. 不是。我是中国人。아니. 나는 중국인이야.

❹ 'Zhēn de ma? 真的吗?'는 뜻밖의 사실에 대한 놀람, 기쁨, 당황 등을 나타낼 때 사용한다.
예시 A Míngtiān wǒ qù Zhōngguó lǚyóu! 明天我去中国旅游! 나 내일 중국 여행 가!
B Zhēn de ma? Zhēn xiànmù nǐ! 真的吗? 真羡慕你! 정말? 정말 좋겠다!

❺ 'zhù 祝'는 '빌다, 기원하다'라는 뜻으로, 생일 축하 표현 이외에도 건강, 행복 등을 기원하는 문장에 사용된다.
예시 Zhù nǐ shēntǐ jiànkāng! 祝你身体健康! 건강하시길 바랍니다.

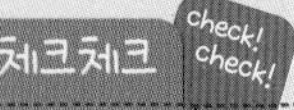

체크체크 check! check!

1. 오늘은 몇 월 며칠입니까?
① 5월 9일 ② 5월 10일

2. '생일'의 중국어와 한어병음을 쓰시오.

정답 1. ① 2. 生日 shēngrì

교과서 73쪽

1 날짜 표현

날짜를 물을 때에는 '几 jǐ'라는 의문사를 사용하며, 문장에서 '是 shì'는 생략할 수 있다.

A 明天(是)几月几号? Míngtiān (shì) jǐ yuè jǐ hào? 내일은 몇 월 며칠이니?
B 三月六号。 Sān yuè liù hào. 3월 6일이야.

그제	어제	오늘	내일	모레
前天	昨天	今天	明天	后天
qiántiān	zuótiān	jīntiān	míngtiān	hòutiān

2 祝(zhù)

'祝 zhù'는 '빌다, 기원하다'라는 뜻으로, 상대방을 축하·기원하는 내용을 넣어서 표현한다.

祝 + 대상 + 축하·기원 내용

祝你平安! Zhù nǐ píng'ān!
평안하길 바라!

祝你们幸福! Zhù nǐmen xìngfú!
행복하길 바란다!

TIP 격음부호(') : 한 단어에서 뒤의 음절이 'a, o, e'로 시작되면 음절을 구분하기 위해 격음부호(')를 사용한다.
예 十二 shí'èr

Tip

해를 나타내는 표현

재작년	작년	올해	내년	내후년
前年	去年	今年	明年	后年
qiánnián	qùnián	jīnnián	míngnián	hòunián

기원하는 표현
먼 길을 떠나는 사람에게 'Zhù nǐ yílù píng'ān! 祝你一路平安!'이라고 말할 수도 있다. 이때 'zhù nǐ 祝你'를 생략하고 'Yílù píng'ān! 一路平安!'이라고도 한다.

격음부호가 사용된 다른 예
Tiān'ān Mén 天安门 천안문
nǚ'ér 女儿 딸
fāng'àn 方案 방안

교과서 단어

- 前天 qiántiān 그제
- 昨天 zuótiān 어제
- 后天 hòutiān 모레
- 平安 píng'ān 평안(하다)
- 幸福 xìngfú 행복(하다)

1 꼬마 문제

- 빈칸 채우기

(　　　　) 是我的生日。
(어제는 나의 생일이었다.)

2 꼬마 문제

- 어순 배열하기

(nǐmen / xìngfú / zhù)
(　　　　　　　　　　)!
(행복하길 바란다!)

정답 부분 접고 문제 풀기!

정답
1. 昨天
2. Zhù nǐmen xìngfú

교과서 74쪽

교과서 단어

- □ 星期 xīngqī 요일, 주
- □ 下 xià 다음
- □ 汉语 Hànyǔ 중국어
- □ 考试 kǎoshì 시험
- □ 还 hái 아직
- □ 天 tiān 날, 일
- □ 加油 jiāyóu 힘을 내다, 응원하다
- □ 吧 ba ~하자(청유, 제안의 어기조사)

예문 단어

- 课外 kèwài 방과 후
- 活动 huódòng 활동, 행사
- 苹果 píngguǒ 사과

박정민과 왕리가 중국어 시험 날짜에 관해 이야기를 합니다.

박정민 ❶今天星期几?
Jīntiān xīngqī jǐ?
오늘은 무슨 요일이지?

왕리 星期六。
Xīngqīliù.
토요일이야.

박정민 ❷下星期一❸有汉语考试。
Xià xīngqīyī yǒu Hànyǔ kǎoshì.
다음 주 월요일에 중국어 시험이 있네.

왕리 ❹还有两天, ❺加油吧!
Hái yǒu liǎng tiān, jiāyóu ba!
아직 이틀이 남았잖아, 힘내!

중국어 시험까지는 며칠이 남았습니까? ▢ 이틀 ▢ 사흘

☑ 이틀
➡ 'Hái yǒu liǎng tiān 还有两天'에서 'liǎng 两'은 '둘, 2'를 뜻한다.

본문 해설

❶ 날짜, 요일 등을 말할 때 'shì 是'를 생략할 수 있으며, 'shì 是'를 사용해도 의미는 같다.
예시 A Jīntiān shì xīngqī jǐ? 今天是星期几? 오늘은 무슨 요일입니까?
B Xīngqītiān. 星期天。일요일입니다.

❷ 'xià xīngqī 下星期'는 '다음 주'라는 의미로, 여기서 'xià 下'는 '다음'을 뜻하며, 'ge 个'를 넣어 'xià ge xīngqī 下个星期'로 말하기도 한다.

❸ '시점 + yǒu 有 + 대상'의 문장 형태로, '언제(시점) ~일(대상)이 있다'라고 해석한다.
예시 Xià ge xīngqī yǒu kèwài huódòng. 下个星期有课外活动。다음 주에는 방과 후 활동이 있다.

❹ 'hái yǒu 还有'는 '아직 (남아)있다'는 의미이다.
예시 还有三个苹果。Hái yǒu sān ge píngguǒ. 아직 사과 세 개가 남았다.

❺ 'jiāyóu 加油'는 '힘을 내다'라는 의미로, 운동 경기나 시험과 같이 노력이 필요한 일을 할 때 응원과 격려의 의도로 사용된다. 문자 그대로 해석하면 'jiā 加'는 '더하다', 'yóu 油'는 '기름'으로, '기름을 더하다', '기름을 붓다'가 되며, 실제로 주유소를 중국어로 'jiāyóuzhàn 加油站'이라고 한다.

1. 내일은 무슨 요일인가?
   ① 星期六 ② 星期天
2. 괄호 안에 들어갈 말을 쓰시오.
   (   )有两天。
   (아직 이틀이 남았어.)

정답 1. ② 2. 还 (hái)

교과서 75쪽

1 요일 표현

'星期 xīngqī'는 '요일, 주'라는 뜻으로, 뒤에 숫자를 붙여 요일을 나타낸다. 단, 일요일은 '星期天 xīngqītiān' 또는, '星期日 xīngqīrì'라고 한다.

星期天 xīngqītiān 일요일	星期一 xīngqīyī 월요일	星期二 xīngqī'èr 화요일	星期三 xīngqīsān 수요일	星期四 xīngqīsì 목요일	星期五 xīngqīwǔ 금요일	星期六 xīngqīliù 토요일
1	2	3	4	5	6	7
shàng (ge) xīngqī 上(个)星期 지난주						
8	9	10	11	12	13	14
zhè (ge) xīngqī 这(个)星期 이번 주						
15	16	17	18	19	20	21
xià (ge) xīngqī 下(个)星期 다음 주						
22	23	24	25	26	27	28

2 吧(ba)

'吧 ba'는 '~하자'라는 뜻으로, 문장 끝에 쓰며 청유, 제안, 추측의 의미를 나타낸다.

청유·제안 我们一起玩儿吧! Wǒmen yìqǐ wánr ba! 우리 같이 놀자!
추측 你有男朋友吧? Nǐ yǒu nán péngyou ba? 너 남자 친구 있지?

Tip

'이(것)'이란 뜻의 'zhè 这'를 사용하여 'zhè xīngqī 这星期'라고 하면 '이번 주'라는 의미가 되고, 양사 'ge 个'를 생략할 수 있다.

예시 Zhè (ge) xīngqīsān yǒu Yīngyǔ kǎoshì.
这(个)星期三有英语考试。
이번 주 수요일에 영어 시험이 있다.

교과서 단어

- □ 上 shàng 지난
- □ 日 rì 일, 날
- □ 一起 yìqǐ 함께
- □ 玩儿 wánr 놀다
- □ 男 nán 남자

1 꼬마 문제

- 알맞은 표현 쓰기

[ ]星期 (지난주)
[ ]星期 (이번 주)
[ ]星期 (다음 주)

2 꼬마 문제

- 어순 배열하기

(一起 / 吧 / 我们 / 玩儿)
[ ]!
(우리 같이 놀자!)

정답 부분 접고 문제 풀기!

정답

1. 上 / 这 / 下
2. 我们一起玩儿吧

교과서 76쪽

교과서 단어

- □ 劳动节 Láodòngjié 노동자의 날
- □ 国庆节 Guóqìngjié 건국기념일
- □ 圣诞节 Shèngdànjié 성탄절
- □ 体育 tǐyù 체육
- □ 排球 páiqiú 배구
- □ 比赛 bǐsài 시합

예시 대화 및 해석

1 ❶ A Láodòngjié jǐ yuè jǐ hào?
劳动节几月几号?
노동자의 날은 몇 월 며칠이야?
B Wǔ yuè yī hào. 五月一号。
5월 1일이야.

❷ A Guóqìngjié jǐ yuè jǐ hào?
国庆节几月几号?
국경절은 몇 월 며칠이야?
B Shí yuè yī hào. 十月一号。
10월 1일이야.

❸ A Shèngdànjié jǐ yuè jǐ hào?
圣诞节几月几号?
성탄절은 몇 월 며칠이야?
B Shí'èr yuè èrshíwǔ hào.
十二月二十五号。
12월 25일이야.

2 ❶ A Tǐyù kǎoshì xīngqī jǐ?
体育考试星期几?
체육 시험은 무슨 요일이야?
B Xīngqīsān. 星期三。
수요일이야.

❷ A Wáng Lì de shēngrì xīngqī jǐ?
王丽的生日星期几?
왕리의 생일은 무슨 요일이야?
B Xīngqītiān. 星期天。
일요일이야.

❸ A Páiqiú bǐsài xīngqī jǐ?
排球比赛星期几?
배구 시합은 무슨 요일이야?
B Xīngqīliù. 星期六。
토요일이야.

1 밑줄 친 부분을 바꾸어 날짜를 묻고 답해 봅시다. 076 077 단어

보기
A Jīntiān jǐ yuè jǐ hào?
今天几月几号? 오늘 몇 월 며칠이야?
B Wǔ yuè jiǔ hào.
五月九号。5월 9일이야.

❶ 劳动节
Láodòngjié / 5.1

❷ 欢度国庆 万民同乐
Guóqìngjié / 10.1

❸ 快乐圣诞
Shèngdànjié / 12.25

2 밑줄 친 부분을 바꾸어 요일을 묻고 답해 봅시다. 078 079 단어

보기
A Jīntiān xīngqī jǐ?
今天星期几? 오늘은 무슨 요일이야?
B Xīngqīliù.
星期六。토요일이야.

❶ tǐyù kǎoshì / xīngqīsān

星期天	星期一	星期二	星期三	星期四	星期五	星期六
		1	②考试	3	4	5
⑥生日	7	8	9	10	11	⑫比赛

❷ Wáng Lì de shēngrì / xīngqītiān　❸ páiqiú bǐsài / xīngqīliù

말하기 Plus+

날짜를 말할 때는 다음과 같이 표현한다.

숫자 + yuè 月 + 숫자 + hào 号

교과서 77쪽

1 잘 듣고, 발음을 완성한 후, 해당하는 한자와 연결해 봅시다. 080

2 빈칸에 들어갈 단어를 보기에서 골라 대화를 완성해 봅시다.

보기
kǎoshì kuàilè liǎng zhù ba

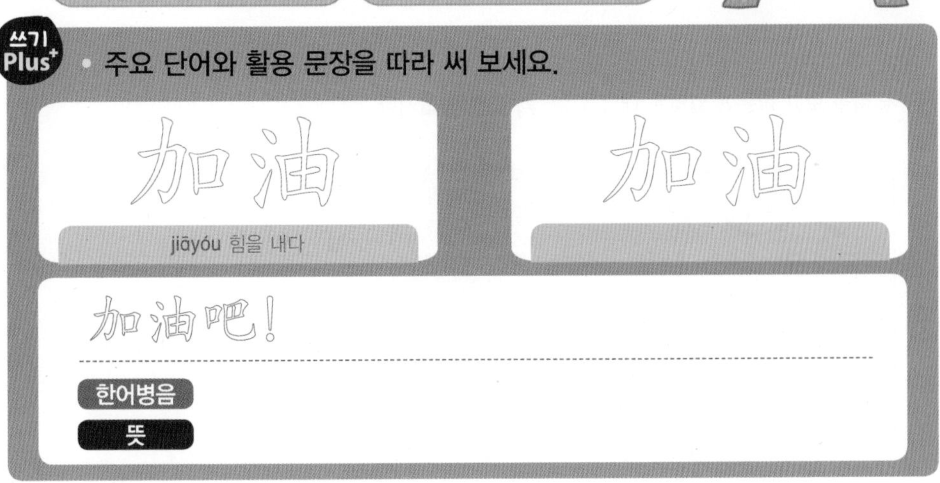

쓰기 Plus+ • 주요 단어와 활용 문장을 따라 써 보세요.

加油 加油

jiāyóu 힘을 내다

加油吧!

한어병음

뜻

듣기 대본 및 해석

1 ❶ kǎoshì 考试 시험
❷ kuàilè 快乐 즐겁다

'kuàilè 快乐'와 비슷한 의미의 단어로는 'gāoxìng 高兴(기쁘다)', 'yúkuài 愉快(즐겁다)', 'kāixīn 开心(즐겁다, 기분 좋다)' 등이 있고, 반대 의미의 단어로는 'nánguò 难过(고통스럽다, 괴롭다)' 'shāngxīn 伤心(슬프다)' 등이 있다.

예시 답안 및 해석

2 보기
- kǎoshì 考试 시험
- kuàilè 快乐 즐겁다
- liǎng 两 둘, 2
- zhù 祝 빌다, 기원하다
- ba 吧 ~이지요?(추측의 어기조사) / ~하자(청유, 제안의 어기조사)

Míngtiān shì nǐ de shēngrì ba?
明天是你的生日吧?
내일은 너의 생일이지?

Zhù nǐ shēngrì kuàilè!
祝你生日快乐!
생일 축하해!

Hòutiān yǒu Hànyǔ kǎoshì.
后天有汉语考试。
모레 중국어 시험이 있어.

Hái yǒu liǎng tiān, jiāyóu ba!
还有两天, 加油吧!
아직 이틀 남았잖아, 힘내!

듣기 대본 및 해석

1 ❶ Jiàoshījié kuàilè!
教师节快乐!
스승의 날을 축하합니다!

❷ Értóngjié kuàilè!
儿童节快乐!
아동의 날을 축하합니다!

중국의 스승의 날은 'Jiàoshījié 教师节'라고 하며, 9월 10일이다. 우리나라의 어린이날에 해당하는 날은 중국에서는 'Értóngjié 儿童节(아동의 날)'이라고 하며, 6월 1일로 '국제 아동의 날'과 같은 날이다.

예시 답안 및 해석

2 예시 jiāyóu 힘내
❶ jīntiān 오늘
❷ shēngrì 생일
❸ kǎoshì 시험

3 ❶ **A** Míngtiān xīngqī jǐ?
明天星期几?
내일은 무슨 요일이야?
B Xīngqīsì. 星期四。
목요일이야.

❷ **A** 下(个)星期五是几月几号?
Xià (ge) xīngqīwǔ shì jǐ yuè jǐ hào?
다음 주 금요일은 몇 월 며칠이야?
B 六月十五号。
Liù yuè shíwǔ hào.
6월 15일이야.

정답 1. ❶ 九月十号
→ Jiǔ yuè shí hào 9월 10일
❷ 六月一号
→ Liù yuè yī hào 6월 1일
2. ❶ jīntiān
❷ shēngrì
❸ kǎoshì
3. ❶ Xīngqīsì
❷ 六月十五号
→ 오늘은 6월 6일(六月六号 Liù yuè liù hào) 수요일(星期三 xīngqīsān)이다.

실력 쑥쑥

1 잘 듣고, 중국 기념일에 해당하는 날짜를 한자로 써 봅시다. 081

❶

☐月 ☐号

❷
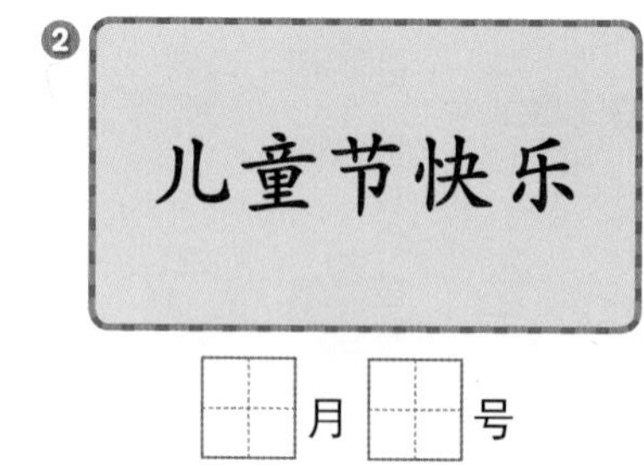

☐月 ☐号

2 한자에 알맞은 발음을 찾아 ○ 표를 한 후, 밑줄 친 부분에 써 봅시다.

j	ī	n	t	i	ā	n
i	k	u	à	i	l	è
ā	h	ǎ	z	h	ē	n
y	à	f	o	x	i	à
ó	o	m	ī	s	b	a
u	z	h	ē	n	h	n
s	h	ē	n	g	r	ì

3 달력을 보고 질문에 알맞은 대답을 쓴 후, 대화해 봅시다.

6月

星期天	星期一	星期二	星期三	星期四	星期五	星期六
					1	2
3	4	5	오늘 6	7	8	9
10	11	12	13	14	15	16
17	18	19		21	22	23

❶ **A** Míngtiān xīngqī jǐ?
B ________________.

❷ **A** 下(个)星期五是几月几号?
B ________________。

중국어랑 놀자

생일 카드를 만들어 봅시다.

준비물 생일 카드 도안(부록 189쪽), 가위, 풀

카드 도안(부록 189쪽)을 오려 준비한다.

점선을 따라 반으로 접고, 자르는 선을 따라 자른 후 접어 세운다.

접어 세운 부분에 그림을 붙인다.
(판다 캐릭터 활용 또는 치파오 소녀 색칠해서 활용)

족자에 문구를 넣어 카드를 완성한다.

美娜: Měinà 미나에게

祝你生日快乐! Zhù nǐ shēngrì kuàilè!
생일 축하해!
祝你开心、幸福、健康!
Zhù nǐ kāixīn, xìngfú, jiànkāng!
즐겁고 행복하고 건강하길 바랄게!
祝我们的友谊天长地久!
Zhù wǒmen de yǒuyì tiānchángdìjiǔ!
우리의 우정이 영원하길 바라!

王丽 Wáng Lì 왕리가
5月10日 Wǔ yuè shí rì 5월 10일

생일 축하 노래를 불러 봅시다. 082

워드서치

- 단어에 해당하는 한어병음을 쓰고 단어를 찾아봅시다.

1 생일 ____
2 月 ____
3 一起 ____
4 어제 ____
5 요일, 주 ____
6 힘을 내다, 응원하다 ____
7 시험 ____
8 祝 ____
9 아직 ____
10 오늘 ____
11 玩儿 ____

a	c	s	g	y	u	è	n	z	o	x	h	k
j	b	h	a	ì	j	k	k	u	a	ī	l	e
i	d	ē	h	q	l	m	ǎ	ó	q	n	h	s
ā	i	n	t	ǐ	a	n	o	t	a	g	g	z
y	y	g	z	y	w	o	s	i	z	q	r	h
ó	g	r	b	c	x	x	h	ā	s	ī	f	ù
u	m	ì	n	h	á	i	ì	n	t	s	d	t
j	ī	n	t	i	ā	n	r	w	w	á	n	r

중국의 전통 명절

春节 Chūnjié (음력 1월 1일)

한국의 설에 해당하는 명절로 중국 최대의 명절입니다. 음력으로 한 해의 마지막 날인 섣달그믐에는 가족과 친지가 한자리에 모여 만두를 빚고, 딤섬, 생선, 두부 요리 등 풍성한 음식을 함께 먹으며, 자정이 되면 액운을 쫓는 의미로 폭죽을 터뜨립니다. 당일에는 평소에 만나지 못했던 친척들과 새해 인사를 나누고, 아이들은 웃어른께 세배를 드린 뒤 빨간색 봉투에 담긴 세뱃돈을 받습니다. 북방에서는 물만두(饺子, jiǎozi)를, 남방에서는 떡(年糕, niángāo)을 먹습니다.

元宵节 Yuánxiāojié (음력 1월 15일)

한국의 정월대보름에 해당하는 명절로 새해 들어 첫 보름달이 뜨는 날입니다. 팥이나 깨와 같은 소를 넣어 찹쌀로 빚은 원소(元宵, yuánxiāo)를 먹고, 화려한 등불 축제가 열려 떵제(灯节, Dēngjié)라고도 합니다.

문화 Plus+

청명절(清明节, Qīngmíngjié) 중국에서 중시하는 전통 명절 중 하나로 춘분(春分) 후 15일이며, 보통 양력 4월 5일경이다. 조상의 묘를 찾아가 예를 갖춰 인사를 드리고, 벌초를 하는 등 묘를 가꾸는 활동도 한다.

端午节 Duānwǔjié (음력 5월 5일)

초[楚]나라의 시인 굴원(屈原, Qū Yuán)이 간신들의 모함을 받자 자신의 지조를 지키기 위하여 멱라수라는 강에 몸을 던져 스스로 목숨을 끊었습니다. 이 소식을 들은 백성들은 애통해하며 배를 타고 나가 시신을 찾으려 노력하였고, 물고기들이 시신을 해치지 못하게 하려고 대나무 잎에 찹쌀을 싸서 찐 종쯔(粽子, zòngzi)를 던져주었다고 합니다. 이것이 유래가 되어 용선(龙船, lóngchuán) 경기를 하고, 종쯔(粽子, zòngzi)를 먹는 풍습이 생겼습니다.

문화 Plus+

칠석(七夕, Qīxī) 음력 7월 7일로 1년에 한 번 견우와 직녀가 만나 사랑을 나눈다는 전설이 전해져 오는 '연인의 날'로, 중국의 발렌타인데이(传统情人节, Chuántǒng Qíngrénjié)라고도 한다.

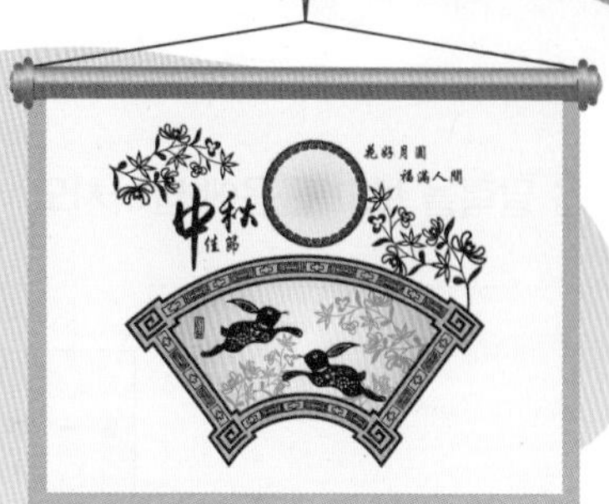

中秋节 Zhōngqiūjié (음력 8월 15일)

한국의 추석에 해당하며, 온 가족이 모여 보름달을 감상하고 소원을 빕니다. 보름달을 닮은 둥글고 납작한 월병(月饼, yuèbing)을 나눠 먹으며 서로 간의 화합과 행복을 기원합니다.

문화 Plus⁺ 중국의 기념일

- 노동자의 날(劳动节, Láodòngjié) 5월 1일. 우리나라에서는 '근로자의 날'이라 부른다. 노동자들의 근로 조건을 개선하고 지위를 향상하기 위해 지정한 날로, 중국에서는 주요 기념일 중 하나이다.
- 국경절(国庆节, Guóqìngjié) 10월 1일. 1949년 10월 1일은 국공내전을 끝내고 신중국인 중화인민공화국을 건국한 것을 기념하는 날이다. 중국에서는 매우 중요한 기념일로, 천안문(天安门, Tiān'ān Mén) 광장에서 기념식을 갖는다.

문화 O X 퀴즈

1. 春节(Chūnjié)에는 가족들과 월병(月饼, yuèbing)을 나눠 먹는다. O | X
2. 端午节(Duānwǔjié)에는 용선 경기를 한다. O | X

정답 & 해설
1. X '春节 Chūnjié'에는 '饺子 jiǎozi'를 먹고, '月饼 yuèbing'은 우리나라의 추석에 해당하는 '中秋节 Zhōngqiūjié'에 먹는다.
2. O 배를 타고 나가 굴원의 시신을 찾았던 것을 기념하며 용선 경기를 한다.

과제 활동

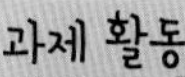

한국과 중국의 명절을 비교하여 조사하고, 발표해 봅시다.

예시 답안

음력 1월 1일은 한국과 중국 모두의 최대 명절이다. 한국에서는 설날이라 부르며 중국에서는 춘절(春节, Chūnjié)이라고 한다. 한국의 설날 풍습으로는 윷놀이, 널뛰기, 지신밟기 등이 있고, 떡국을 먹는다. 중국에는 폭죽 터뜨리기, 사자춤 놀이, 춘련 붙이기 등의 풍습이 있고, 북방에서는 물만두(饺子, jiǎozi), 남방에서는 떡(年糕, niángāo)을 먹는다. 양국 모두 웃어른께 세배를 드린 뒤 세뱃돈을 받는다.

음력 1월 15일은 한국에서는 정월대보름, 중국에서는 원소절(元宵节, Yuánxiāojié)이라는 전통 명절이다. 새해 들어 첫 보름달이 뜨는 날로, 한국에서는 부럼 깨기, 오곡 먹기, 귀밝이술 마시기, 쥐불놀이 등의 풍습이 있다. 중국에서는 떵제(灯节, Dēngjié)라는 화려한 등불 축제가 열리고, 팥이나 깨와 같은 소를 넣어 찹쌀로 빚은 원소(元宵, yuánxiāo)를 먹는다.

음력 5월 5일은 한국과 중국 모두 단오절(端午节, Duānwǔjié)이라 부르는 명절이다. 한국에서는 그네타기, 창포물에 머리를 감는 풍습이 있고, 수리취떡을 먹는다. 중국에서는 배를 타고 나가 굴원의 시신을 찾으려고 노력했던 것에서 유래된 용선(龙船, lóngchuán) 경기를 하고, 종쯔(粽子, zòngzi)를 먹는다.

음력 8월 15일은 한국에서는 추석, 중국에서는 중추절(中秋节, Zhōngqiūjié)이라고 불리는 명절이다. 한국과 중국 모두 보름달을 감상하는 풍습이 있고, 한국에서는 송편을, 중국에서는 월병(月饼, yuèbing)을 먹는다.

학습 도움

[01~02] 다음 달력을 보고 물음에 답하시오.

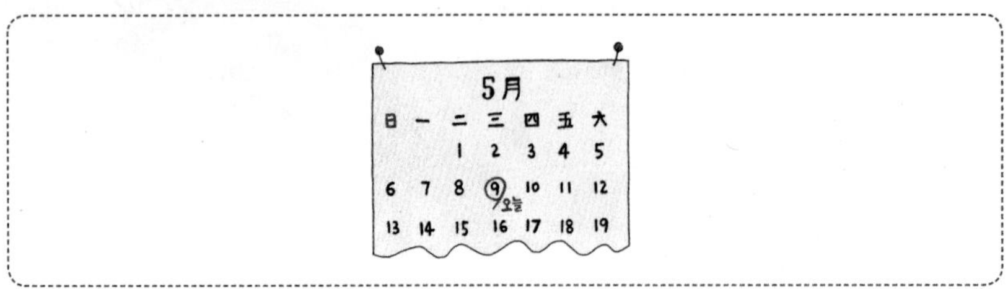

01 빈칸에 들어갈 말로 알맞은 것은?

A Jīntiān xīngqī jǐ?
B ________________.

① Xīngqīyī ② Xīngqī'èr ③ Xīngqīsān
④ Xīngqīsì ⑤ Xīngqīwǔ

02 빈칸에 들어갈 말로 알맞은 것은?

A 下星期四是几号?
B ________号。

① 十四 ② 十五 ③ 十六 ④ 十七 ⑤ 十八

03 단어와 뜻의 연결이 알맞은 것은?

① 前天 – 어제 ② 明天 – 오늘 ③ 昨天 – 내일
④ 今天 – 그제 ⑤ 后天 – 모레

04 '祝'가 들어갈 위치로 알맞은 것은?

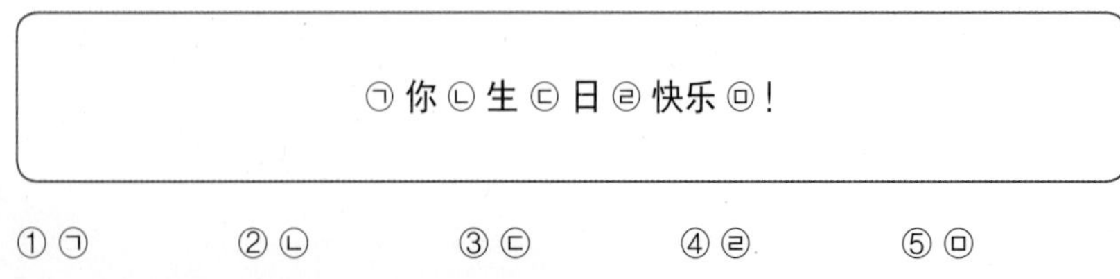

① ㉠ ② ㉡ ③ ㉢ ④ ㉣ ⑤ ㉤

01
A 今天星期几?
오늘은 무슨 요일이야?
B 星期三。
① 星期一 월요일
② 星期二 화요일
③ 星期三 수요일
④ 星期四 목요일
⑤ 星期五 금요일

02
A Xià xīngqīsì shì jǐ hào?
B Shíqī hào.
① 14 ② 15
③ 16 ④ 17
⑤ 18

03
① qiántiān 그제
② míngtiān 내일
③ zuótiān 어제
④ jīntiān 오늘
⑤ hòutiān 모레

04
Zhù nǐ shēngrì kuàilè !
생일 축하해!
'zhù 祝'는 '빌다, 기원하다'라는 뜻으로, '祝 + 대상 + 축하 · 기원 내용'의 어순으로 표현한다.

05 밑줄 친 단어의 의미로 알맞은 것은?

Nǐ yǒu nán péngyou ba?

① 청유　② 변화　③ 추측　④ 거절　⑤ 기원

06 빈칸에 들어갈 말로 알맞은 것은?

A ______ jǐ yuè jǐ hào?
B Shí'èr yuè èrshíwǔ hào.

① Értóngjié　② Jiàoshījié　③ Láodòngjié
④ Shèngdànjié　⑤ Guóqìngjié

[07~08] 다음을 보고 물음에 답하시오.

Jīntiān liù yuè liù hào. Zhè xīngqīwǔ yǒu Hànyǔ kǎoshì. Xià xīngqī'èr yǒu páiqiú bǐsài.

07 중국어 시험까지는 며칠이 남았는가?

① 하루　② 이틀　③ 사흘　④ 나흘　⑤ 닷새

08 배구 시합은 며칠에 있는가?

① 九号　② 十号　③ 十一号　④ 十二号　⑤ 十三号

학습 도움

05 你有男朋友吧?
너 남자 친구 있지?

06 A 圣诞节几月几号?
성탄절은 몇 월 며칠이야?
B 十二月二十五号。
12월 25일이야.

① 儿童节 6월 1일
② 教师节 9월 10일
③ 劳动节 5월 1일
④ 圣诞节 12월 25일
⑤ 国庆节 10월 1일

07~08 今天六月六号。这星期五有汉语考试。下星期二有排球比赛。
오늘은 6월 6일이다. 이번 주 금요일에는 중국어 시험이 있다. 다음 주 화요일에는 배구 시합이 있다.

07 달력에서 6월 6일은 수요일이다. 중국어 시험은 이번 주 금요일이다.

08 배구 시합은 다음 주 화요일이다.

现在几点了? (083)

Xiànzài jǐ diǎn le?

지금 몇 시니?

학습 목표 시간과 관련된 표현을 할 수 있다.

문화 Plus+

중국 학교의 눈 체조 (眼保健操, yǎn bǎojiàn cāo)

중국의 학교에서는 대부분 아침 2, 3교시 후에 시력 보호와 눈의 피로 개선을 위해 전교생이 방송에 맞춰 5분간 눈 체조를 한다. 눈 체조의 동작은 아래와 같이 진행된다.

① 엄지로 눈 안쪽과 주변을 문지른다.
② 검지로 눈과 코가 연결된 주변을 눌러 준다.
③ 검지로 원을 그리듯 눈 밑을 눌러 준다.
④ 엄지로 눈 옆과 관자놀이를 눌러 준다.
⑤ 검지와 중지로 목 뒤쪽을 문지른다.
⑥ 엄지와 검지로 귓불을 문지른다.

의사소통 표현

Xiànzài jǐ diǎn le?
现在几点了? 지금 몇 시니?

Wǒ měi tiān zǎoshang qī diǎn qǐchuáng.
我每天早上七点起床。나는 매일 아침 7시에 일어난다.

Zǎo shuì zǎo qǐ shēntǐ hǎo.
早睡早起身体好。일찍 자고 일찍 일어나면 몸에 좋다.

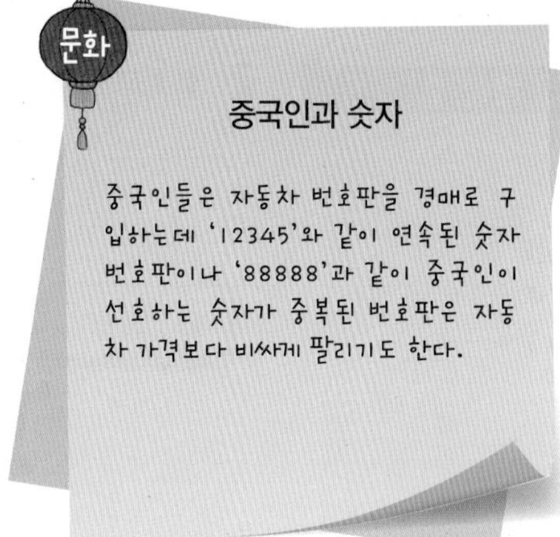

문화
중국인과 숫자
중국인들은 자동차 번호판을 경매로 구입하는데 '12345'와 같이 연속된 숫자 번호판이나 '88888'과 같이 중국인이 선호하는 숫자가 중복된 번호판은 자동차 가격보다 비싸게 팔리기도 한다.

단어 미리보기

□□□ 现在 xiànzài 현재, 지금
□□□ 点 diǎn 시
□□□ 分 fēn 분
□□□ 吃饭 chī fàn 밥을 먹다
□□□ 半 bàn 30분, 반
□□□ 怎么样 zěnmeyàng 어떠하다

□□□ 刻 kè 15분
□□□ 最近 zuìjìn 요즘
□□□ 散步 sànbù 산책하다

□□□ 一天 yìtiān 하루
□□□ 每 měi 매
□□□ 起床 qǐchuáng 일어나다
□□□ 上午 shàngwǔ 오전
□□□ 上课 shàngkè 수업을 시작하다
□□□ 下午 xiàwǔ 오후

□□□ 下课 xiàkè 수업을 마치다
□□□ 睡觉 shuìjiào 잠을 자다
□□□ 早 zǎo (때가) 이르다
□□□ 睡 shuì 자다
□□□ 起 qǐ 일어서다
□□□ 身体 shēntǐ 신체, 몸

□□□ 中午 zhōngwǔ 정오(낮 12시 전후)
□□□ 吃 chī 먹다
□□□ 午饭 wǔfàn 점심밥
□□□ 回 huí 돌아가다
□□□ 家 jiā 집

□□□ 放学 fàngxué 하교하다
□□□ 做 zuò 하다
□□□ 作业 zuòyè 숙제

교과서 84쪽

듣기 대본 및 해석 1

❶ xiànzài 现在 현재, 지금
❷ qǐchuáng 起床 일어나다

1 잘 듣고, 해당하는 발음에 ✓를 표시해 봅시다. 084

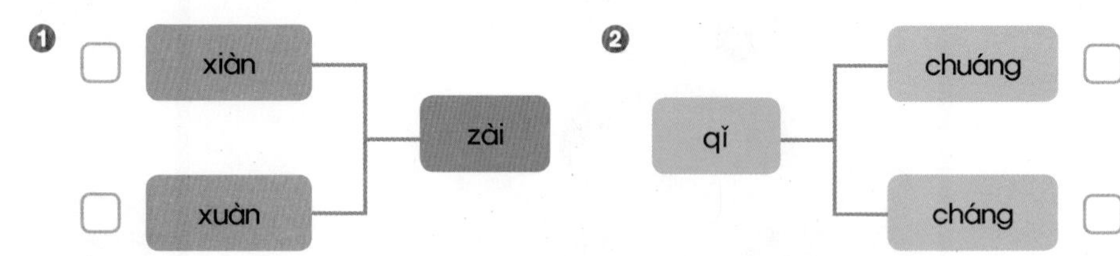

듣기 대본 및 해석 2

❶ diǎn 点 시
❷ fēn 分 분
❸ qǐchuáng 起床 일어나다
❹ shàngkè 上课 수업을 시작하다
❺ chī fàn 吃饭 밥을 먹다

2 잘 듣고, 의미를 생각하며 따라 써 봅시다. 085

듣기 Plus+

MP3를 다시 들으며 써 봅시다.

정답 1. ❶ xiànzài
❷ qǐchuáng

교과서 85쪽

3 잘 듣고, 문장의 의미를 생각해 봅시다. 086

❶

Liù diǎn bàn chī fàn.

❷

Wǎnshang shí diǎn shuìjiào.

듣기 대본 및 해석 3

❶ Liù diǎn bàn chī fàn.
六点半吃饭。
6시 반에 밥을 먹는다.

❷ Wǎnshang shí diǎn shuìjiào.
晚上十点睡觉。
저녁 10시에 잠을 잔다.

4 잘 듣고, 대화의 의미를 생각하며 따라 해 봅시다. 087

Xiànzài jǐ diǎn le?
Wǔ diǎn shí fēn.

듣기 대본 및 해석 4

A Xiànzài jǐ diǎn le?
现在几点了?
지금 몇 시니?

B Wǔ diǎn shí fēn.
五点十分。
5시 10분이야.

듣기 Plus⁺

MP3를 다시 들으며 써 봅시다.

교과서 86쪽

교과서 단어

- 现在 xiànzài 현재, 지금
- 点 diǎn 시
- 分 fēn 분
- 吃饭 chī fàn 밥을 먹다
- 半 bàn 30분, 반
- 怎么样 zěnmeyàng 어떠하다

예문 단어

- 天 tiān 날, 일, 하늘
- 黑 hēi 검다, 어둡다
- 岁 suì 살, 세[양사]
- 多少 duōshao 얼마
- 钱 qián 돈

장웨이와 김미나가 도서관에서 이야기를 합니다. 088  

장웨이
现在几点了❶?
Xiànzài jǐ diǎn le?
지금 몇 시니?

김미나
五❷点十分。
Wǔ diǎn shí fēn.
5시 10분이야.

장웨이
我们❸几点吃饭?
Wǒmen jǐ diǎn chī fàn?
우리 몇 시에 밥 먹을까?

김미나
六点半吃饭, ❹怎么样?
Liù diǎn bàn chī fàn, zěnmeyàng?
6시 반에 먹자, 어때?

장웨이
❺好吧。
Hǎo ba.
좋아.

장웨이와 김미나가 밥을 먹기로 한 시간은 몇 시입니까? ☐ 6:00 ☐ 6:30

 ☑ 6:30

본문 해설

❶ 문장 끝에 오는 'le 了'는 상황의 변화를 나타낸다.
예시 Tiān hēi le. 天黑了。 날이 저물었다.
'Xiànzài jǐ diǎn le? 现在几点了?'는 '지금 몇 시가 되었니?'라는 의미이며, 'le 了'를 생략하고 'Xiànzài jǐ diǎn? 现在几点?'이라고 말하기도 한다.

❷ 'diǎn 点'은 '시', 'fēn 分'은 '분'이라는 뜻으로, 앞에 숫자를 붙여 시간을 표시한다.
예시 sān diǎn shí fēn 三点十分 3시 10분
shí'èr diǎn sìshíliù fēn 十二点四十六分 12시 46분

❸ 'jǐ 几'는 10 미만의 수와 시간, 날짜를 물어볼 때 사용하며, 문장 뒤에 'ma 吗'를 붙이지 않는다. 10 이상의 수를 물어볼 때는 'duōshao 多少'를 사용한다.
예시 Nǐ jǐ suì le? 你几岁了? (10살 미만의 어린아이에게) 몇 살이니?
Duōshao qián? 多少钱? (가격이) 얼마예요?

❹ 'zěnmeyàng 怎么样' 대신 'hǎo bu hǎo 好不好'를 사용할 수 있다.

❺ 'hǎo ba 好吧'는 가벼운 말투로 상대방의 말에 '알았어, 오케이'라고 동의할 때 사용한다.

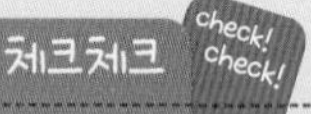

1. 지금은 몇 시인가요?
   ① 5시 10분 ② 5시 30분
   ③ 6시 10분 ④ 6시 30분
2. 본문에서 '30분'을 나타내는 단어에 밑줄 그어 보세요.

정답 1. ① 2. bàn (半)

교과서 87쪽

1 시각 표현

'点 diǎn'은 '시', '分 fēn'은 '분'을 나타낸다. 시각을 나타내는 표현은 여러 가지가 있다.

15분

十五分 shíwǔ fēn
→ 一刻 yí kè

30분

三十分 sānshí fēn
→ 半 bàn

45분

四十五分 sìshíwǔ fēn
→ 三刻 sān kè

2시는 '二点 èr diǎn'이 아닌 '两点 liǎng diǎn'으로 표현한다.

2 怎么样 (zěnmeyàng)

'怎么样 zěnmeyàng'은 '어떠하다'라는 뜻의 의문사로, 주로 상대방의 의견이나 상태를 물어볼 때 사용한다.

最近怎么样? Zuìjìn zěnmeyàng? 요즘 어때?
我们两点散步, 怎么样? Wǒmen liǎng diǎn sànbù, zěnmeyàng?
우리 2시에 산책하자, 어때?

Tip

'yī 一'의 성조 변화

'yī 一'는 단독으로 쓰거나 순서를 나타낼 때는 제1성으로 읽지만, 'kè 刻'와 같은 제4성 앞에서는 제2성으로 성조가 변한다.

예시 yī diǎn 一点 1시
yíkè 一刻 15분

'chà 差'를 사용한 시간 표현

'chà 差'는 '모자라다'는 뜻으로 시간을 표현할 때는 '~전'으로 해석한다.

예시 qī diǎn wǔshíwǔ fēn 七点五十五分 7시 55분
= chà wǔ fēn bā diǎn 差五分八点 8시 5분 전

'kè 刻' 또는 'bàn 半'으로 분을 표현할 때는 'fēn 分'을 사용하지 않는다.

교과서 단어

- □ 刻 kè 15분
- □ 最近 zuìjìn 요즘
- □ 散步 sànbù 산책하다

1 꼬마 문제

- 빈칸 채우기

① 5시 15분
(　　) diǎn (　　) fēn / (　　) diǎn (　　)

② 2시 30분
(　　) diǎn (　　) fēn / (　　) diǎn (　　)

③ 8시 45분
(　　) diǎn (　　) fēn / (　　) diǎn (　　)

2 꼬마 문제

- 문장 완성하기

Wǒmen liù diǎn chī fàn, (　　)?
(우리 6시에 밥 먹자, 어때?)

정답 부분 접고 문제 풀기!

정답

1. ① wǔ/shíwǔ/wǔ/yí kè
② liǎng/sānshí/liǎng/bàn
③ bā/sìshíwǔ/bā/sān kè
2. zěnmeyàng

교과서 88쪽

교과서 단어

- □ 一天 yìtiān 하루
- □ 每 měi 매
- □ 起床 qǐchuáng 일어나다
- □ 上午 shàngwǔ 오전
- □ 上课 shàngkè 수업을 시작하다
- □ 下午 xiàwǔ 오후
- □ 下课 xiàkè 수업을 마치다
- □ 睡觉 shuìjiào 잠을 자다
- □ 早 zǎo (때가) 이르다
- □ 睡 shuì 자다
- □ 起 qǐ 일어서다
- □ 身体 shēntǐ 신체, 몸

예문 단어

- 早饭 zǎofàn 아침밥
- 今天 jīntiān 오늘
- 一起 yìqǐ 함께
- 差 chà 모자라다

박정민이 자신의 하루 일과를 작성합니다. 090

我的❶一天
Wǒ de yìtiān
나의 하루

❷ 我每天早上七点起床。
Wǒ měi tiān zǎoshang qī diǎn qǐchuáng.
나는 매일 아침 7시에 일어난다.

上午八点上课。
Shàngwǔ bā diǎn shàngkè.
오전 8시에 수업을 시작한다.

下午❸四点五十分下课。
Xiàwǔ sì diǎn wǔshí fēn xiàkè.
오후 4시 50분에 수업을 마친다.

晚上十点睡觉。
Wǎnshang shí diǎn shuìjiào.
저녁 10시에 잠을 잔다.

早睡早起身体好。
Zǎo shuì zǎo qǐ shēntǐ hǎo.
일찍 자고 일찍 일어나면 몸에 좋다.

박정민은 몇 시에 일어납니까? □ 7:00 □ 8:15

Q 정답 ☑ 7:00

1. 박정민은 몇 시에 수업을 마칠까요?
   ① 7:00 ② 8:00
   ③ 4:50 ④ 10:00
2. 본문에서 '시'를 나타내는 단어는 몇 번 쓰였나요?

정답 1. ③ 2. 4번

본문 해설

❶ 'yī 一'는 단독으로 쓰거나 순서를 나타낼 때는 제1성으로 읽지만, 'tiān 天'과 같은 제1성 앞에서는 제4성으로 성조가 변한다.

❷ 시간을 나타내는 말은 주어 앞뒤에 모두 위치할 수 있다.
예시 Wǒ měi tiān bā diǎn chī zǎofàn. 我每天八点吃早饭。 나는 매일 8시에 아침밥을 먹는다.
주어 + 시간 + 동작
Jīntiān wǒmen yìqǐ chī fàn ba. 今天我们一起吃饭吧。 오늘 우리 같이 밥 먹자.
시간 + 주어 + 동작

❸ 'sì diǎn wǔshí fēn 四点五十分'은 다른 표현으로 'chà shí fēn wǔ diǎn 差十分五点 5시 10분 전'이라고 한다.

요점 쏙쏙 2

1 시간대별 표현

아침	오전	정오(낮 12시 전후)	오후	저녁, 밤
早上	上午	中午	下午	晚上
zǎoshang	shàngwǔ	zhōngwǔ	xiàwǔ	wǎnshang

2 하루 일과

起床 qǐchuáng → 上课 shàngkè → 吃午饭 chī wǔfàn → 下课 xiàkè → 回家 huí jiā → 睡觉 shuìjiào

Tip

하루 일과 보충단어

- □ 洗脸 xǐ liǎn 세수하다
- □ 洗澡 xǐ zǎo 목욕하다
- □ 刷牙 shuā yá 이를 닦다
- □ 看书 kàn shū 책을 보다
- □ 上学 shàngxué 등교하다
- □ 看电视 kàn diànshì 텔레비전을 보다
- □ 去补习班 qù bǔxíbān 학원에 가다
- □ 玩儿电脑游戏 wánr diànnǎo yóuxì 컴퓨터 게임을 하다

교과서 단어

- □ 中午 zhōngwǔ 정오(낮 12시 전후)
- □ 吃 chī 먹다
- □ 午饭 wǔfàn 점심밥
- □ 回 huí 돌아가다
- □ 家 jiā 집

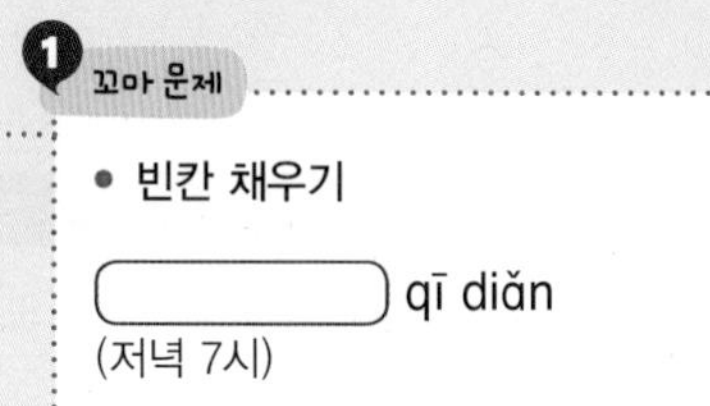

1 꼬마 문제

- 빈칸 채우기

( ) qī diǎn
(저녁 7시)

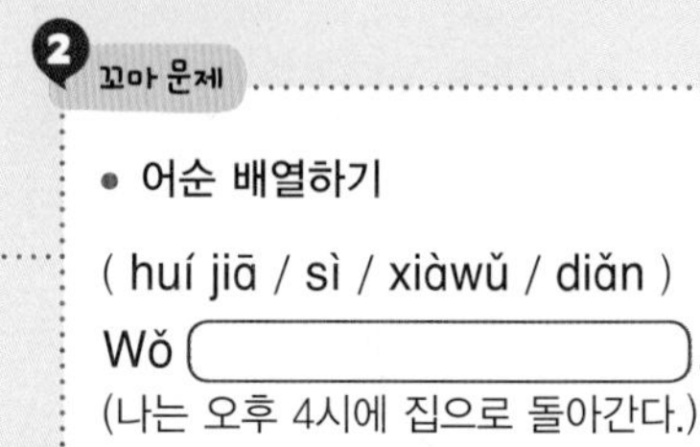

2 꼬마 문제

- 어순 배열하기

(huí jiā / sì / xiàwǔ / diǎn)
Wǒ ( ).
(나는 오후 4시에 집으로 돌아간다.)

정답 부분 접고 문제 풀기!

정답

1. wǎnshang
2. xiàwǔ sì diǎn huí jiā

교과서 90쪽

교과서 단어

- □ 放学 fàngxué 하교하다
- □ 做 zuò 하다
- □ 作业 zuòyè 숙제

1 밑줄 친 부분을 바꾸어 인사해 봅시다. 092

보기

A Xiànzài jǐ diǎn le?
现在几点了? 지금 몇 시니?
B Wǔ diǎn shí fēn.
五点十分。5시 10분이야.

① 
jiǔ diǎn bàn

② 
qī diǎn sān kè

③ 
liǎng diǎn èrshíwǔ fēn

2 밑줄 친 부분을 바꾸어 묻고 답해 봅시다. 093 094 단어

보기

Wǒ qī diǎn qǐchuáng.
我七点起床。나는 7시에 일어난다.

① 

fàngxué

② 

zuò zuòyè

③ 

shuìjiào

예시 대화 및 해석

1
① A Xiànzài jǐ diǎn le?
现在几点了?
지금 몇 시니?
B Jiǔ diǎn bàn.
九点半。
9시 반이야.
② A Xiànzài jǐ diǎn le?
现在几点了?
지금 몇 시니?
B Qī diǎn sān kè.
七点三刻。
7시 45분이야.
③ A Xiànzài jǐ diǎn le?
现在几点了?
지금 몇 시니?
B Liǎng diǎn èrshíwǔ fēn.
两点二十五分。
2시 25분이야.

2
① Wǒ wǔ diǎn fàngxué.
我五点放学。
나는 5시에 하교한다.
② Wǒ bā diǎn zuò zuòyè.
我八点做作业。
나는 8시에 숙제를 한다.
③ Wǒ shí'èr diǎn shuìjiào.
我十二点睡觉。
나는 12시에 잠을 잔다.

시간을 말할 때는 다음과 같이 표현한다.

숫자 + diǎn 点 + 숫자 + fēn 分

교과서 91쪽

1 잘 듣고, 빈칸에 알맞은 시간을 한자로 써 봅시다. 095

❶

___点 ___刻

❷

___点 ___

2 빈칸에 들어갈 단어를 보기에서 골라 대화를 완성해 봅시다.

보기: kè huí jǐ jiā

쓰기 Plus+ • 주요 단어와 활용 문장을 따라 써 보세요.

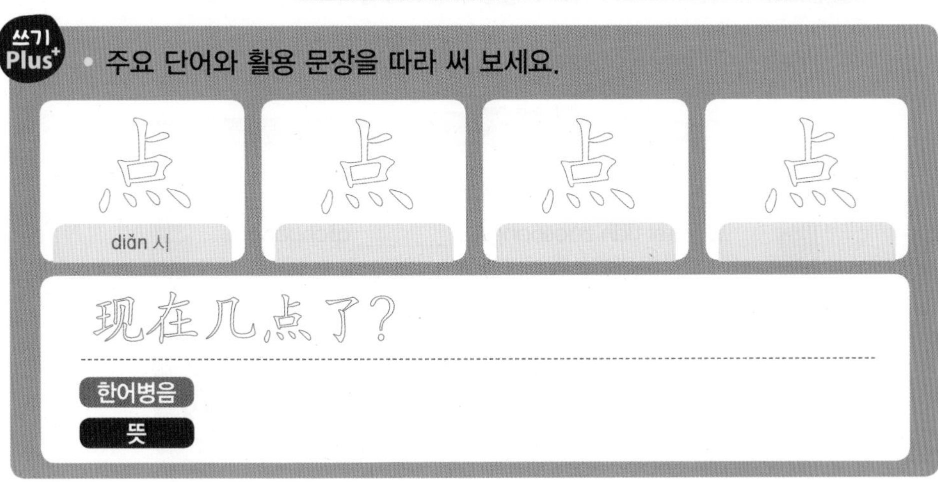

点
diǎn 시
点
点
点
现在几点了?
한어병음
뜻

듣기 대본 및 해석

1 ❶ 八点一刻
bā diǎn yí kè 8시 15분
❷ 十二点半
shí'èr diǎn bàn 12시 반

예시 답안 및 해석

2 보기
- kè 刻 15분
- huí 回 돌아가다
- jǐ 几 몇
- jiā 家 집

- Xiànzài jǐ diǎn le?
  现在几点了? 지금 몇 시니?
- Shíyī diǎn yí kè.
  十一点一刻。11시 15분이야.
- Nǐ jǐ diǎn huí jiā?
  你几点回家? 너 몇 시에 집으로 돌아가?
- Shíyī diǎn bàn.
  十一点半。11시 반.
- Hǎo ba.
  好吧。좋아.

1 잘 듣고, 해당하는 시간을 시계에 표시한 후, 한어병음을 써 봅시다. 096

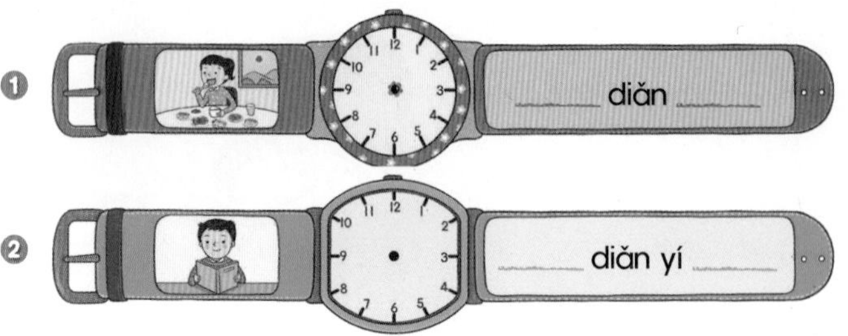

2 단어 카드를 배열하여 문장을 완성하고, 읽어 봅시다.

❶ diǎn fàn chī jǐ

→ Wǒmen ______________________?

❷ 起 早 身体 好

→ 早睡 ______________________。

3 보기를 참고하여, 자신의 하루 일과를 완성한 후 발표해 봅시다.

보기 diǎn fēn bàn kè

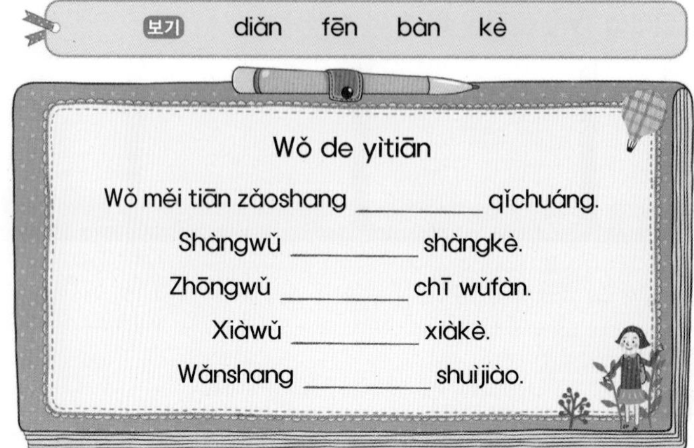

Wǒ de yìtiān
Wǒ měi tiān zǎoshang ________ qǐchuáng.
Shàngwǔ ________ shàngkè.
Zhōngwǔ ________ chī wǔfàn.
Xiàwǔ ________ xiàkè.
Wǎnshang ________ shuìjiào.

듣기 대본 및 해석

1 ❶ qī diǎn bàn
七点半 7시 반
❷ liǎng diǎn yí kè
两点一刻 2시 15분

예시 답안 및 해석

2 ❶ Wǒmen jǐ diǎn chī fàn?
我们几点吃饭?
우리 몇 시에 밥 먹을까?
❷ 早睡早起身体好。
Zǎo shuì zǎo qǐ shēntǐ hǎo.
일찍 자고 일찍 일어나면 몸에 좋다.

3 보기
- diǎn 点 시
- fēn 分 분
- bàn 半 30분, 반
- kè 刻 15분

예시

Wǒ de yìtiān
我的一天
나의 하루

Wǒ měi tiān zǎoshang qī diǎn qǐchuáng.
我每天早上七点起床。
나는 매일 아침 7시에 일어난다.

Shàngwǔ bā diǎn shàngkè.
上午八点上课。
오전 8시에 수업을 시작한다.

Zhōngwǔ shí'èr diǎn yí kè chī wǔfàn.
中午十二点一刻吃午饭。
정오 12시 15분에 점심을 먹는다.

Xiàwǔ sì diǎn wǔshí fēn xiàkè.
下午四点五十分下课。
오후 4시 50분에 수업을 마친다.

Wǎnshang shí diǎn shuìjiào.
晚上十点睡觉。
저녁 10시에 잠을 잔다.

정답 1. ❶ qī diǎn bàn
❷ liǎng diǎn yí kè
2 ❶ Wǒmen jǐ diǎn chī fàn?
❷ 早睡早起身体好。

교과서 93쪽

PM 6:50 做作业
AM 7:10 qǐchuáng
AM 8:20 chī fàn
AM 7:00 起床
AM 9:15 shàngkè
AM 8:00 吃饭
AM 9:00 上课
PM 6:00 zuò zuòyè
PM 11:00 睡觉
PM 4:30 xiàkè
PM 10:30 shuìjiào
PM 4:45 下课

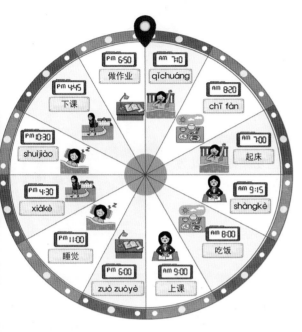

✱ 룰렛 판을 활용하여 하루 일과를 말해 봅시다.

준비물 룰렛 판, 클립, 볼펜

활동 방법

❶ 2~4명이 한 모둠이 되어, 룰렛 판 중앙에 클립을 놓고 볼펜을 세워 고정한 뒤, 클립을 손가락으로 튕긴다.

❷ 클립이 멈춘 곳의 단어와 시간을 활용하여 문장을 만들고, 정확하게 완성하면 자신의 이름을 적는다.

❸ 룰렛 판에 가장 많은 이름을 적은 학생이 이긴다.

예시

AM 7:10 Wǒ zǎoshang qī diǎn shí fēn qǐchuáng.
我早上七点十分起床。나는 아침 7시 10분에 일어난다.

Tip

qǐchuáng 起床 일어나다	xiàkè 下课 수업을 마치다
chī fàn 吃饭 밥을 먹다	shuìjiào 睡觉 잠을 자다
shàngkè 上课 수업을 시작하다	zuò zuòyè 做作业 숙제를 하다

가로 세로 퍼즐

• 단어에 해당하는 한어병음을 쓰고 가로세로 퍼즐을 완성해 봅시다. (성조 제외)

가로 열쇠

❶ 밥을 먹다 ______
❷ 点 ______
❸ 回家 ______
❹ 오후 ______
❺ 현재, 지금 ______
❻ 어떠하다 ______

세로 열쇠

❶ 起床 ______
❷ 하루 ______
❸ 睡觉 ______
❹ 30분, 반 ______
❺ 분 ______

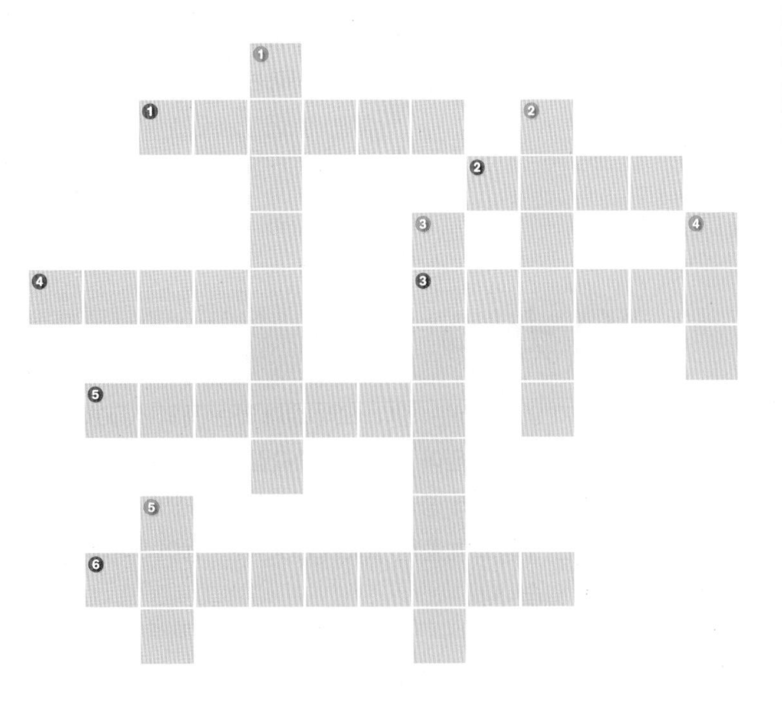

중국인과 숫자

중국인이 좋아하는 숫자는 무엇일까요?

8로 끝나는 가격표

8 八(bā)

숫자 8(八, bā)은 '돈을 벌다'라는 뜻인 发财(fācái)의 发(fā)와 발음이 비슷해 중국인이 가장 선호하는 숫자입니다. 그래서 8이 들어간 전화번호나 자동차 번호판은 매우 비싼 값에 팔립니다. 마트나 백화점의 가격표도 8로 끝나는 경우가 많습니다.

상하이 진마오 타워 88번지, 88층

6 六(liù)

숫자 6(六, liù)은 '순조롭다'라는 뜻의 流(liú)와 발음이 비슷해 중국인이 좋아하는 숫자입니다. 중국인은 흔히 '六六大顺(liùliùdàshùn) 모든 일이 순조롭게 해결된다.'라고 말하며, 66세에는 순조롭게 살았다고 생각하여 생일을 성대하게 치릅니다.

9 九(jiǔ)

숫자 9(九, jiǔ)는 '길다, 오래 살다'라는 뜻의 久(jiǔ)와 발음이 같아 중국인이 좋아하는 숫자입니다. 장수를 바라는 마음에 옛날부터 중국 황제들이 즐겨 사용했습니다. 황제가 입는 구룡포(九龙袍, jiǔlóngpáo)에는 용이 9마리가 그려져 있습니다.

중국인이 싫어하는 숫자는 무엇일까요?

4 四(sì)

숫자 4(四, sì)는 '죽다'라는 뜻의 死(sǐ)와 발음이 비슷해 죽음을 연상시키기 때문에 중국인이 싫어하는 숫자입니다. 우리나라도 엘리베이터에 4층을 F로 표기한 곳이 많은 것처럼 중국도 4층, 14층이 없는 곳도 있으며, 병원에는 특히 4호 병실이 없는 곳이 많습니다.

문화 Plus+

중국인과 해음 현상

해음(谐音, xiéyīn) 현상이란 A와 B라는 서로 다른 두 단어가 발음이 같거나 비슷하여 A를 이야기하면 B가 떠오르거나 B를 이야기하면 A가 연상되는 현상이다.
중국에서는 해음 현상을 통해 자신의 길흉화복이 결정될 수 있다고 믿어서 언어를 사용할 때 선호하는 단어와 기피하는 단어가 있다. 중국인이 좋아하는 숫자 또한 해음 현상에서 비롯되었다.

문화 O X 퀴즈

1. 중국인이 좋아하는 숫자는 3과 7이다. O | X
2. 중국인은 숫자 4의 발음이 '죽음'을 연상시키기 때문에 싫어한다. 

정답 & 해설 1. X 중국인이 좋아하는 숫자는 6, 8, 9 이다. 3은 '흩어지다'의 뜻을 가진 '散 sàn', 7은 '화를 내다'의 뜻을 가진 '气 qì'와 발음이 같아 중국인이 싫어하는 숫자이다.
2. O '죽다'라는 뜻의 '死 sǐ'와 발음이 비슷하다.

과제 활동

숫자에 대한 중국인의 관념이 일상 생활에 어떤 영향을 미치는지 조사하고, 발표해 봅시다.

예시 답안 중국에서는 좋아하는 숫자 6, 8, 9가 들어간 전화번호나 자동차 번호판이 비싼 값에 팔린다. 그중에서도 8을 가장 선호하여 중국의 수능 시험인 '高考 gāokǎo' 때는 번호판에 8이 많이 들어간 택시의 예약이 꽉 차기도 한다. 해마다 8월 8일이나 9월 9일에는 평소보다 결혼식이 많이 열린다.
특정 숫자를 좋아하는 만큼 싫어하는 숫자 4에 대한 기피 현상도 눈에 띈다. 호텔 객실이나 아파트 등에서는 4를 쓰는 대신에 A와 같은 알파벳을 사용하기도 한다. 예를 들어서 '104'호를 '10A'호로 표기한다. '高考 gāokǎo' 때 시험장 주변에서는 번호판에 4가 들어간 차들은 운행을 잘 하지 않는다.

01 단어와 뜻의 연결이 알맞지 않은 것은?

① 一刻 – 15분　② 下午 – 오후　③ 身体 – 신체, 몸
④ 现在 – 현재, 지금　⑤ 上课 – 수업을 마치다

02 다음 시각에 해당하는 한어병음으로 알맞은 것은?

> 4시 45분

① sì diǎn yí kè　② sì diǎn bàn　③ sì diǎn sān kè
④ sì diǎn sì wǔ fēn　⑤ sì diǎn shí wǔ fēn

03 다음에 해당하는 표현과 같은 것은?

> 十点三十分

① 十点半　② 十点一刻　③ 十点半分
④ 十点三刻　⑤ 三十点十分

04 그림에 해당하는 단어로 알맞은 것은?

① 下课　② 睡觉　③ 起床
④ 回家　⑤ 吃饭

학습 도움

01
① yí kè　② xiàwǔ
③ shēntǐ　④ xiànzài
⑤ shàngkè

02
四点四十五分 = 四点三刻

03
shí diǎn sānshí fēn =
shí diǎn bàn 10시 30분

04
① xiàkè 수업을 마치다
② shuìjiào 잠을 자다
③ qǐchuáng 일어나다
④ huí jiā 집으로 돌아가다
⑤ chī fàn 밥을 먹다

05 빈칸에 들어갈 단어로 알맞은 것은?

Xiànzài _____ diǎn le?

① qǐ ② jǐ ③ měi
④ zǎo ⑤ chī

06 빈칸에 들어갈 숫자로 알맞은 것은?

숫자 ___은 '순조롭다'라는 뜻의 '流 liú'와 발음이 비슷해 중국인이 좋아하는 숫자이다.

① 四 ② 六 ③ 七
④ 八 ⑤ 九

07 다음 우리말의 중국어 표현으로 알맞은 것은?

나는 저녁 8시 15분에 숙제를 한다.

① Wǒ wǎnshang bā diǎn yí kè zuò zuòyè.
② Wǒ wǎnshang yí kè bā diǎn zuò zuòyè.
③ Wǒ zuò zuòyè wǎnshang bā diǎn yí kè.
④ Wǎnshang wǒ bā diǎn yí kè zuò zuòyè.
⑤ Wǎnshang wǒ yí kè bā diǎn zuò zuòyè.

08 다음 중국어를 우리말로 바르게 옮긴 것은?

zěnmeyàng

① 오전 ② 어때 ③ 밥을 먹다
④ 잠을 자다 ⑤ 지금 몇 시니

학습 도움

05 现在几点了? 지금 몇 시니?
① 起 일어서다
② 几 몇
③ 每 매
④ 早 (때가) 이르다
⑤ 吃 먹다

06 숫자 8은 '돈을 벌다'라는 뜻인 '发财 fācái'의 '发 fā'와 발음이 비슷해 중국인이 가장 선호하는 숫자이며, 숫자 9는 '길다, 오래 살다'라는 뜻의 '久 jiǔ'와 발음이 같아 중국인이 좋아하는 숫자이다. 또한, 숫자 4는 '죽다'라는 뜻의 '死 sǐ'와 발음이 비슷해 죽음을 연상시키기 때문에 중국인이 싫어하는 숫자이다.

07 我晚上八点一刻做作业。

08 'zěnmeyàng 怎么样'은 주로 상대방의 의견이나 상태를 물어볼 때 사용하는 의문사이다.

请问，地铁站怎么走？

097

Qǐngwèn, dìtiězhàn zěnme zǒu?

말씀 좀 묻겠습니다. 지하철역은 어떻게 가나요?

학습 목표 길을 묻고 안내하는 표현을 할 수 있다.

문화 Plus⁺

천안문(天安门, Tiān'ān Mén)

자금성의 남쪽, 천안문 광장(天安门广场, Tiān'ān Mén Guǎngchǎng)의 북쪽에 위치하고 있는 천안문은 만주어로 '하늘의 평안한 문', 한자로 '명을 따르고 하늘을 섬겨 나라를 평안하게 하고 백성을 다스린다'는 의미를 가지고 있다. 천안문의 중앙에는 마오쩌둥(毛泽东, Máo Zédōng) 초상화가 걸려 있고, 양옆으로 각각 '중화인민공화국 만세(中华人民共和国万岁, Zhōnghuá Rénmín Gònghéguó wànsuì), 세계인민대단결 만세(世界人民大团结万岁, shìjiè rénmín dàtuánjié wànsuì)'라는 문구가 걸려 있다. 그 앞에 있는 천안문 광장은 약 100만 명이 동시에 모일 수 있는 세계 최대의 광장으로, 국가적인 행사를 치르는 장소로 자주 사용되고 있다.

中华人民共和国万岁
중화인민공화국 만세

世界人民大团结万岁
세계인민대단결 만세

길을 묻다 问路 wènlù

사진을 찍다 拍照 pāizhào

의사소통 표현

장소 – 길 묻기

Qǐngwèn, dìtiězhàn zěnme zǒu?

请问，地铁站怎么走?

말씀 좀 묻겠습니다. 지하철역은 어떻게 가나요?

장소 – 소요 시간 표현하기

Zǒu shí fēnzhōng zuǒyòu.

走十分钟左右。

10분 정도 걸어가면 됩니다.

교통 – 교통수단 표현하기

Wǒ zuò gōngjiāochē shàngxué.

我坐公交车上学。

저는 버스를 타고 등교합니다.

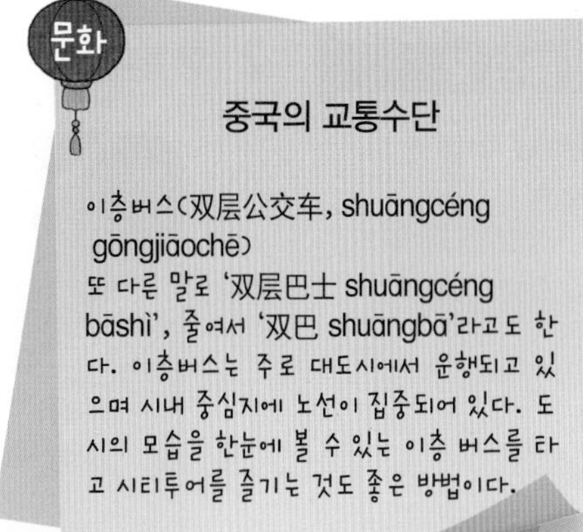

문화

중국의 교통수단

이층버스(双层公交车, shuāngcéng gōngjiāochē)

또 다른 말로 '双层巴士 shuāngcéng bāshì', 줄여서 '双巴 shuāngbā'라고도 한다. 이층버스는 주로 대도시에서 운행되고 있으며 시내 중심지에 노선이 집중되어 있다. 도시의 모습을 한눈에 볼 수 있는 이층 버스를 타고 시티투어를 즐기는 것도 좋은 방법이다.

단어 미리보기

□□□ 请问 qǐngwèn 말씀 좀 묻겠습니다
□□□ 地铁 dìtiě 지하철
□□□ 站 zhàn 역
□□□ 怎么 zěnme 어떻게
□□□ 走 zǒu 가다
□□□ 一直 yìzhí 곧장
□□□ 到 dào 도착하다
□□□ 十字路口 shízì lùkǒu 사거리
□□□ 往 wǎng ~을(를) 향하여
□□□ 右 yòu 오른쪽
□□□ 拐 guǎi 돌다
□□□ 就 jiù 바로
□□□ 可以 kěyǐ ~할 수 있다(가능을 나타냄)
□□□ 着 zhe ~한 채로
□□□ 去 qù 가다
□□□ 要 yào 걸리다, 필요하다
□□□ 长 cháng 길다
□□□ 时间 shíjiān 시간
□□□ 分钟 fēnzhōng 분
□□□ 左右 zuǒyòu 가량, 정도

□□□ 办 bàn 처리하다
□□□ 这个 zhège 이, 이것
□□□ 字 zì 글자
□□□ 写 xiě 쓰다
□□□ 左 zuǒ 왼쪽
□□□ 前 qián 앞
□□□ 个子 gèzi 키
□□□ 高 gāo (키가) 크다
□□□ 长城 Chángchéng 만리장성
□□□ 行李 xíngli 짐
□□□ 重 zhòng 무겁다

□□□ 离 lí ~로부터, ~에서
□□□ 学校 xuéxiào 학교
□□□ 远 yuǎn 멀다
□□□ 不太 bú tài 그다지 ~않다
□□□ 上学 shàngxué 등교하다
□□□ 坐 zuò 타다
□□□ 公交车 gōngjiāochē 버스
□□□ 路 lù (버스, 노선) 번호

□□□ 车 chē 차
□□□ 零 líng 영, 0

□□□ 近 jìn 가깝다
□□□ 银行 yínháng 은행
□□□ 船 chuán 배
□□□ 火车 huǒchē 기차
□□□ 飞机 fēijī 비행기
□□□ 出租车 chūzūchē 택시
□□□ 骑 qí 타다
□□□ 自行车 zìxíngchē 자전거
□□□ 马 mǎ 말
□□□ 邮局 yóujú 우체국
□□□ 上班 shàngbān 출근하다

□□□ 商店 shāngdiàn 상점
□□□ 洗手间 xǐshǒujiān 화장실
□□□ 车站 chēzhàn 버스 정류장
□□□ 汽车 qìchē 자동차

교과서 98쪽

듣기 대본 및 해석 1

❶ yìzhí 一直 곧장
❷ zuǒyòu 左右 가량, 정도

1 잘 듣고, 해당하는 발음에 ✓를 표시해 봅시다. (098)

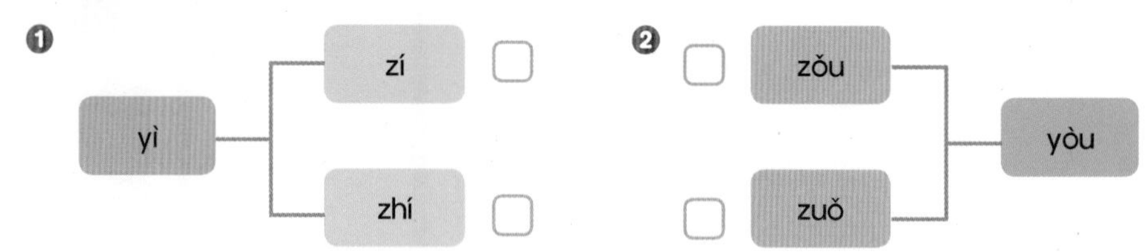

듣기 대본 및 해석 2

❶ dìtiězhàn 地铁站 지하철역
❷ xuéxiào 学校 학교
❸ shízì lùkǒu 十字路口 사거리
❹ gōngjiāochē 公交车 버스
❺ yòu 右 오른쪽

2 잘 듣고, 의미를 생각하며 따라 써 봅시다. (099)

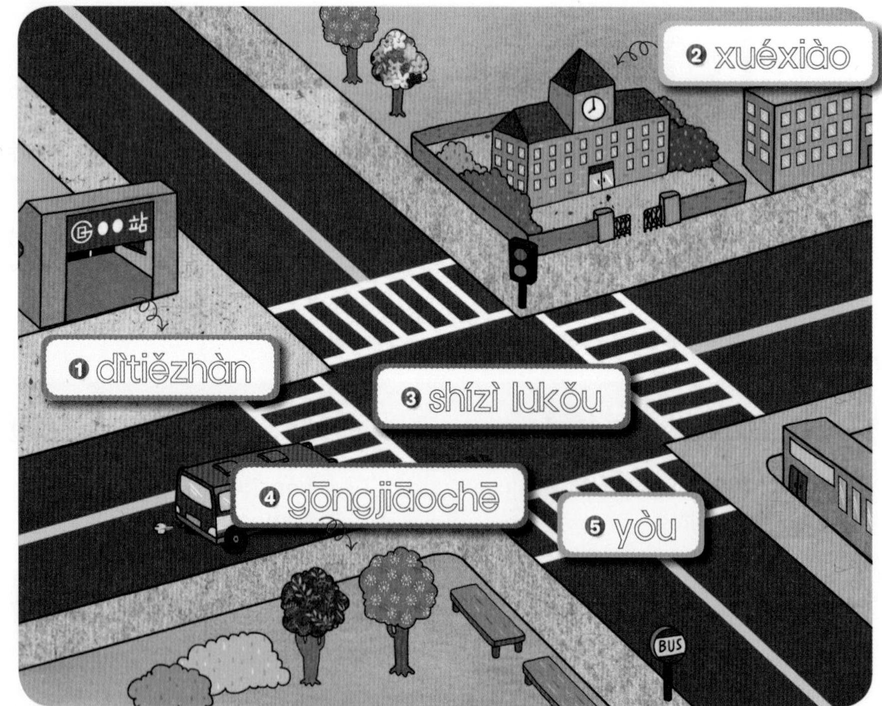

듣기 Plus+

MP3를 다시 들으며 써 봅시다.

 정답 1. ❶ yìzhí
❷ zuǒyòu

3 잘 듣고, 문장의 의미를 생각해 봅시다. 100

❶ 

Yào duō cháng shíjiān?

❷ 

Nǐ jiā lí xuéxiào yuǎn ma?

듣기 대본 및 해석 3

❶ Yào duō cháng shíjiān?
要多长时间?
시간이 얼마나 걸려?

❷ Nǐ jiā lí xuéxiào yuǎn ma?
你家离学校远吗?
너 집에서 학교까지 멀어?

4 잘 듣고, 대화의 의미를 생각하며 따라 해 봅시다. 101

듣기 Plus+

MP3를 다시 들으며 써 봅시다.

듣기 대본 및 해석 4

A Qǐngwèn, dìtiězhàn zěnme zǒu?
请问，地铁站怎么走?
말씀 좀 묻겠습니다.
지하철역은 어떻게 가나요?

B Yìzhí zǒu.
一直走。
앞으로 쭉 가세요.

교과서 단어

□ 请问 qǐngwèn 말씀 좀 묻겠습니다
□ 地铁 dìtiě 지하철
□ 站 zhàn 역
□ 怎么 zěnme 어떻게
□ 走 zǒu 가다
□ 一直 yìzhí 곧장
□ 到 dào 도착하다
□ 十字路口 shízì lùkǒu 사거리
□ 往 wǎng ~을(를) 향하여
□ 右 yòu 오른쪽
□ 拐 guǎi 돌다
□ 就 jiù 바로
□ 可以 kěyǐ ~할 수 있다(가능을 나타냄)
□ 着 zhe ~한 채로
□ 去 qù 가다
□ 要 yào 걸리다, 필요하다
□ 长 cháng 길다
□ 时间 shíjiān 시간
□ 分钟 fēnzhōng 분
□ 左右 zuǒyòu 가량, 정도

예문 단어

- 躺 tǎng 눕다
- 看 kàn 보다
- 电视 diànshì 텔레비전
- 岁 suì 살, 세[양사]

체크체크 check! check!

1. 지하철역까지 걸어서 얼마나 걸리나요?
   ① 5분 ② 10분
   ③ 15분 ④ 20분
2. 본문에서 '지하철'을 나타내는 단어에 밑줄 그어 보세요.

정답 1. ③
2. dìtiě(地铁)

박정민이 행인에게 길을 물어봅니다. 102  

박정민
请问，地铁站❶怎么走？
Qǐngwèn, dìtiězhàn zěnme zǒu?
말씀 좀 묻겠습니다. 지하철역은 어떻게 가나요?

행인
❷一直走，到十字路口往右拐就是。
Yìzhí zǒu, dào shízì lùkǒu wǎng yòu guǎi jiù shì.
앞으로 쭉 가다가 사거리에서 우회전하면 바로예요.

박정민
可以走❸着去吗？
Kěyǐ zǒuzhe qù ma?
걸어서 갈 수 있나요?

행인
可以。
Kěyǐ.
가능해요.

박정민
❹要多长时间？
Yào duō cháng shíjiān?
얼마나 걸리나요?

행인
走十五分钟❺左右。
Zǒu shíwǔ fēnzhōng zuǒyòu.
15분 정도 가면 돼요.

Q 박정민이 가려고 하는 곳은 어디입니까? ☐ 지하철역 ☐ 버스 정류장

Q 정답 ☑ 지하철역

본문 해설

❶ 'zěnme zǒu 怎么走'는 길을 물을 때 사용하는 표현으로, 주로 걸어서 갈 정도의 경로를 물을 때 사용한다. 교통수단을 물을 때는 'zěnme qù 怎么去'를 사용한다.

❷ 'yī 一'는 원래 제1성이지만 뒤에 제2성인 'zhí 直'가 위치하므로 'yī 一'를 제4성으로 발음한다.

❸ 'zhe 着'는 '~한 채로'라는 뜻으로 동사나 형용사 뒤에 쓰여 동작의 진행, 상태의 지속을 나타낸다.
예시 Tā tǎngzhe kàn diànshì. 他躺着看电视。그는 누운 채로 텔레비전을 본다.

❹ 'yào 要'는 '필요하다, 원하다'라는 뜻으로, 본문에서는 '얼마나 시간이 필요한지'라는 의미로 사용되어 '(시간이) 걸리다'라고 해석한다.

❺ 'zuǒyòu 左右'는 '~가량, 정도'라는 뜻으로 수량사 뒤에 쓰여 대략적인 수를 나타낸다.
예시 Tā jīnnián sānshí suì zuǒyòu. 他今年30岁左右。그는 올해 나이가 서른 살 정도이다.

교과서 101쪽

1 怎么(zěnme)

'怎么 zěnme'는 '어떻게'라는 뜻의 의문사로, 수단과 방법을 물을 때 사용한다.

怎么办? Zěnme bàn? 어떻게 하지?
这个字怎么写? Zhège zì zěnme xiě? 이 글자는 어떻게 쓰지?

2 往(wǎng)

'往 wǎng'은 '~을(를) 향하여'라는 뜻으로, 동작의 방향을 나타낸다.

往左拐
wǎng zuǒ guǎi
왼쪽으로 도세요

往前走
wǎng qián zǒu
앞쪽으로 가세요

往右拐
wǎng yòu guǎi
오른쪽으로 도세요

3 多(duō)

'多 duō'는 '얼마나'라는 뜻의 의문사로, '高 gāo', '长 cháng', '重 zhòng' 등과 결합하여 정도 혹은 수량을 물을 때 사용한다.

你个子多高? Nǐ gèzi duō gāo? 너는 키가 몇이니?
长城多长? Chángchéng duō cháng? 만리장성의 길이는 얼마입니까?
这个行李多重? Zhège xíngli duō zhòng? 이 짐의 무게는 얼마입니까?

Tip

'zěnme 怎么'

'어떻게'라는 뜻 외에도 '어째서, 왜'라는 뜻으로도 쓰인다. 'zěnme 怎么'와 함께 쓰이는 동사에 따라 그 뜻을 구별할 수 있다.

예시 Zěnme le? 怎么了? 어떻게 된 거야? (왜 이래?)
Tā zěnme méi lái? 他怎么没来? 그는 왜 안 왔니?

교과서 단어

- □ 办 bàn 처리하다
- □ 这个 zhège 이, 이것
- □ 字 zì 글자
- □ 写 xiě 쓰다
- □ 左 zuǒ 왼쪽
- □ 前 qián 앞
- □ 个子 gèzi 키
- □ 高 gāo (키가) 크다
- □ 长城 Chángchéng 만리장성
- □ 行李 xíngli 짐
- □ 重 zhòng 무겁다

1 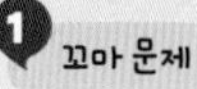

- 어순 배열하기

(怎么 / 写 / 这个 / 字)

(　　　　　　)?

(이 글자는 어떻게 쓰지?)

2 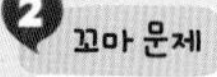

- 빈칸 채우기

(　　　) yòu guǎi

(오른쪽으로 도세요)

3 꼬마 문제

- 어순 배열하기

(你 / 多 / 个子 / 高)

(　　　　　　)?

(너는 키가 몇이니?)

정답 부분 접고 문제 풀기!

정답

1. 这个字怎么写
2. wǎng
3. 你个子多高

교과서 102쪽

교과서 단어

- □ 离 lí ~로부터, ~에서
- □ 学校 xuéxiào 학교
- □ 远 yuǎn 멀다
- □ 不太 bú tài 그다지 ~않다
- □ 上学 shàngxué 등교하다
- □ 坐 zuò 타다
- □ 公交车 gōngjiāochē 버스
- □ 路 lù (버스, 노선) 번호
- □ 车 chē 차
- □ 零 líng 영, 0

예문 단어

- 公园 gōngyuán 공원
- 去 qù 가다

김미나와 장웨이가 등교하는 방법에 관해 이야기를 합니다. 104  

김미나
你家离学校远吗?
Nǐ jiā lí xuéxiào yuǎn ma?
너 집에서 학교까지 멀어?

장웨이
❶不太远。
Bú tài yuǎn.
그다지 멀지 않아.

김미나
你每天怎么上学?
Nǐ měi tiān zěnme shàngxué?
매일 어떻게 등교하니?

장웨이
我坐公交车上学。
Wǒ zuò gōngjiāochē shàngxué.
나는 버스 타고 등교해.

김미나
你坐❷几❸路车?
Nǐ zuò jǐ lù chē?
몇 번 버스 타?

장웨이
我坐❹105路。
Wǒ zuò yāo líng wǔ lù.
105번 타.

 장웨이는 무엇을 타고 등교합니까? □  □ 

 Q 정답 ☑ 버스

1. 장웨이의 집은 학교에서 먼가요?
   ① 가깝다 ② 별로 멀지 않다
   ③ 멀다 ④ 매우 멀다
2. 장웨이는 매일 어떻게 등교하나요?

정답 1. ②
2. 버스를 타고 등교한다.

본문 해설

❶ 'bù 不'는 원래 제4성이지만 뒤에 제4성인 'tài 太'가 위치하므로 'bù 不'를 제2성으로 발음한다.
예시 bú zuò 不坐 타지 않는다
bù yuǎn 不远 멀지 않다

❷ 'jǐ 几'는 10 미만의 숫자 혹은 날짜, 시간, 순서(버스 번호, 층 수 등)를 나타내는 숫자를 물을 때 사용한다.
예시 Qù gōngyuán zuò jǐ lù chē? 去公园坐几路车? 공원에 가려면 몇 번 버스를 타야 하나요?

❸ 'lù 路'는 원래 '길'이란 뜻이지만, 버스 노선 번호를 나타내는 '~번'이란 뜻으로도 사용된다.

❹ 버스 번호가 두 자릿수 이하인 경우에는 일반적인 숫자 읽기 방법과 동일하다. 세 자릿수 이상인 경우에는 숫자를 하나하나 끊어 읽어 주고, 숫자 1은 'yāo'로 읽는다.
예시 Wǒ zuò sānshíwǔ lù. 我坐35路。나는 35번 타.
Wǒ zuò sì èr yāo lù. 我坐421路。나는 421번 타.

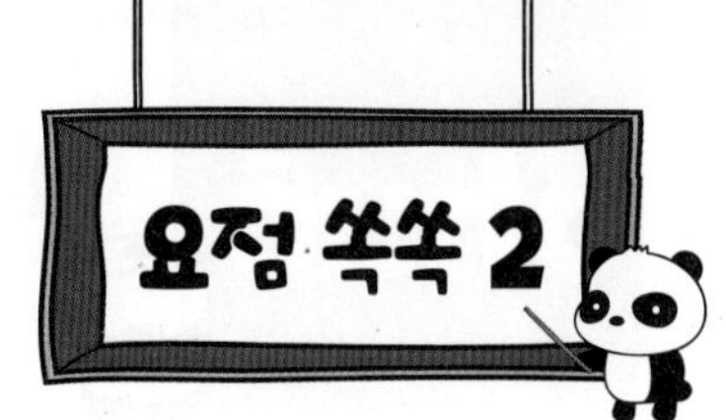

교과서 103쪽

1 离(lí)

'离 lí'는 '~로부터, ~에서'라는 뜻으로, 두 지점 사이의 거리를 나타낼 때 기준이 되는 장소 앞에 쓰인다.

我家离学校很近。Wǒ jiā lí xuéxiào hěn jìn. 우리 집은 학교에서 가깝다.
我家离银行很远。Wǒ jiā lí yínháng hěn yuǎn. 우리 집은 은행에서 멀다.

2 坐(zuò)

'坐 zuò'는 '(교통수단을) 타다'라는 뜻으로, 좌석에 앉아서 타는 교통수단에 사용한다. 자전거, 말, 오토바이 등의 교통수단에는 '骑 qí'를 사용한다.

坐(zuò)				骑(qí)	
船 chuán	火车 huǒchē	飞机 fēijī	出租车 chūzūchē	自行车 zìxíngchē	马 mǎ

我坐出租车去邮局。Wǒ zuò chūzūchē qù yóujú.
나는 택시를 타고 우체국에 간다.

我骑自行车上班。Wǒ qí zìxíngchē shàngbān.
나는 자전거를 타고 출근한다.

Tip

교통수단 보충 단어

- 电动自行车 diàndòng zìxíngchē 전기 자전거
- 摩托车 mótuōchē 오토바이
- 三轮车 sānlúnchē 삼륜자전거
- 高速铁路 gāosùtiělù 고속철도

교과서 단어

- □ 近 jìn 가깝다
- □ 银行 yínháng 은행
- □ 船 chuán 배
- □ 火车 huǒchē 기차
- □ 飞机 fēijī 비행기
- □ 出租车 chūzūchē 택시
- □ 骑 qí 타다
- □ 自行车 zìxíngchē 자전거
- □ 马 mǎ 말
- □ 邮局 yóujú 우체국
- □ 上班 shàngbān 출근하다

1 꼬마 문제

- 빈칸 채우기

我家 (　　　) 学校很近。
(우리 집은 학교에서 가깝다.)

2 꼬마 문제

- 어순 배열하기

(zìxíngchē / shàngbān / qí)
Wǒ (　　　　　　).
(나는 자전거를 타고 출근한다.)

정답 부분 접고 문제 풀기!

정답

1. 离
2. qí zìxíngchē shàngbān

교과서 104쪽

교과서 단어

- □ 商店 shāngdiàn 상점
- □ 洗手间 xǐshǒujiān 화장실
- □ 车站 chēzhàn 버스 정류장
- □ 汽车 qìchē 자동차

예시 대화 및 해석

1 ❶ **A** Qǐngwèn, shāngdiàn zěnme zǒu?
请问，商店怎么走？
말씀 좀 묻겠습니다. 상점은 어떻게 가나요?
B Dào shízì lùkǒu wǎng qián zǒu jiù shì.
到十字路口往前走就是。
사거리에서 앞쪽으로 가면 바로예요.

❷ **A** Qǐngwèn, xǐshǒujiān zěnme zǒu?
请问，洗手间怎么走？
말씀 좀 묻겠습니다. 화장실은 어떻게 가나요?
B Dào shízì lùkǒu wǎng zuǒ guǎi jiù shì.
到十字路口往左拐就是。
사거리에서 왼쪽으로 돌면 바로예요.

❸ **A** Qǐngwèn, chēzhàn zěnme zǒu? 请问，车站怎么走？
말씀 좀 묻겠습니다. 버스 정류장은 어떻게 가나요?
B Dào shízì lùkǒu wǎng yòu guǎi jiù shì.
到十字路口往右拐就是。
사거리에서 오른쪽으로 돌면 바로예요.

2 ❶ **A** Nǐ měi tiān zěnme shàngxué? 你每天怎么上学？
너는 매일 어떻게 등교하니?
B Wǒ zuò dìtiě shàngxué.
我坐地铁上学。
나는 지하철을 타고 등교해.

❷ **A** Nǐ měi tiān zěnme shàngxué? 你每天怎么上学？
너는 매일 어떻게 등교하니?
B Wǒ zuò qìchē shàngxué.
我坐汽车上学。
나는 자동차를 타고 등교해.

❸ qí zìxíngchē
骑自行车
자전거를 타다

1 밑줄 친 부분을 바꾸어 길을 묻고 답해 봅시다. 106 107 단어

보기
A Qǐngwèn, dìtiězhàn zěnme zǒu?
请问，地铁站怎么走？ 말씀 좀 묻겠습니다. 지하철역은 어떻게 가나요?
B Dào shízì lùkǒu wǎng yòu guǎi jiù shì.
到十字路口往右拐就是。 사거리에서 오른쪽으로 돌면 바로예요.

2 밑줄 친 부분을 바꾸어 교통수단을 말해 봅시다. 108 109 단어

보기
A Nǐ měi tiān zěnme shàngxué?
你每天怎么上学？ 너는 매일 어떻게 등교하니?
B Wǒ zuò gōngjiāochē shàngxué.
我坐公交车上学。 나는 버스를 타고 등교해.

❶ 
zuò dìtiě

❷ 
zuò qìchē

❸ 
qí zìxíngchē

말하기 Plus+

길을 물을 때는 다음과 같이 표현한다.

Qǐngwèn 请问 + 목적지 + zěnme 怎么 + zǒu? 走?

교과서 105쪽

1 잘 듣고, 알맞은 한자를 찾아 ○ 표 한 후, 써 봅시다. 110

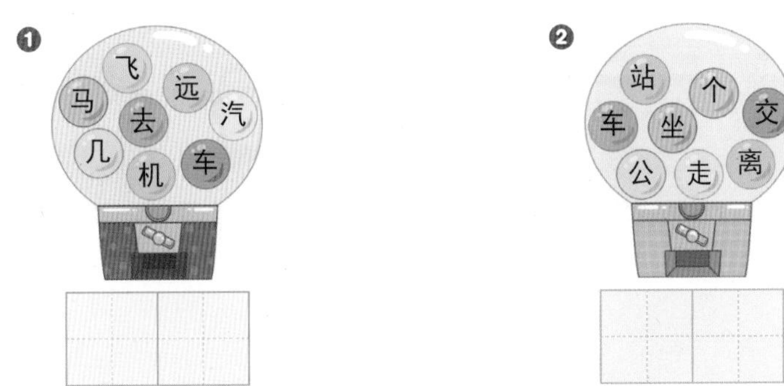

2 빈칸에 들어갈 알맞은 발음을 보기에서 찾아 ○ 표한 후, 써 봅시다.

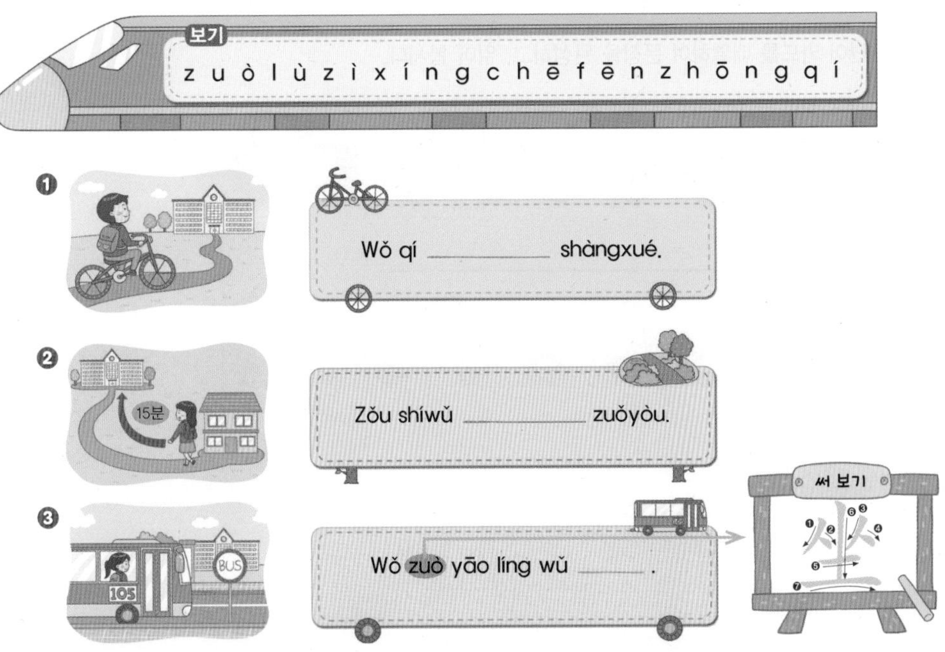

z u ò l ù z ì x í n g c h ē f ē n z h ō n g q í

Wǒ qí ______ shàngxué.

Zǒu shíwǔ ______ zuǒyòu.

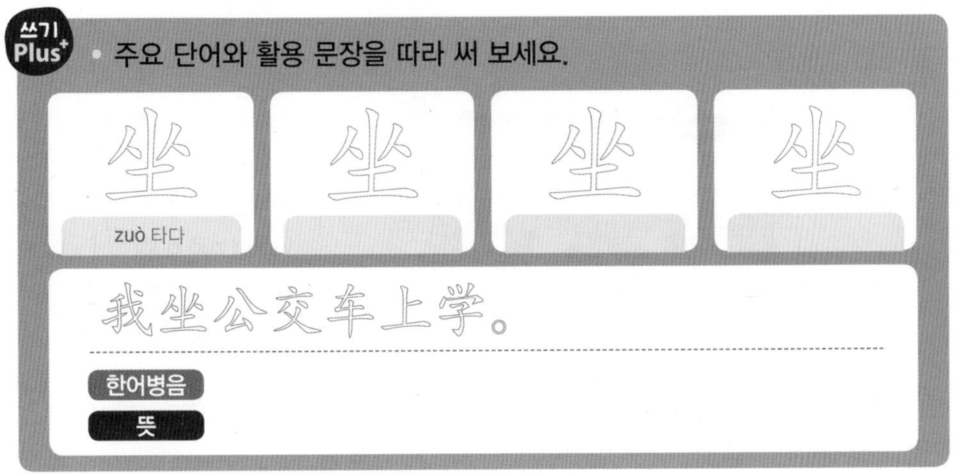

쓰기 Plus+
주요 단어와 활용 문장을 따라 써 보세요.
坐
坐
坐
坐
zuò 타다
我坐公交车上学。
한어병음
뜻

듣기 대본 및 해석

1 ❶ 飞机 fēijī 비행기
❷ 车站 chēzhàn 버스 정류장

예시 답안 및 해석

2 ❶ Wǒ qí zìxíngchē shàngxué.
我骑自行车上学。
나는 자전거를 타고 등교해.
❷ Zǒu shíwǔ fēnzhōng zuǒyòu.
走十五分钟左右。
걸어서 15분 정도 가면 돼요.
❸ Wǒ zuò yāo líng wǔ lù.
我坐105路。
나는 105번 버스를 타.

교과서 106쪽

듣기 대본 및 해석

1 ❶ Zǒu shíwǔ fēnzhōng zuǒyòu.
走十五分钟左右。
15분 정도 가면 돼요.

❷ Wǒ zuò sān líng bā lù.
我坐308路。
나는 308번을 타.

예시 답안 및 해석

2 ❶ Kěyǐ zǒuzhe qù ma?
可以走着去吗?
걸어서 갈 수 있나요?

❷ 你家离学校远吗?
Nǐ jiā lí xuéxiào yuǎn ma?
너 집에서 학교까지 멀어?

3 보기
wǎng yòu guǎi 往右拐
오른쪽으로 돌다
wǎng zuǒ guǎi 往左拐
왼쪽으로 돌다
wǎng qián zǒu 往前走
앞으로 쭉 가다

❶ A Dìtiězhàn zěnme zǒu?
地铁站怎么走?
지하철역은 어떻게 가나요?
B Wǎng qián zǒu jiù shì.
往前走就是。
앞으로 쭉 가면 바로예요.

❷ A Shāngdiàn zěnme zǒu?
商店怎么走?
상점에 어떻게 가요?
B Wǎng yòu guǎi jiù shì.
往右拐就是。
오른쪽으로 돌면 바로예요.

정답 1. ❶ ☑☐ ❷ ☐☑
2. ❶ Kěyǐ zǒuzhe qù ma?
❷ 你家离学校远吗?
3. ❶ Wǎng qián zǒu jiù shì.
❷ Wǎng yòu guǎi jiù shì.

1 잘 듣고, 내용과 일치하는 그림을 찾아 ✓를 표시해 봅시다. 111

2 단어 카드를 배열하여 문장을 완성하고, 읽어 봅시다.

3 보기의 단어를 활용하여 질문의 답을 완성한 후, 대화해 봅시다.

보기
wǎng yòu guǎi
wǎng zuǒ guǎi
wǎng qián zǒu

❶ A Dìtiězhàn zěnme zǒu?
B ______________________ jiù shì.

❷ A Shāngdiàn zěnme zǒu?
B ______________________ jiù shì.

교과서 107쪽

활동 방법

❶ 각자 게임 말을 고른 후, 두 명씩 같은 편이 되어 네 명이 게임을 한다.

❷ 말판(부록 191쪽)을 활용하여 동전을 던져 앞면이 나오면 두 칸, 뒷면이 나오면 한 칸씩 자신의 말을 이동시키고 해당 칸의 임무를 수행한다.

❸ 해당 칸의 문제를 풀지 못하면 이전 위치로 돌아간다.

❹ 윷놀이처럼 상대편의 말을 잡을 수 있으며, 잡힌 말은 처음으로 돌아간다. 같은 편의 말끼리 만나면 함께 움직일 수 있다.

❺ 같은 편의 말이 모두 도착점을 통과하면 이긴다.

워드서치

• **단어에 해당하는 한어병음을 쓰고 단어를 찾아봅시다.**

1 시간 ______

2 돌다 ______

3 不太 ______

4 怎么 ______

5 가량, 정도 ______

6 학교 ______

7 自行车 ______

8 말씀 좀 묻겠습니다 ______

9 곧장 ______

10 地铁 ______

s	ó	q	r	l	ě	b	p	n	ì	b	z
ă	h	b	u	á	z	ú	m	a	l	ě	ì
p	e	í	f	y	o	t	é	u	i	p	x
i	n	m	j	e	j	à	c	t	q	m	í
y	g	u	ă	i	u	i	ì	n	ǐ	x	n
m	ì	o	w	p	ā	d	j	u	n	ó	g
é	j	z	d	z	ě	n	m	e	g	b	c
o	l	c	h	w	u	r	s	d	w	q	h
ì	d	q	z	í	x	ǒ	n	f	è	x	ē
x	u	é	x	i	à	o	y	t	n	j	m
h	b	k	w	q	j	k	ă	ò	q	g	ǔ
ǔ	o	m	á	t	y	r	n	t	u	a	o
s	d	ǐ	h	k	e	w	è	p	m	n	b

중국의 교통수단

중국의 교통수단에 대해 알아볼까요?

고속철도

중국의 고속철도(高铁, gāotiě) 기술은 속도와 규모, 서비스 면에서 세계 으뜸이라 할 수 있습니다. 평균 시속 250km 이상의 빠른 속도로 운행하여 베이징(北京)에서 상하이(上海)까지 1,318km의 거리를 다섯 시간 만에 갈 수 있습니다.

문화 Plus+

고속철도의 종류

- G : '高铁 gāotiě'는 우리나라의 KTX와 같은 고속철도로 최고 속도가 350km나 되는 가장 빠른 열차이다.
- C : 가까운 도시 사이를 직통으로 연결해 주는 단거리 전용 고속열차이다.
- D : 중간 중간에 정차하는 역이 많은 것이 특징이며, 시속 160~250km에 달하는 열차이다.

기차

중국은 땅이 넓고 인구가 많아서 철도 교통이 발달하였습니다.
기차는 좌석이나 침대의 형태에 따라 네 가지로 구분합니다.

硬座(yìngzuò)
딱딱한 좌석칸

软座(ruǎnzuò)
푹신한 좌석칸

硬卧(yìngwò)
딱딱한 침대칸

6인 1실 또는 4인 1실로 되어 있고, 중·상층에는 앉아 있기 불편하여서 하층이 가장 비싸다.

软卧(ruǎnwò)
푹신한 침대칸

4인 1실로 되어있다. 별도의 문이 달려 있으며, 개별적으로 소등이 가능하다.

문화 Plus+

전기 자동차(电动汽车, diàndòng qìchē)

중국 정부는 환경오염에 대한 해결책으로 전기 자동차 육성 정책을 적극적으로 펼치고 있다. 이미 세계 최대의 전기 자동차 제조 국가이자 판매 국가로 거듭난 중국은 화석연료 차량의 증가를 억제하고 전기차를 비롯한 신에너지 차량 산업 육성에 박차를 가하고 있다.

전기 자전거(电动自行车, diàndòng zìxíngchē)

한때 중국은 '자전거 왕국'이라 불릴 정도로 많은 사람들이 자전거를 타고 다녔다. 지금은 일반 자전거보다 편리하게 이용할 수 있고 저렴한 가격에 전기를 충전할 수 있는 전기 자전거가 보편화되고 있다. 전기 자전거는 경제적 부담이 적고 대기오염을 줄일 수 있다는 장점을 가지고 있다.

지하철(地铁, dìtiě)

중국의 대도시 및 중소도시에도 빠르게 개통되고 있어 시민과 여행객에게 편리함을 제공해 주고 있다. 지하철 요금은 거리에 따라 달라지며, 지하철을 타려면 보안검색대를 통과해야 한다는 특징이 있다.

문화 O X 퀴즈

1. 중국 기차 좌석 중 软座(ruǎnzuò)는 4인 1실로 되어 있는 푹신한 침대칸이다. O | X
2. 중국은 아직 고속철도(高铁, gāotiě)가 발달하지 않았다. O | X

정답 & 해설 1. X 软座(ruǎnzuò)는 푹신한 좌석칸이다.
2. X 중국의 고속철도 기술은 세계 최고라고 할 수 있다.

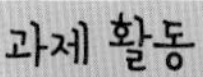

과제 활동

버스, 지하철 등 중국의 대중교통 요금을 조사하고, 발표해 봅시다.

예시 답안 중국 베이징, 상하이 지역의 지하철 기본요금은 3원이며, 거리에 따라 추가 요금이 붙는다. 버스 요금은 보통 2원이며, 버스 카드를 이용하면 할인을 받을 수 있다.

학습 도움

01 단어와 뜻의 연결이 알맞지 않은 것은?

① 分钟 – 시간　② 一直 – 곧장　③ 怎么 – 어떻게
④ 可以 – 할 수 있다　⑤ 上学 – 등교하다

02 다음 우리말에 해당하는 중국어로 알맞은 것은?

> A　Nǐ jiā lí xuéxiào yuǎn ma?
> B　그다지 멀지 않아.

① Bù yuǎn　② Bú tài yuǎn　③ Hěn bù yuǎn
④ Hěn tài yuǎn　⑤ Tài bù yuǎn

03 밑줄 친 숫자를 바르게 읽은 것은?

> Wǒ zuò 105 lù.

① yì bǎi wǔ　② yì líng wǔ　③ yì líng bǎi wǔ
④ yāo líng wǔ　⑤ yāo líng bǎi wǔ

04 빈칸에 들어갈 말로 알맞은 것은?

> Wǒ qí ________ shàngbān.

① fēijī　② qìchē　③ huǒchē
④ zìxíngchē　⑤ gōngjiāochē

01
① fēnzhōng　② yìzhí
③ zěnme　④ kěyǐ
⑤ shàngxué

02
A 你家离学校远吗?
너 집에서 학교까지 멀어?
B 不太远。
그다지 멀지 않아.

03
我坐105路。나는 105번을 탄다.

숫자 '1'은 원래 'yī'로 발음하지만, 전화번호, 방 번호, 노선 번호 등을 읽을 때는 'yāo'로 발음한다.

04
我骑自行车上班。
나는 자전거를 타고 출근한다.
① 飞机 비행기
② 汽车 자동차
③ 火车 기차
④ 自行车 자전거
⑤ 公交车 버스

'자전거를 타다'에서 동사 '타다'는 'qí 骑'를 사용한다.

05 그림에 해당하는 단어로 알맞은 것은?

① chuán ② dìtiě ③ fēijī
④ qìchē ⑤ huǒchē

06 밑줄 친 문장을 어순에 맞게 배열한 것은?

<u>走 / 可以 / 去 / 着 / 吗</u>?

① 可以走着去吗 ② 可以走去着吗
③ 可以去走着吗 ④ 走着可以去吗
⑤ 去着走可以吗

07 다음 우리말의 중국어 표현으로 알맞은 것은?

사거리에서 오른쪽으로 돌면 바로예요.

① Dào shízì lùkǒu wǎng yòu zǒu jiù shì.
② Dào shízì lùkǒu wǎng zuǒ zǒu jiù shì.
③ Dào shízì lùkǒu wǎng yòu guǎi jiù shì.
④ Dào shízì lùkǒu wǎng zuǒ guǎi jiù shì.
⑤ Dào shízì lùkǒu wǎng qián zǒu jiù shì.

08 중국의 기차에 대한 설명으로 알맞지 <u>않은</u> 것은?

① 중국 기차는 좌석칸뿐만 아니라 침대칸도 있다.
② 중국은 땅이 넓고 인구가 많아서 철도 교통이 발달하였다.
③ 중국 기차 좌석 중 软卧(ruǎnwò)는 4인 1실로 되어 있다.
④ 중국 기차 좌석 중 딱딱한 좌석칸을 硬座(yìngzuò)라고 한다.
⑤ 중국 기차는 좌석이나 침대 형태에 따라 다섯 가지로 구분한다.

학습 도움

05
① 船 배
② 地铁 지하철
③ 飞机 비행기
④ 汽车 자동차
⑤ 火车 기차

06
Kěyǐ zǒuzhe qù ma?
걸어서 갈 수 있나요?

'zhe 着'는 '~한 채로'라는 뜻으로 동사나 형용사 뒤에 쓰여 동작의 진행, 상태의 지속을 나타낸다.

07
到十字路口往右拐就是。

08
기차는 좌석이나 침대 형태에 따라 네 가지로 구분된다.
딱딱한 좌석칸 硬座 yìngzuò
딱딱한 침대칸 硬卧 yìngwò
푹신한 좌석칸 软座 ruǎnzuò
푹신한 침대칸 软卧 ruǎnwò

쉬어 가기 2

다양한 동작

112

❶ 哭 kū 울다

❷ 笑 xiào 웃다

❸ 站 zhàn 서다

❹ 坐 zuò 앉다

❺ 躺 tǎng 눕다

❻ 跑 pǎo 뛰다

❼ 跳 tiào (위로 깡충) 뛰다

❽ 停 tíng 멈추다

❾ 推 tuī 밀다

❿ 拉 lā 당기다

*다양한 동작 표현을 넣어 노래를 불러 봅시다. 113

Tip
跳舞 tiàowǔ 춤을 추다
快 kuài 빨리
停 tíng 멈추다
不要 bú yào ~하지 마라
哭 kū 울다
笑 xiào 웃다
推 tuī 밀다
拉 lā 당기다
그대로 멈춰라
C G7 C G7
大 家 来 跳 跳 舞 快 快 - 停 下 来。
Dàjiā lái tiàotiao wǔ kuàikuài tíng xià lái.
모두 함께 춤을 추다가 그대로 멈춰라
C G7 F G7 C
大 家 来 跳 跳 舞 快 快 - 停 下 来。
Dàjiā lái tiàotiao wǔ kuàikuài tíng xià lái.
모두 함께 춤을 추다가 그대로 멈춰라
F C F C G7
不 要 哭 - 啊 - 不 要 - 笑 啊 不 要 - 推 啊 不 - 要 - 拉
Bú yào kū a bú yào xiào a Bú yào tuī a bú yào lā
울지도 말고, 웃지도 말고, 밀지도 말고, 당기지도 말고
C G7 C G7
大 家 来 跳 跳 舞 快 快 - 停 下 来。
Dàjiā lái tiàotiao wǔ kuàikuài tíng xià lái.
모두 함께 춤을 추다가 그대로 멈춰라
C G7 F G7 C
大 家 来 跳 跳 舞 快 快 - 停 下 来。
Dàjiā lái tiàotiao wǔ kuàikuài tíng xià lái.
모두 함께 춤을 추다가 그대로 멈춰라

您要买什么?

Nín yào mǎi shénme?

무엇을 사시겠습니까?

학습 목표 물건을 사고 흥정하는 표현을 할 수 있다.

문화 Plus⁺

- 가격 할인 표시

중국에서는 할인을 '打折 dǎzhé'라고 하는데, '折 zhé' 앞에 숫자를 넣어 할인율을 표시한다. 단, 우리나라와 달리 중국에서는 할인 후 실제로 받는 금액을 표시한다는 점을 주의해야 한다. 예를 들어, '打七折 dǎ qī zhé'의 경우, 70% 할인이 아니라 원래 가격의 70%의 가격을 내야 한다는 말로 30% 할인이라는 뜻이다. 반대로 70% 할인은 '打三折 dǎ sān zhé'라고 표기한다.

- 무게 단위(근)

중국에서는 과일, 야채 등을 주로 근(斤, jīn) 단위로 판매한다. 우리나라의 경우 한 근이 육류는 600g, 채소는 400g으로 다르지만 중국에서 한 근은 항상 500g이다.

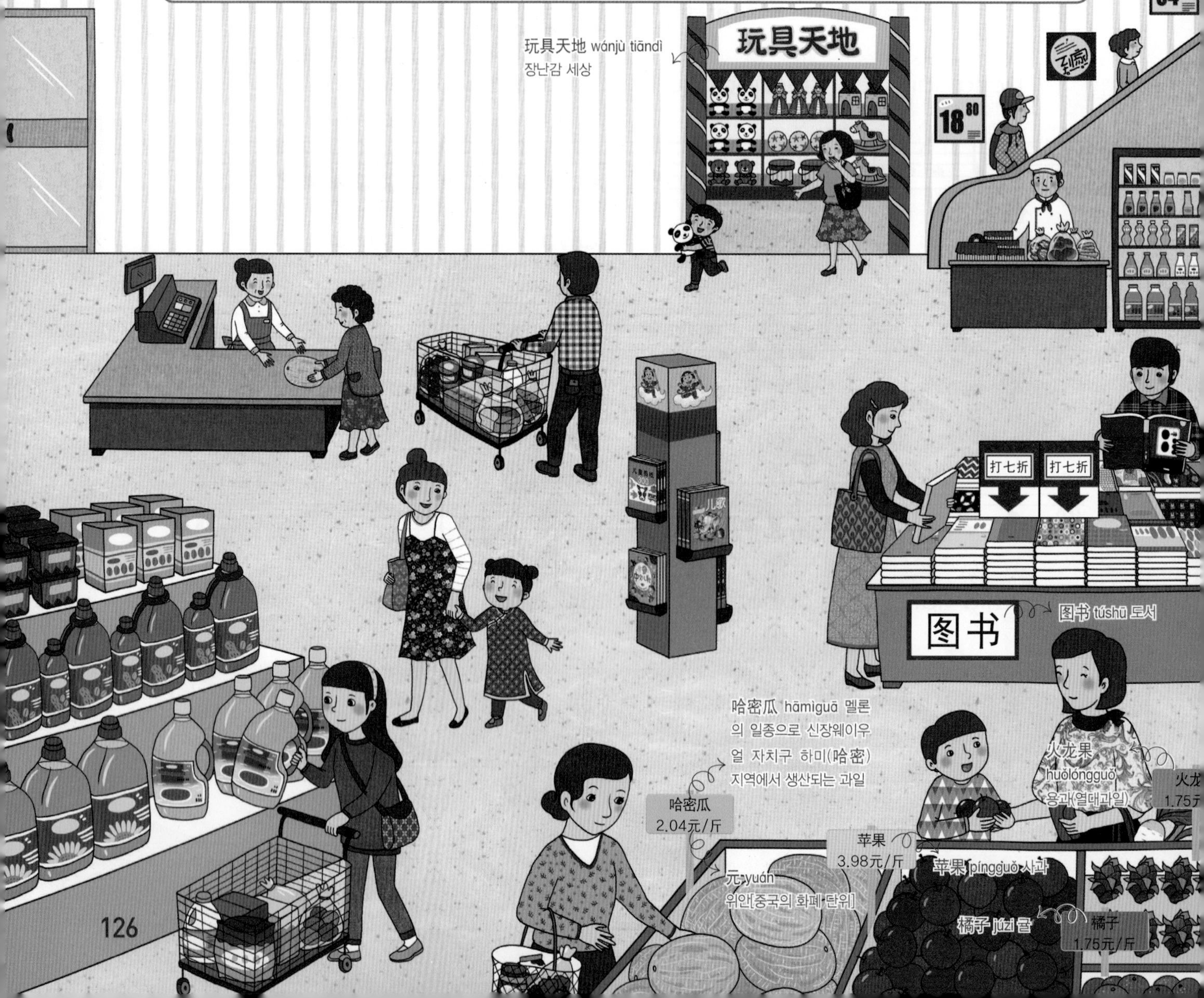

玩具天地 wánjù tiāndì 장난감 세상

图书 túshū 도서

哈密瓜 hāmìguā 멜론의 일종으로 신장웨이우얼 자치구 하미(哈密) 지역에서 생산되는 과일

火龙果 huǒlóngguǒ 용과(열대과일)

哈密瓜 2.04元/斤

苹果 3.98元/斤

元 yuán 위안[중국의 화폐 단위]

苹果 píngguǒ 사과

橘子 júzi 귤

橘子 1.75元/斤

의사소통 표현

구매 – 물건 사기

Wǒ yào mǎi yì tiáo kùzi.

我要买一条裤子。
바지 한 벌 사려고 해요.

구매 – 가격 묻기

Zhè jiàn qípáo duōshao qián?

这件旗袍多少钱？
이 치파오 얼마예요?

구매 – 흥정하기

Piányi diǎnr ba!

便宜点儿吧！ 좀 깎아 주세요!

중국 화폐 속 명승지

시짱 자치구 중심지인 라싸(拉萨, Lāsà)에 있는 포탈라궁(布达拉宫, Bùdálā Gōng)은 역대 달라이 라마의 거주지이자 티베트 불교의 사원이다. '포탈라'라는 이름은 관세음보살이 사는 산인 포탈라카 산에서 비롯되었으며, 1994년에 역사적 의미를 인정받아 유네스코 세계 문화유산에 등록되었다.

단어 미리보기

□□□ 要 yào ~하려고 하다
□□□ 买 mǎi 사다
□□□ 条 tiáo 개, 벌[양사]
□□□ 裤子 kùzi 바지
□□□ 喜欢 xǐhuan 좋아하다
□□□ 黑 hēi 검다
□□□ 的 de ~인 것
□□□ 还是 háishi 아니면
□□□ 白 bái 하얗다
□□□ 可以 kěyǐ ~해도 된다(허가를 나타냄)
□□□ 试 shì 시험 삼아 해보다
□□□ 正好 zhènghǎo 딱 맞다

□□□ 机场 jīchǎng 공항
□□□ 瓶 píng 병[양사]
□□□ 水 shuǐ 물
□□□ 裙子 qúnzi 치마
□□□ 张 zhāng 장[양사]
□□□ 票 piào 표
□□□ 件 jiàn 벌[양사]

□□□ 衣服 yīfu 옷
□□□ 双 shuāng 쌍, 켤레[양사]
□□□ 袜子 wàzi 양말
□□□ 本 běn 권[양사]
□□□ 书 shū 책
□□□ 喝 hē 마시다
□□□ 咖啡 kāfēi 커피
□□□ 茶 chá 차

□□□ 旗袍 qípáo 치파오
□□□ 多少 duōshao 얼마
□□□ 钱 qián 돈
□□□ 百 bǎi 백, 100
□□□ 块 kuài 콰이[화폐 단위]
□□□ 太~了 tài~le 너무 ~하다
□□□ 贵 guì 비싸다
□□□ 便宜 piányi 싸다
□□□ (一)点儿 (yì)diǎnr 약간
□□□ 行 xíng 좋다
□□□ 给 gěi (~에게) 주다

□□□ 找 zhǎo 거슬러 주다

□□□ 猪 zhū 돼지
□□□ 肉 ròu 고기
□□□ 卖 mài 팔다
□□□ 斤 jīn 근[양사]
□□□ 毛 máo 마오[화폐 단위]
□□□ 分 fēn 펀[화폐 단위]
□□□ 元 yuán 위안[화폐 단위]
□□□ 角 jiǎo 자오[화폐 단위]

□□□ 地图 dìtú 지도
□□□ 鞋 xié 신발
□□□ 顶 dǐng 개[양사]
□□□ 帽子 màozi 모자
□□□ 杂志 zázhì 잡지
□□□ 支 zhī 자루[양사]
□□□ 铅笔 qiānbǐ 연필
□□□ 把 bǎ 자루[양사]
□□□ 伞 sǎn 우산

교과서 114쪽

듣기 대본 및 해석 1

❶ háishi 还是 아니면
❷ piányi 便宜 싸다

1 잘 듣고, 단어의 발음에 해당하는 번호를 골라 봅시다. 115

❶ háishi ① ② ③

❷ piányi ① ② ③

듣기 대본 및 해석 2

❶ kùzi 裤子 바지
❷ piányi 便宜 싸다
❸ guì 贵 비싸다
❹ mǎi 买 사다
❺ qípáo 旗袍 치파오

2 잘 듣고, 의미를 생각하며 따라 써 봅시다. 116

듣기 Plus+

MP3를 다시 들으며 써 봅시다.

정답 1. ❶ ②
❷ ①

3 잘 듣고, 문장의 의미를 생각해 봅시다. 117

❶

Duōshao qián?

❷

Tài guì le!

듣기 대본 및 해석 3

❶ Duōshao qián?
多少钱?
얼마예요?

❷ Tài guì le!
太贵了!
너무 비싸요!

4 잘 듣고, 대화의 의미를 생각하며 따라 해 봅시다. 118

Nín yào mǎi shénme?
Wǒ yào mǎi yì tiáo kùzi.

듣기 대본 및 해석 4

A Nín yào mǎi shénme?
您要买什么?
무엇을 사시겠습니까?

B Wǒ yào mǎi yì tiáo kùzi.
我要买一条裤子。
바지 한 벌 사려고 해요.

듣기 Plus+

MP3를 다시 들으며 써 봅시다.

교과서 단어

- □ 要 yào ~하려고 하다
- □ 买 mǎi 사다
- □ 条 tiáo 개, 벌[양사]
- □ 裤子 kùzi 바지
- □ 喜欢 xǐhuan 좋아하다
- □ 黑 hēi 검다
- □ 还是 háishi 아니면
- □ 白 bái 하얗다
- □ 可以 kěyǐ ~해도 된다(허가를 나타냄)
- □ 试 shì 시험 삼아 해 보다
- □ 正好 zhènghǎo 딱 맞다

예문 단어

- 路 lù 길
- 裙子 qúnzi 치마
- 看 kàn 보다
- 听 tīng 듣다

장웨이가 상점에서 옷을 고르고 있습니다. 119 단어 120

점원 您❶要买什么？
Nín yào mǎi shénme?
무엇을 사시겠습니까?

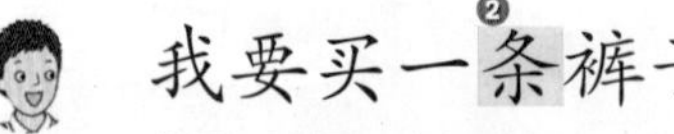

장웨이 我要买一❷条裤子。
Wǒ yào mǎi yì tiáo kùzi.
바지 한 벌 사려고 해요.

점원 您喜欢黑❸的还是白的？
Nín xǐhuan hēi de háishi bái de?
검은색 좋아하세요, 아니면 흰색 좋아하세요?

장웨이 我喜欢黑的。
Wǒ xǐhuan hēi de.
검은색 좋아해요.

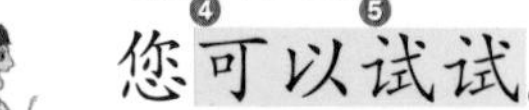

점원 您❹可以❺试试。
Nín kěyǐ shìshi.
한번 입어 보세요.

입은 후

장웨이 正好，我❻要❼这条。
Zhènghǎo, wǒ yào zhè tiáo.
딱 맞네요. 이걸로 할게요.

장웨이는 무슨 색의 옷을 샀습니까? ○ 검정색 ○ 흰색

Q 정답 ☑ 검정색

본문 해설

❶ 'yào 要'는 조동사로 '~하려고 하다'는 의미로 사용되었다.

❷ 'tiáo 条'는 '개, 벌'이라는 뜻으로 주로 가늘고 긴 것을 셀 때 쓰인다.
예시 yì tiáo lù 一条路 한 갈래의 길 sì tiáo qúnzi 四条裙子 치마 네 벌

❸ 'de 的'는 형용사, 동사 뒤에 붙어서 이를 명사로 만드는 역할을 한다.
예시 Nà shì mǎi de. 那是买的。저것은 구입한 것입니다.

❹ 'kěyǐ 可以'는 '할 수 있다(가능)', '~해도 된다(허가)'의 두 가지 의미로 많이 사용되는데, 본문에서는 허가의 의미로 사용되었다.

❺ 'shì 试'는 '시험 삼아 해 보다'라는 뜻으로 옷을 살 때에는 '입어 보다'의 의미로 사용된다. 동사의 중첩은 '좀 ~해 보다'는 가벼운 시도의 느낌을 표현하며, 단음절 동사를 중첩시킬 경우 두 번째 발음은 경성으로 가볍게 발음한다.
예시 kàn 看 → kànkan 看看 tīng 听 → tīngting 听听
보다 좀 보다 듣다 좀 들어 보다

❻ 'yào 要'는 동사로 '필요하다, 원하다'는 의미로 사용되었다.

❼ 'zhè tiáo 这条' 뒤에 'kùzi 裤子'가 생략되었다. 대화 속에서 서로 무엇을 말하는지가 분명할 때에는 양사 뒤의 명사를 생략할 수 있다.

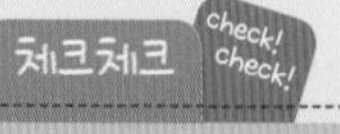

1. 장웨이는 어떤 종류의 옷을 샀습니까?
① 치마 ② 바지
③ 셔츠 ④ 양말

2. 본문에서 양사에 해당하는 단어에 밑줄을 그어 보세요.

정답 1. ② 2. tiáo(条)

교과서 117쪽

1 要(yào)

조동사 要 : ~하려고 하다

我要去机场。Wǒ yào qù jīchǎng.
나는 공항에 가려고 한다.

동사 要 : 필요하다, 원하다

我要一瓶水。Wǒ yào yì píng shuǐ.
나는 물 한 병이 필요하다.

2 양사

양사는 물건을 세는 단위로, '수사+양사+명사'의 순으로 쓰인다.

条(tiáo)	张(zhāng)	件(jiàn)	双(shuāng)	本(běn)
一条裙子 yì tiáo qúnzi 치마 한 벌	两张票 liǎng zhāng piào 표 두 장	三件衣服 sān jiàn yīfu 옷 세 벌	四双袜子 sì shuāng wàzi 양말 네 켤레	五本书 wǔ běn shū 책 다섯 권

3 还是(háishi)

'还是 háishi'는 'A 아니면 B'라는 뜻으로, 둘 중 하나를 선택해야 할 때 쓰인다.

A 喝咖啡还是喝茶? Hē kāfēi háishi hē chá? 커피 마실래, 아니면 차 마실래?
B 喝茶。Hē chá. 차 마실래.

Tip

양사
중국어는 사물을 세는 '양사'가 매우 다양하기 때문에 정확한 중국어 표현을 위해서는 사물에 따른 고유양사를 기억해야 한다.
'tiáo 条'는 주로 가늘고 긴 물건을 셀 때 쓰인다.
'zhāng 张'은 평면이나 평면이 있는 물체를 셀 때 쓰인다.
'jiàn 件'은 옷이나 일 등을 셀 때 쓰인다.
'shuāng 双'은 쌍을 이루어 사용하는 물건을 셀 때 쓰인다.
'běn 本'은 제본하여 책으로 만들어진 것을 셀 때 쓰인다.
*양사 앞에 오는 '2'는 'èr 二'이 아니라 'liǎng 两'을 써야 한다.

'háishi 还是'
두 가지 상황을 제시하고 둘 중에 하나를 선택하도록 하는 의문문을 만들 때 사용한다.
예시 **A** Nǐ qù háishi bú qù? 你去还是不去? 갈 거니, 안 갈 거니?
B Bú qù. 不去。안 갈래.

교과서 단어

- □ 机场 jīchǎng 공항
- □ 瓶 píng 병[양사]
- □ 水 shuǐ 물
- □ 裙子 qúnzi 치마
- □ 张 zhāng 장[양사]
- □ 票 piào 표
- □ 件 jiàn 벌[양사]
- □ 衣服 yīfu 옷
- □ 双 shuāng 쌍, 켤레[양사]
- □ 袜子 wàzi 양말
- □ 本 běn 권[양사]
- □ 书 shū 책
- □ 喝 hē 마시다
- □ 咖啡 kāfēi 커피
- □ 茶 chá 차

1 꼬마 문제

• 해석하기

Wǒ yào mǎi yí jiàn yīfu.
(　　　　).

2 꼬마 문제

• 빈칸 채우기

① 신발 한 켤레 → yì (　　) xié
② 책 두 권 → liǎng (　　) shū

3 꼬마 문제

• 알맞은 단어 쓰기

'A 아니면 B'라는 뜻으로 둘 중 하나를 선택하는 의문문을 만들 때 쓰인다.
→ (　　　　)

정답 부분 접고 문제 풀기!

정답

1. 옷 한 벌 사려고 해요.
2. ① shuāng ② běn
3. háishi 还是

교과서 단어

- 旗袍 qípáo 치파오
- 多少 duōshao 얼마
- 钱 qián 돈
- 百 bǎi 백, 100
- 块 kuài 콰이[화폐 단위]
- 太~了 tài~le 너무 ~하다
- 贵 guì 비싸다
- 便宜 piányi 싸다
- (一)点儿 (yì)diǎnr 약간
- 行 xíng 좋다
- 给 gěi (~에게) 주다
- 找 zhǎo 거슬러 주다

예문 단어

- 忙 máng 바쁘다
- 慢 màn 느리다
- 一起 yìqǐ 함께

문화 Plus⁺

'치파오(旗袍, qípáo)'는 청나라 때 만주족의 전통 복장이 베이징을 중심으로 한 중원 지역에 전해지면서 형성된 중국의 전통의상을 말하며 여성의 곡선미를 살린 디자인이 특징이다.

체크체크 check! check!

1. 김미나가 받은 거스름돈은 얼마인가요?
   ① 20위안 ② 30위안
   ③ 40위안 ④ 50위안
2. 본문에서 가격을 물어볼 때 쓰는 표현에 밑줄을 그어 보세요.

정답 1. ④
2. duōshao qián (多少钱)

김미나가 상점에서 치파오의 가격을 묻습니다. 121 단어 122

김미나
这件旗袍多少钱?
Zhè jiàn qípáo duōshao qián?
이 치파오 얼마예요?

점원
三百八十❶块钱。
Sānbǎi bāshí kuài qián.
380위안입니다.

김미나
❷太贵了! 便宜❸点儿❹吧!
Tài guì le! Piányi diǎnr ba!
너무 비싸요! 좀 깎아 주세요!

점원
❺行, ❻三百五。
Xíng, sānbǎi wǔ.
알겠습니다. 350위안으로 하지요.

김미나
❼给您四百块。
Gěi nín sìbǎi kuài.
400위안 드릴게요.

점원
找您五十块。
Zhǎo nín wǔshí kuài.
50위안 거슬러 드립니다.

김미나는 치파오를 얼마에 구입했습니까?
☐ 350위안 ☐ 400위안

✔ 350위안

본문 해설

❶ 'kuài qián 块钱'은 '위안'의 구어적 표현이다. 금액을 말할 때 숫자 뒤에 붙는 'kuài qián 块钱'이나 'kuài 块'는 생략할 수 있다.

❷ 'tài~le 太~了'는 '너무 ~하다'는 뜻으로 정도가 심함을 나타내는 표현이다.
예시 Tài hǎo le! 太好了! 너무 좋아요!
Tài máng le! 太忙了! 너무 바빠요!

❸ 'yìdiǎnr 一点儿'은 '약간, 조금'이라는 뜻으로 형용사 뒤에 오며, 보통 '一'는 생략하고 '형용사 + diǎnr 点儿'의 형태로 사용한다.
예시 Màn diǎnr. 慢点儿。 조금 천천히 하세요.

❹ 'ba 吧'는 '~하자'라는 뜻으로 권유의 의미를 나타낸다.
예시 Wǒmen yìqǐ qù ba! 我们一起去吧! 우리 같이 가자!

❺ 'xíng 行'은 '(해도) 좋다'라는 뜻으로 주로 단독으로 쓰이며 부정형은 'bù xíng 不行'이다.

❻ 'sānbǎi wǔ 三百五'는 350으로 일의 자리 숫자가 없어 'sānbǎi wǔshí 三百五十'에서 'shí 十'를 생략하고 말한 것이므로 305라고 해석하지 않도록 주의한다. 참고로 305는 'sānbǎi líng wǔ 三百零五'라고 읽는다.

❼ 'gěi 给'는 '(~에게) 주다'라는 뜻으로 'gěi 给 + 사람 + 사물'의 순서로 쓴다.
예시 Tā gěi wǒ yì běn shū. 他给我一本书。 그가 나에게 책 한 권을 주었다.

교과서 119쪽

1 多少钱? (Duōshao qián?)

'多少钱? Duōshao qián?'은 '얼마입니까?'라는 뜻으로, 낱개나 낱장 등 단일 품목으로 파는 물건의 가격을 물어볼 때 쓰는 표현이다. 무게를 달아서 파는 물건은 '怎么卖? Zěnme mài?'라는 표현을 쓰기도 한다.

A 猪肉怎么卖? Zhūròu zěnme mài? 돼지고기는 어떻게 파나요?
B 十块一斤。Shí kuài yì jīn. 한 근에 10위안입니다.

2 중국의 화폐 단위

'块 kuài'는 말할 때 쓰는 화폐 단위이고, 글로 쓸 때는 '元 yuán'을 쓴다.

		X10	X10
말할 때	块 kuài	毛 máo	分 fēn
글로 쓸 때	元 yuán	角 jiǎo	分 fēn

二十五块(钱)
èrshíwǔ kuài (qián)

七块九(毛)
qī kuài jiǔ (máo)

TIP 가격표는 元, ¥ 등으로 표기한다.

3 세 자리 숫자 읽기

	한국	중국	읽는 방법
100	백	一百 yìbǎi	'一 yī'를 붙여 읽는다.
101	백일	一百零一 yìbǎi líng yī	십의 자리 숫자가 0인 경우 '零 líng'으로 읽는다.
110	백십	一百一十 / 一百一 yìbǎi yìshí / yìbǎi yī	일의 자리 숫자가 없는 경우 '十 shí'는 생략하고 읽을 수 있다.
111	백십일	一百一十一 yìbǎi yìshí yī	십의 자리 숫자가 1인 경우 '一 yī'를 붙여서 읽는다.

Tip

중국의 화폐 단위
- 현재 일상생활에서 펀(分, fēn)은 거의 사용하지 않는다.
- 가격을 쓸 때에는 위안(元, yuán)을 기준으로 그 이하는 소수점을 찍어 표기한다. 소수점 위는 콰이(块, kuài), 소수점 첫째 자리는 마오(毛, máo), 소수점 둘째 자리는 펀(分, fēn)이라고 읽는다.
  예시 ¥5.89: wǔ kuài bā máo jiǔ fēn 五块八毛九分
- 끝자리 단위는 생략할 수 있다.
  예시 ¥5.70: wǔ kuài qī (máo) 五块七(毛)

교과서 단어

- □ 猪 zhū 돼지
- □ 肉 ròu 고기
- □ 卖 mài 팔다
- □ 斤 jīn 근[양사]
- □ 毛 máo 마오[화폐 단위]
- □ 分 fēn 펀[화폐 단위]
- □ 元 yuán 위안[화폐 단위]
- □ 角 jiǎo 자오[화폐 단위]

1 꼬마 문제
- 빈칸 채우기

Zhūròu (　　　　)?
(돼지고기는 어떻게 파나요?)

2 꼬마 문제
- 한어병음으로 쓰기

¥3.50
(　　　　)

3 꼬마 문제
- 공통 단어 넣기

120
yì(　　　　) èrshí
yì(　　　　) èr

정답 부분 접고 문제 풀기!

정답
1. zěnme mài
2. sān kuài wǔ (máo)
3. bǎi

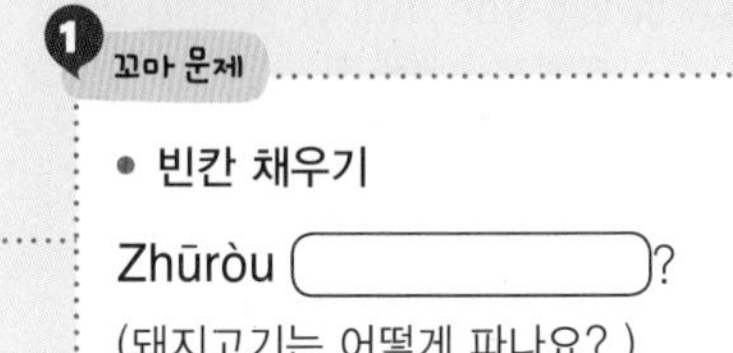

교과서 120쪽

교과서 단어

- □ 地图 dìtú 지도
- □ 鞋 xié 신발
- □ 顶 dǐng 개[양사]
- □ 帽子 màozi 모자
- □ 杂志 zázhì 잡지
- □ 支 zhī 자루[양사]
- □ 铅笔 qiānbǐ 연필
- □ 把 bǎ 자루[양사]
- □ 伞 sǎn 우산

예시 대화 및 해석

1 ❶ A Wǒ yào mǎi yì zhāng dìtú.
我要买一张地图。
지도 한 장 사려고 해요.
Zhè zhāng dìtú duōshao qián?
这张地图多少钱?
이 지도 얼마예요?
B Shísì kuài.
十四块。14위안입니다.

❷ A Wǒ yào mǎi yì shuāng xié.
我要买一双鞋。
신발 한 켤레 사려고 해요.
Zhè shuāng xié duōshao qián?
这双鞋多少钱? 이 신발 얼마예요?
B Sān bǎi líng wǔ kuài.
三百零五块。305위안입니다.

❸ A Wǒ yào mǎi yì dǐng màozi.
我要买一顶帽子。
모자 하나 사려고 해요.
Zhè dǐng màozi duōshao qián?
这顶帽子多少钱?
이 모자 얼마예요?
B Sìshí kuài.
四十块。40위안입니다.

❹ yì běn zázhì
一本杂志 잡지 한 권
Sānshíwǔ kuài liù máo
三十五块六毛 35.6위안

❺ yì zhī qiānbǐ
一支铅笔 연필 한 자루
sān kuài sì máo
三块四毛 3.4위안

❻ yì bǎ sǎn
一把伞 우산 한 자루
shíjiǔ kuài bā máo
十九块八毛 19.8위안

1 밑줄 친 부분을 바꾸어 묻고 답해 봅시다. 123 124 단어

보기

A Wǒ yào mǎi yì tiáo kùzi.
我要买一条裤子。바지 한 벌 사려고 해요.
Zhè tiáo kùzi duōshao qián?
这条裤子多少钱? 이 바지 얼마예요?
B Bāshíwǔ kuài.
八十五块。85위안입니다.

사고자 하는 물건을 말할 때는 다음과 같이 표현한다.

Wǒ 我 + yào 要 + mǎi 买 + 숫자 + 양사 + 물건

1 잘 듣고, 물건의 가격을 한자로 써 봅시다. 125

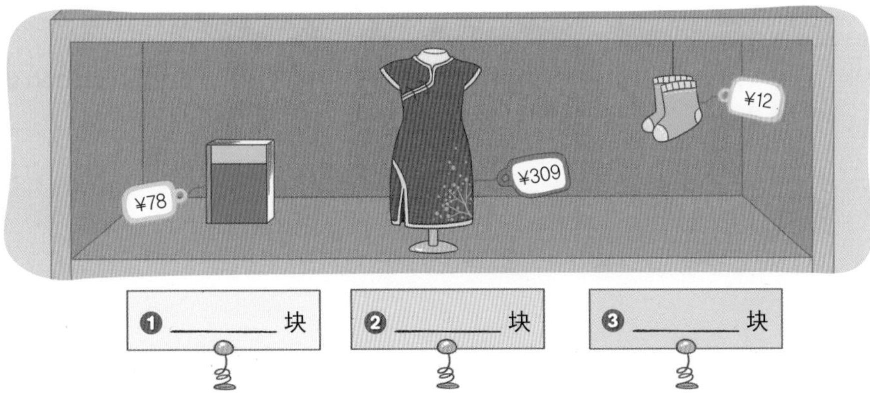

❶ ________ 块 ❷ ________ 块 ❸ ________ 块

2 문장에 해당하는 한어병음을 미로를 통과하며 찾은 후, 써 봅시다.

문장
太贵了！便宜点儿吧!
________________ !

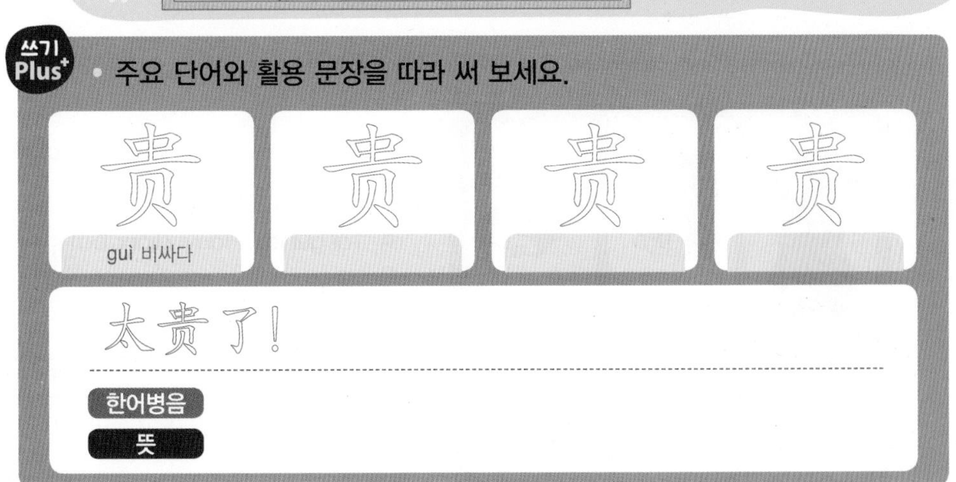

쓰기 Plus+
주요 단어와 활용 문장을 따라 써 보세요.
贵 贵 贵 贵
guì 비싸다
太贵了!
한어병음
뜻

듣기 대본 및 해석

1 ❶ **A** Zhè běn shū duōshao qián?
这本书多少钱?
이 책 얼마예요?

B Qīshíbā kuài.
七十八块。
78위안입니다.

❷ **A** Zhè jiàn qípáo duōshao qián?
这件旗袍多少钱?
이 치파오 얼마예요?

B Sānbǎi líng jiǔ kuài.
三百零九块。
309위안입니다.

❸ **A** Zhè shuāng wàzi duōshao qián?
这双袜子多少钱?
이 양말 얼마예요?

B Shí'èr kuài.
十二块。
12위안입니다.

예시 답안 및 해석

2
- mǎi 买 사다
- tài~le 太~了 너무 ~하다
- guì 贵 비싸다
- xié 鞋 신발
- de 的 ~의, ~인 것
- ba 吧 ~하자(청유, 제안의 어기조사)
- piányi 便宜 싸다
- diǎnr 点儿 약간

太贵了! 便宜点儿吧!
Tài guì le! Piányi diǎnr ba!
너무 비싸요! 좀 깎아 주세요!

교과서 **122**쪽

듣기 대본 및 해석

1 예시 sān běn shū 三本书 책 세 권
❶ sì tiáo kùzi 四条裤子 바지 네 벌
❷ liǎng jiàn qípáo 两件旗袍 치파오 두 벌

예시 답안 및 해석

2 ❶ 您喜欢黑的还是白的?
Nín xǐhuan hēi de háishi bái de?
검은색 좋아하세요, 아니면 흰색 좋아하세요?
❷ 找您十五块。
Zhǎo nín shíwǔ kuài.
15위안 거슬러 드릴게요.

3 보기
A Zhè jiàn qípáo duōshao qián?
这件旗袍多少钱?
이 치파오 얼마예요?
B Sānbǎi liùshí kuài. 三百六十块。
360위안입니다.
A Tài guì le! Piányi diǎnr ba!
太贵了!便宜点儿吧!
너무 비싸요! 좀 깎아 주세요!
B Xíng, sānbǎi kuài. 行, 三百块。
알겠습니다. 300위안으로 하지요.

- tiáo 条 개, 벌[양사]
  kùzi 裤子 바지
  èrbǎi qīshí kuài
  二百七十块 270위안
- běn 本 권[양사]
  shū 书 책
  yìbǎi qīshí kuài
  一百七十块 170위안
- shuāng 双 쌍, 켤레[양사]
  wàzi 袜子 양말
  shí kuài 十块 10위안

정답 1. ❶ sì tiáo kùzi
❷ liǎng jiàn qípáo
2. ❶ 您喜欢黑的还是白的?
❷ 找您十五块。
3. 예시
A: Zhè jiàn qípáo duōshao qián?
B: Sānbǎi liùshí kuài.
A: Tài guì le! Piányi diǎnr ba!
B: Xíng, sānbǎi kuài.

1 잘 듣고, 구입하려는 개수만큼 묶은 후 한어병음으로 써 봅시다. 126

예시 sān běn shū

❶ ______

❷ ______

2 단어 카드를 배열하여 문장을 완성하고, 읽어 봅시다.

❶ 黑 | 的 | 您 | 喜欢 | 还是

→ ______________ 白的?

❷ 十五 | 块 | 您

→ 找 ______________。

3 보기의 단어를 활용하여 가게주인과 손님이 되어 대화해 봅시다.

A Zhè ______ ______ duōshao qián?
B ______________ kuài.

A Tài guì le! Piányi diǎnr ba!
B Xíng, ________ kuài.

	구입하기로 한 물건	구입한 가격
친구		
나		

중국어랑 놀자

교과서 123쪽

가격 맞추기

준비물 물건 카드(부록 193쪽)

활동 방법

❶ 3~4명이 한 모둠이 되어 한 학생은 점원이 되고, 나머지 학생들은 손님이 된다.

❷ 점원이 '您要买什么? Nín yào mǎi shénme?'라고 물으면, 손님들은 함께 물건 하나를 정하여 '我要买 _______。 Wǒ yào mǎi _______.'라고 같이 대답한다.

❸ 점원과 손님들은 각자의 해당 카드 뒷면에 자신이 원하는 가격을 적는다.

❹ 손님들이 점원에게 '多少钱? Duōshao qián?'이라고 가격을 물으면 점원은 자신이 적은 가격을 말한다.

❺ 점원이 말한(적은) 가격과 가장 가까운 가격을 적은 손님이 해당 카드를 얻게 된다.

❻ 순서대로 점원이 되어 활동을 계속한 후, 물건 카드를 가장 많이 얻은 학생이 이긴다.

예시 대화

A Nín yào mǎi shénme? 您要买什么？
무엇을 사시겠습니까?

B Wǒ yào mǎi yì zhī qiānbǐ. 我要买一支铅笔。
연필 한 자루 사려고 해요.
Duōshao qián? 多少钱？
얼마예요?

A Wǔ kuài. 五块。
5위안입니다.

B Tài guì le! Piányi diǎnr ba! 太贵了，便宜点儿吧！
너무 비싸요! 좀 깎아 주세요!

A Xíng, sān kuài. 行，三块。
알겠습니다. 3위안으로 하지요.

가로 세로 퍼즐

• 단어에 해당하는 한어병음을 쓰고 가로세로 퍼즐을 완성해 봅시다. (성조 제외)

가로 열쇠

❶ 多少 _______

❷ 싸다 _______

❸ 钱 _______

❹ ~하려고 하다 _______

❺ 책 _______

세로 열쇠

① 找 _______

② 喜欢 _______

③ 치파오 _______

④ 비싸다 _______

⑤ 块 _______

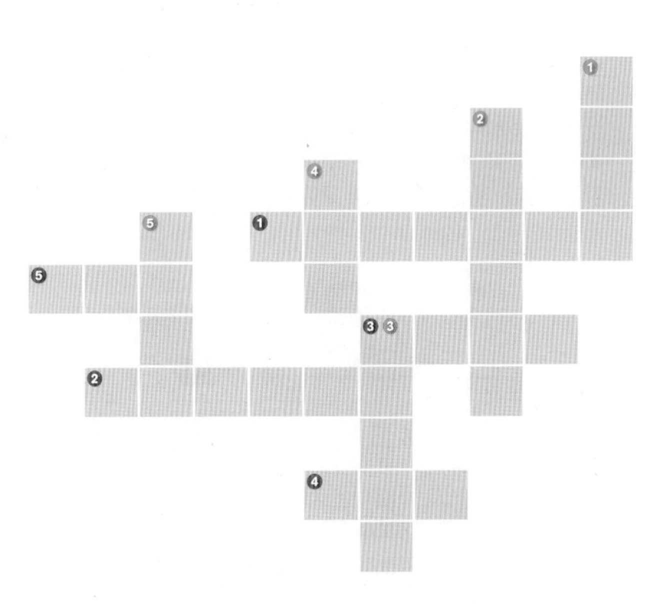

중국 화폐 속 명승지

중국 화폐 속에 숨어 있는 명승지를 따라 여행해 볼까요?

인민대회당(人民大会堂, Rénmín Dàhuìtáng)

중국의 수도 베이징(北京)의 천안문(天安门, Tiān'ān Mén) 광장 서쪽에 있으며 전국인민대표회의를 비롯한 주요 행사와 컨퍼런스 등이 열리는 장소입니다.

포탈라궁(布达拉宫, Bùdálā Gōng)

달라이 라마의 궁전으로 1994년 유네스코 세계문화유산으로 지정된 티베트 건축양식의 걸작입니다.

구이린(桂林, Guìlín)

'구이린(桂林)의 산수가 천하제일이다. (桂林山水甲天下, Guìlín shānshuǐ jiǎ tiānxià)'라는 말이 있을 정도로 아름다운 풍경을 자랑합니다. 계수나무가 많아 구이린(桂林)이라는 이름이 붙여졌습니다.

장강 삼협(长江三峡, Cháng Jiāng Sānxiá)

장강(长江)에 있는 아름다운 세 개의 협곡으로 삼협 양쪽 기슭에는 수면에서 1,000~1,500m 높이의 절벽과 산봉우리가 우뚝 솟아 있는데 이 사이를 가로지르는 유람선 여행이 인기가 있습니다.

태산(泰山, Tài Shān)

1,532m의 산으로 중국의 5악(五岳) 중에서도 으뜸으로 꼽히며 중국인이 가장 성스럽게 여기는 산입니다. 1987년 유네스코 세계문화유산이자 자연유산으로 지정되었습니다.

서호(西湖, Xī Hú)

서호는 항저우(杭州)에 있는 명소로 '하늘에 천당이 있다면, 지상에는 쑤저우(苏州), 항저우(杭州)가 있다.(上有天堂, 下有苏杭, Shàng yǒu tiāntáng, xià yǒu Sū-Háng).'라는 말이 있을 정도로 아름다운 풍경으로 유명합니다.

문화 Plus+

중국의 화폐는 런민비(人民币, Rénmínbì)라고 하며, 지폐의 경우 앞면에는 마오쩌둥(毛泽东, Máo Zédōng)의 초상화가, 뒷면에는 중국의 여러 명승지가 그려져 있다. 마오쩌둥은 중화인민공화국의 초대 주석이다.

문화 O X 퀴즈

1. 구이린(桂林)에는 계수나무가 많다. O | X
2. 포탈라궁(布达拉宫)은 달라이 라마의 궁전으로 태산(泰山)에 있다. O | X

정답 & 해설 1. O 구이린의 지명은 '계수나무가 숲을 이룰 만큼 많다'는 뜻이다.
2. X 포탈라궁은 시짱 자치구 라싸에 위치해 있다. 태산은 중국의 동쪽 연안 산둥성에 위치한 산이다.

과제 활동

중국의 화폐 100위안은 한국 돈으로 얼마인지 조사하고, 발표해 봅시다.

예시 답안 중국의 화폐 100위안은 한국 돈으로 16,800원 정도이다.
환율: 1위안 ≒ 168원 (2017년 11월 기준)

단원 평가 7과

01 밑줄 친 간화자의 발음으로 알맞은 것은?

중국의 화폐 단위

말할 때	块	毛	分
글로 쓸 때	元	角	分

① fēn　② máo　③ jiǎo
④ kuài　⑤ yuán

02 밑줄 친 부분의 성조가 나머지 넷과 다른 하나는?

① 什么　② 还是　③ 正好
④ 多少　⑤ 喜欢

[03~04] 다음 대화를 읽고 물음에 답하시오.

A 您㉠要买什么?
B 我要买一 ___㉡___ 裤子。

03 ㉠의 뜻으로 가장 알맞은 것은?

① 검다　② 걸리다　③ ~할 수 있다
④ ~해도 된다　⑤ ~하려고 하다

04 ㉡에 들어갈 말로 알맞은 것은?

① 支　② 条　③ 张
④ 双　⑤ 本

학습 도움

01 중국에서는 말할 때와 글로 쓸 때 화폐 단위 표현이 다르다.
말할 때:
块 kuài – 毛 máo – 分 fēn
글로 쓸 때:
元 yuán – 角 jiǎo – 分 fēn

02
① shénme 무엇, 무슨
② háishi 아니면
③ zhènghǎo 딱 맞다
④ duōshao 얼마
⑤ xǐhuan 좋아하다

03~04
A Nín yào mǎi shénme?
무엇을 사시겠습니까?
B Wǒ yào mǎi yì tiáo kùzi.
바지 한 벌 사려고 해요.

04
① zhī 자루[연필 등을 세는 양사]
② tiáo 벌[바지나 치마 등 가늘고 긴 것을 세는 양사]
③ zhāng 장[넓고 납작한 것을 세는 양사]
④ shuāng 쌍, 켤레
⑤ běn 권[책을 세는 양사]

05 빈칸에 들어갈 말이 순서대로 바르게 짝지어진 것은?

> 너무 비싸요! 좀 깎아 주세요!
> 太 _____ 了! _____ 点儿吧!

① 贵 – 便宜　② 便宜 – 贵　③ 贵 – 找
④ 找 – 行　⑤ 行 – 找

06 치파오의 가격으로 알맞은 것은?

> A　Zhè jiàn qípáo duōshao qián?
> B　Sānbǎi yī.

① 31위안　② 130위안　③ 131위안
④ 301위안　⑤ 310위안

07 다음 문장의 우리말 뜻으로 알맞은 것은?

> 找您五十块。

① 15위안 주세요.　② 15위안 거슬러 드릴게요.
③ 50위안 주세요.　④ 50위안에 드릴게요.
⑤ 50위안 거슬러 드릴게요.

08 다음 화폐 속 명승지에 대한 설명으로 옳은 것은?

① 장강(长江)에 있는 아름다운 세 개의 협곡이다.
② 서호(西湖, Xī Hú)로 항저우(杭州)에 있는 명소이다.
③ 달라이 라마의 궁전으로 티베트 건축양식의 걸작이다.
④ 베이징에 위치한 인민대회당(人民大会堂, Rénmín Dàhuìtáng)이다.
⑤ 이곳의 풍경과 관련하여 '구이린(桂林)의 산수가 천하제일이다'라는 말이 있다.

학습 도움

05 Tài guì le! Piányi diǎnr ba!
- 贵 guì 비싸다
- 便宜 piányi 싸다
- 找 zhǎo 거슬러 주다
- 行 xíng 좋다

06 A 这件旗袍多少钱?
B 三百一。
'sānbǎi yī'는 'sānbǎi yìshí'에서 마지막 단위인 'shí'가 생략된 형태이다.

07 Zhǎo nín wǔshí kuài.
'zhǎo 找'는 거스름돈을 '거슬러 주다'의 뜻이다.

08 ① 10위안, 장강 삼협
② 1위안, 서호
③ 50위안, 포탈라궁
④ 100위안, 인민대회당
⑤ 20위안, 구이린

喂! 王丽在吗? 127

Wèi! Wáng Lì zài ma?

여보세요! 왕리 있나요?

학습 목표 전화로 약속을 정하는 표현을 할 수 있다.

문화 Plus+

관광지 교통수단

중국에서는 수도인 베이징과 같이 유명한 관광지에 가면 삼륜차(三轮车, sānlúnchē)를 볼 수 있다. 삼륜차는 세 개의 바퀴가 달린 자전거라고 할 수 있는데, 과거 우리나라의 '인력거'와 모양이 비슷하다. 삼륜차를 운전하여 손님을 나르는 사람을 车夫(chēfū)라고 한다. 관광객들은 삼륜차를 타고 비교적 가까운 거리를 이동하거나, 관광지 주변을 둘러보기도 한다. 또한 중국에는 큰 호수나 강 등 물을 끼고 있는 관광지도 많이 있는데, 이곳에서는 크고 작은 유람선(游览船, yóulǎnchuán)이 있어 배를 이용해 관광지를 둘러볼 수 있다.

油炸 yóuzhá 기름에 튀기다

羊肉串 yángròuchuàn 양꼬치

羊肉串

酸奶

酸奶 suānnǎi 요구르트

福

路边摊 lùbiāntān 거리의 포장마차, 노점상

의사소통 표현

통신 – 전화 걸기

Wèi! Wáng Lì zài ma?
喂! 王丽在吗?
여보세요! 왕리 있나요?

연락처 – 전화번호 묻기

Wáng Lì de shǒujī hàomǎ shì duōshao?
王丽的手机号码是多少?
왕리의 휴대 전화 번호가 몇 번이에요?

약속 – 약속 정하기

Wǒ zài diànyǐngyuàn ménkǒu děng nǐ.
我在电影院门口等你。
영화관 앞에서 기다릴게.

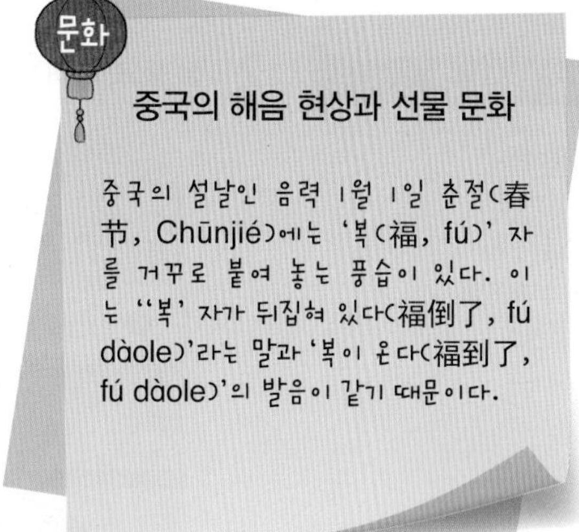

문화

중국의 해음 현상과 선물 문화

중국의 설날인 음력 1월 1일 춘절(春节, Chūnjié)에는 '복(福, fú)' 자를 거꾸로 붙여 놓는 풍습이 있다. 이는 "'복' 자가 뒤집혀 있다(福倒了, fú dàole)'라는 말과 '복이 온다(福到了, fú dàole)'의 발음이 같기 때문이다.

단어 미리보기

- □□□ 喂 wèi 여보세요
- □□□ 在 zài ~에 있다
- □□□ 出去 chūqù 나가다
- □□□ 哪儿 nǎr 어디
- □□□ 图书馆 túshūguǎn 도서관
- □□□ 手机 shǒujī 휴대 전화
- □□□ 号码 hàomǎ 번호

- □□□ 打 dǎ (전화를) 걸다
- □□□ 电话 diànhuà 전화
- □□□ 接 jiē (전화를) 받다
- □□□ 发 fā 보내다
- □□□ 短信 duǎnxìn 문자
- □□□ 超市 chāoshì 슈퍼마켓

- □□□ 周末 zhōumò 주말

- □□□ 空儿 kòngr 짬, 틈
- □□□ 事儿 shìr 일
- □□□ 电影 diànyǐng 영화
- □□□ 看 kàn 보다
- □□□ 啊 a 어기조사(긍정을 나타냄)
- □□□ 见面 jiànmiàn 만나다
- □□□ 在 zài ~에서
- □□□ 电影院 diànyǐngyuàn 영화관
- □□□ 门口 ménkǒu 입구
- □□□ 等 děng 기다리다
- □□□ 不见 bújiàn 만나지 않다
- □□□ 散 sàn 흩어지다

- □□□ 借 jiè 빌리다
- □□□ 操场 cāochǎng 운동장
- □□□ 跑步 pǎobù 달리다

- □□□ 网吧 wǎngbā PC방
- □□□ 公园 gōngyuán 공원

- □□□ 打错 dǎcuò 잘못 걸다
- □□□ 请 qǐng 청하다
- □□□ 稍 shāo 약간
- □□□ 医院 yīyuàn 병원
- □□□ 餐厅 cāntīng 식당
- □□□ 宿舍 sùshè 기숙사

교과서 128쪽

듣기 대본 및 해석 1

❶ zhōumò 周末 주말
❷ diànyǐng 电影 영화

1 잘 듣고, 해당하는 발음에 ✓를 표시해 봅시다. (128)

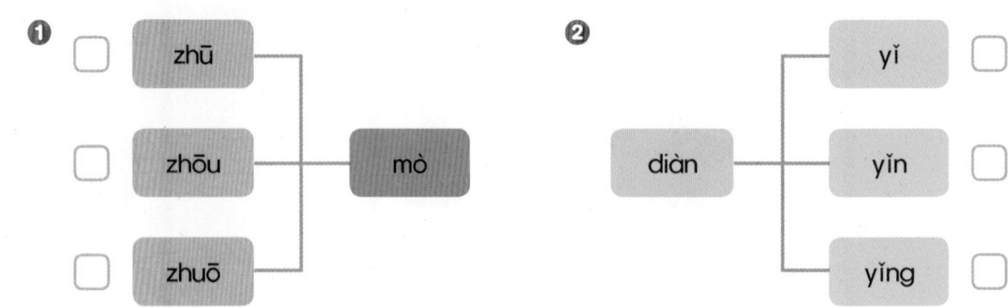

듣기 대본 및 해석 2

❶ duǎnxìn 短信 문자
❷ wèi 喂 여보세요
❸ diànhuà 电话 전화
❹ shǒujī 手机 휴대 전화
❺ hàomǎ 号码 번호

2 잘 듣고, 의미를 생각하며 따라 써 봅시다. (129)

듣기 Plus+

MP3를 다시 들으며 써 봅시다.

정답 1. ❶ zhōumò
❷ diànyǐng

3 잘 듣고, 문장의 의미를 생각해 봅시다. 130

❶

Wáng Lì de shǒujī hàomǎ shì duōshao?

❷

图书馆

Bújiàn bú sàn.

4 잘 듣고, 대화의 의미를 생각하며 따라 해 봅시다. 131

Wèi! Wáng Lì zài ma?
Tā bú zài.

듣기 Plus+

MP3를 다시 들으며 써 봅시다.

듣기 대본 및 해석 3

❶ Wáng Lì de shǒujī hàomǎ shì duōshao?
王丽的手机号码是多少？
왕리의 휴대 전화 번호가 몇 번이에요?

❷ Bújiàn bú sàn.
不见不散。
만날 때까지 기다려.

듣기 대본 및 해석 4

A Wèi! Wáng Lì zài ma?
喂! 王丽在吗？
여보세요! 왕리 있나요?

B Tā bú zài.
她不在。
없는데.

교과서 단어

- □ 喂 wèi 여보세요
- □ 在 zài ~에 있다
- □ 出去 chūqù 나가다
- □ 哪儿 nǎr 어디
- □ 图书馆 túshūguǎn 도서관
- □ 手机 shǒujī 휴대 전화
- □ 号码 hàomǎ 번호

예문 단어

- 昨天 zuótiān 어제
- 下午 xiàwǔ 오후
- 学校 xuéxiào 학교
- 男朋友 nán péngyou 남자 친구
- 银行 yínháng 은행
- 学生 xuésheng 학생

장웨이가 왕리네 집에 전화합니다. 132 단어 133

장웨이 喂! 王丽在❶吗?
Wèi! Wáng Lì zài ma?
여보세요! 왕리 있나요?

왕리 엄마 她不在，出去了❷。
Tā bú zài, chūqù le.
없는데, 밖에 나갔단다.

장웨이 她去哪儿了?
Tā qù nǎr le?
어디 갔나요?

왕리 엄마 她去❸图书馆了。
Tā qù túshūguǎn le.
도서관에 갔어.

장웨이 王丽的手机号码是多少❹?
Wáng Lì de shǒujī hàomǎ shì duōshao?
왕리의 휴대 전화 번호가 몇 번이에요?

왕리 엄마 ❺010-1234-5678。
Líng yāo líng - yāo èr sān sì - wǔ liù qī bā.
010-1234-5678이란다.

왕리는 어디에 있습니까? □ 집 □ 도서관

Q 정답 ☑ 도서관

본문 해설

❶ 'zài 在'는 '~에 있다'는 뜻으로 뒤에 장소가 온다. 본문에서는 장웨이가 왕리 집에 전화를 걸어 왕리 엄마에게 왕리가 집에 있는지 묻고 있는 상황이므로, 'zài 在' 뒤에 'jiā 家'가 생략된 것으로 봐야 한다. 'zài 在' 앞에 'bù 不'를 쓰면 부정형이 된다.
예시 Tā zuótiān xiàwǔ zài xuéxiào. 他昨天下午在学校。그는 어제 오후에 학교에 있었다.

❷ 'le 了'는 문장 끝에 쓰여 상황의 발생이나 상태의 변화를 확인하는 어기조사이다. 'chūqù le 出去了'는 그녀가 나가게 된 상황이 발생하여 지금은 여기에 없다는 것이고, 'Tā qù nǎr le? 她去哪儿了?'는 그래서 그녀가 다른 어떤 장소에 있게 된 것인지를 묻고 있다.
예시 Wǒ yǒu nán péngyou le! 我有男朋友了! 나 남자 친구가 생겼어!

❸ 'qù 去' 뒤에는 'túshūguǎn 图书馆'과 같이 장소를 나타내는 말이 온다.
예시 Tā qù xuéxiào le. 他去学校了。그는 학교에 갔다.
Bàba qù yínháng le. 爸爸去银行了。아빠는 은행에 갔다.

❹ 전화번호를 물을 때는 '얼마'를 뜻하는 'duōshao 多少'를 사용하며, 동사는 'shì 是'를 사용한다. 'duōshao 多少'는 보통 10 이상의 숫자를 물을 때 사용한다.
예시 Nǐmen xuéxiào yǒu duōshao xuésheng? 你们学校有多少学生?
너희 학교에는 학생이 얼마나 있어?

❺ 전화번호는 하나씩 끊어 읽고, 숫자 0은 'líng 零', 숫자 1은 'yāo'로 읽는다.

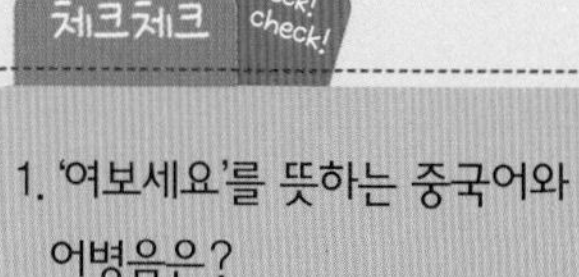

1. '여보세요'를 뜻하는 중국어와 한어병음은?
2. 빈칸에 들어갈 말은?
Wáng Lì de shǒujī hàomǎ shì (　　　)?

정답 1. 喂! Wèi! 2. duōshao

요점 쏙쏙 1

교과서 131쪽

1 전화 관련 표현

'喂 wèi'는 '여보세요'라는 뜻으로, 원래 성조는 제4성이지만 전화할 때는 제2성으로 발음한다. 이밖에 다양한 전화 관련 표현이 있다.

打电话 dǎ diànhuà
전화 걸다

接电话 jiē diànhuà
전화 받다

发短信 fā duǎnxìn
문자 보내다

2 哪儿(nǎr)

'哪儿 nǎr'은 '어디'라는 뜻의 의문사로, 장소를 물어볼 때 쓴다.

A 你去哪儿? Nǐ qù nǎr? 너 어디 가니?
B 我去超市。 Wǒ qù chāoshì. 나는 슈퍼마켓에 가.

3 전화번호 읽기

❶ 숫자를 하나하나 끊어서 읽는다.
❷ 숫자 1은 주로 '一 yāo'로 읽는다.

A 你的电话号码是多少? Nǐ de diànhuà hàomǎ shì duōshao?
네 전화번호는 몇 번이니?

B 123-4567。 Yāo èr sān - sì wǔ liù qī.
123-4567이야.

Tip

전화 관련 표현

- 挂电话 guà diànhuà 전화를 끊다
- 视频通话 shìpín tōnghuà 영상통화
- 智能手机 zhìnéng shǒujī 스마트폰

우리나라는 휴대 전화 앞자리가 '010'으로 통일이 되어 있는 반면, 중국은 '136, 137, 138, 152, 183, 187' 등 다양하고, 전체 자릿수는 11자리로 우리와 동일하다.

교과서 단어

- □ 打 dǎ (전화를) 걸다
- □ 电话 diànhuà 전화
- □ 接 jiē (전화를) 받다
- □ 发 fā 보내다
- □ 短信 duǎnxìn 문자
- □ 超市 chāoshì 슈퍼마켓

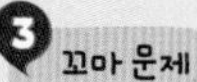

꼬마 문제

- 알맞은 뜻 고르기

jiē diànhuà 接电话
① 전화 걸다 ② 전화 받다

꼬마 문제

- 알맞은 말 고르기

她去(　　)了?
(그녀는 어디에 갔나요?)
① 哪儿 ② 那儿

꼬마 문제

- 한어병음으로 쓰기

전화번호 '1'의 한어병음
(　　)

정답 부분 접고 문제 풀기!

정답

1. ②
2. ①
3. yāo

교과서 단어

- □ 周末 zhōumò 주말
- □ 空儿 kòngr 짬, 틈
- □ 事儿 shìr 일
- □ 电影 diànyǐng 영화
- □ 看 kàn 보다
- □ 啊 a 어기조사(긍정을 나타냄)
- □ 见面 jiànmiàn 만나다
- □ 在 zài ~에서
- □ 电影院 diànyǐngyuàn 영화관
- □ 门口 ménkǒu 입구
- □ 等 děng 기다리다
- □ 不见 bújiàn 만나지 않다
- □ 散 sàn 흩어지다

예문 단어

- 圣诞节 Shèngdànjié 성탄절
- 时间 shíjiān 시간
- 床 chuáng 침대
- 纸 zhǐ 종이
- 东西 dōngxi 물건
- 早饭 zǎofàn 아침밥
- 车站 chēzhàn 버스 정류장

장웨이가 왕리에게 문자를 합니다.  

장웨이 王丽，周末你有❶空儿吗？
Wáng Lì, zhōumò nǐ yǒu kòngr ma?
왕리야, 주말에 시간 있니?

왕리 有，什么事儿？
Yǒu, shénme shìr?
있어, 무슨 일인데?

장웨이 我有两❷张电影票，一起去看吧。
Wǒ yǒu liǎng zhāng diànyǐngpiào, yìqǐ qù kàn ba.
영화표 두 장이 있는데 같이 보러 가자.

왕리 好啊，❸几点见面？
Hǎo a, jǐ diǎn jiànmiàn?
좋아, 몇 시에 만날까?

장웨이 下午❹两点，❺我在电影院门口等你。
Xiàwǔ liǎng diǎn, wǒ zài diànyǐngyuàn ménkǒu děng nǐ.
오후 2시, 영화관 앞에서 기다릴게.

왕리 不见不散。
Bújiàn bú sàn.
올 때까지 가지 마.

장웨이와 왕리는 어디에서 만나기로 했습니까? ☐ 영화관 입구 ☐ 학교 정문

정답 ☑ 영화관 입구
➡ 학교 정문은 '学校门口 xuéxiào ménkǒu'이다.

본문 해설

❶ 'kòngr 空儿'은 'kòng 空'이 'er 儿'화된 것으로, 한어병음 표기 시 'er'에서 'e'를 빼주고 'r'만 앞 글자에 붙여 한 음절로 써 주고 발음한다. 'kòngr 空儿'은 '시간'을 뜻하는 'shíjiān 时间'으로 바꿔 쓸 수도 있다.
예시 Shèngdàngjié nǐ yǒu shíjiān ma? 圣诞节你有时间吗? 성탄절에 너 시간 있니?

❷ 'zhāng 张'은 종이, 가죽, 침대 등 주로 납작하고 편평한 물건을 세는 양사이다.
예시 yì zhāng chuáng 一张床 침대 한 개 sān zhāng zhǐ 三张纸 종이 세 장

❸ 'jǐ diǎn 几点' 뒤에 동사가 나와, 행위를 몇 시에 하는지를 묻고 있다.
예시 Nǐ jǐ diǎn chī zǎofàn? 你几点吃早饭? 너 몇 시에 아침 먹어?

❹ 'liǎng 两'을 써서 2시를 표현한다.
예시 **A** Xiànzài jǐ diǎn? 现在几点? 지금 몇 시야?
B Liǎng diǎn èrshí fēn. 两点二十分。2시 20분이야.

❺ 'zài 在' 뒤에 장소와 동사가 이어서 나와 해당 장소에서 무슨 일을 하는지 표현하고 있다.
예시 Wǒ zài túshūguǎn ménkǒu děng nǐ. 我在图书馆门口等你。도서관 입구에서 너를 기다릴게.
Wǒmen zài chēzhàn jiànmiàn ba. 我们在车站见面吧。우리 버스 정류장에서 만나자.

체크체크 check! check!

1. 왕리는 주말에 시간이 있습니까?
①있다 ②없다
2. 두 사람은 몇 시에 만나기로 했습니까?

정답 1. ① 2. 오후 2시

교과서 133쪽

1 연동문

두 개 혹은 두 개 이상의 동사(구)가 술어로 구성된 문장으로, 발생 순서에 따라 배열한다.

주어 + 동작1 + 동작2

他去图书馆借书。 Tā qù túshūguǎn jiè shū. 그는 도서관에 가서 책을 빌린다.
我坐飞机去中国。 Wǒ zuò fēijī qù Zhōngguó. 나는 비행기를 타고 중국에 간다.

2 在(zài)

在 + 장소 명사 + 동사 : ~에서 ~하다

他在操场跑步。 Tā zài cāochǎng pǎobù.
그는 운동장에서 달리기를 한다.

在 + 장소 명사 : ~에 있다

我在网吧。 Wǒ zài wǎngbā.
나는 PC방에 있다.

3 不见不散 (bújiàn bú sàn)

'만날 때까지 기다리다'라는 뜻으로, 주로 만나기로 약속할 때 사용한다.

A 下午三点在公园门口见吧。
Xiàwǔ sān diǎn zài gōngyuán ménkǒu jiàn ba. 오후 3시에 공원 입구에서 만나자.
B 不见不散。 Bújiàn bú sàn. 만날 때까지 기다리자.

Tip

'zài 在' 뒤에 장소 명사만 오면 '~에 있다'는 동사로 쓰인 것이고, 장소 명사 뒤에 다른 동사가 오면 '~에서'라는 개사(介词)로 쓰인 것이다.
예시 Tā zài jiā. 她在家。 그녀는 집에 있다. (在 zài: ~에 있다)
Tā zài jiā xuéxí. 她在家学习。 그녀는 집에서 공부를 한다. (在 zài: ~에서)

교과서 단어

- □ 借 jiè 빌리다
- □ 操场 cāochǎng 운동장
- □ 跑步 pǎobù 달리다
- □ 网吧 wǎngbā PC방
- □ 公园 gōngyuán 공원

1 꼬마 문제

• 어순 배열하기
(飞机 / 中国 / 坐 / 去)
我(　　　　　　)。
(나는 비행기를 타고 중국에 간다.)

2 꼬마 문제

• 빈칸 채우기
Wǒ (　　　) cāochǎng pǎobù.
(나는 운동장에서 달리기를 한다.)

3 꼬마 문제

• 해석하기
不见不散。
Bújiàn bú sàn.
(　　　　　　).

정답 부분 접고 문제 풀기!

정답

1. 坐飞机去中国
2. zài
3. '만날 때까지 기다려' 또는 '올 때까지 가지 마'

교과서 134쪽

교과서 단어

- □ 打错 dǎcuò 잘못 걸다
- □ 请 qǐng 청하다
- □ 稍 shāo 약간
- □ 医院 yīyuàn 병원
- □ 餐厅 cāntīng 식당
- □ 宿舍 sùshè 기숙사

예시 대화 및 해석

1 ❶ **A** Wèi! Zhāng Wěi zài ma?
喂！张伟在吗？
여보세요! 장웨이 있나요?

B Wǒ jiù shì.
我就是。
저예요.

❷ **A** Wèi! Wáng lǎoshī zài ma?
喂！王老师在吗？
여보세요! 왕 선생님 계십니까?

B Nín dǎcuò le.
您打错了。
잘못 거셨어요.

❸ **A** Wèi! Měinà zài ma?
喂！美娜在吗？
여보세요! 미나 있나요?

B Qǐng shāo děng.
请稍等。
잠시만 기다려 보세요.

2 ❶ **A** Wǒ zài yīyuàn děng nǐ.
我在医院等你。
병원에서 기다릴게.

B Bújiàn bú sàn.
不见不散。
만날 때까지 기다리자.

❷ **A** Wǒ zài cāntīng děng nǐ.
我在餐厅等你。
식당에서 기다릴게.

B Bújiàn bú sàn.
不见不散。
만날 때까지 기다리자.

❸ **A** Wǒ zài sùshè děng nǐ.
我在宿舍等你。
기숙사에서 기다릴게.

B Bújiàn bú sàn.
不见不散。
만날 때까지 기다리자.

1 밑줄 친 부분을 바꾸어 전화 관련 표현을 묻고 답해 봅시다. 136 137 단어

보기

A Wèi! Wáng Lì zài ma?
喂！王丽在吗？ 여보세요! 왕리 있나요?

B Tā bú zài, chūqù le.
她不在，出去了。 없어요. 나갔어요.

❶ 
Zhāng Wěi / Wǒ jiù shì.

❷ 
Wáng lǎoshī / Nín dǎcuò le.

❸ 
Měinà / Qǐng shāo děng.

2 밑줄 친 부분을 바꾸어 상대방과 약속을 정해 봅시다. 138 139 단어

보기

A Wǒ zài diànyǐngyuàn ménkǒu děng nǐ.
我在电影院门口等你。 영화관 입구에서 기다릴게.

B Bújiàn bú sàn.
不见不散。 만날 때까지 기다리자.

❶ 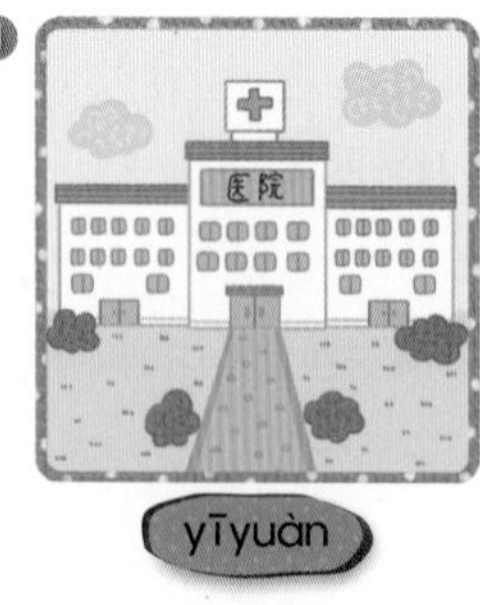

yīyuàn

❷ 

cāntīng

❸
sùshè

말하기 Plus+

휴대 전화 번호를 물을 때는 다음과 같이 표현한다.

묻고자 하는 대상	+	de 的	+	shǒujī hàomǎ 手机号码	+	shì 是	+	duōshao? 多少?

교과서 135쪽

1 잘 듣고, 그림에 알맞은 한자를 찾아 ○ 표 한 후, 써 봅시다. 140

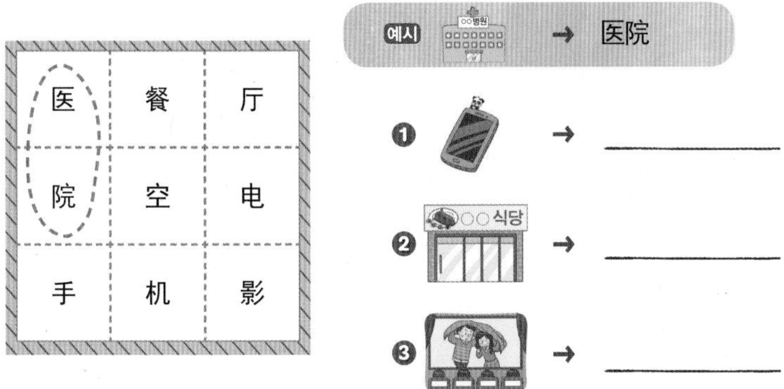

2 빈칸에 들어갈 단어를 보기에서 골라 대화를 완성해 봅시다.

보기 kàn jiù zài kòngr

Wèi! 거북이니?
Wǒ ______ shì. 무슨 일이야?
우리 재대결해야지. 내일 시간 있니?
Hǎo a. Jǐ diǎn jiànmiàn?
2시에 만나자! Wǒ ___ xuéxiào ménkǒu děng nǐ.
써 보기

쓰기 Plus⁺ • 주요 단어와 활용 문장을 따라 써 보세요.

等 等 等 等

děng 기다리다

我在学校门口等你。

한어병음

뜻

듣기 대본 및 해석

1 예시 医院 yīyuàn 병원

❶ 手机 shǒujī 휴대 전화
❷ 餐厅 cāntīng 식당
❸ 电影 diànyǐng 영화

예시 답안 및 해석

2 보기

- kàn 看 보다
- jiù 就 바로
- zài 在 ~에서
- kòngr 空儿 틈, 짬

Wèi! 喂! 여보세요!
Wǒ jiù shì. 我就是。 나야.
Hǎo a! 好啊! 좋아!
Jǐ diǎn jiànmiàn? 几点见面?
몇 시에 만나?
Wǒ zài xuéxiào ménkǒu děng nǐ.
我在学校门口等你。
내가 학교 입구에서 너를 기다릴게.

교과서 **136**쪽

듣기 대본 및 해석

1 ❶ **A** Tā qù nǎr le?
他去哪儿了?
그는 어디에 갔습니까?

B Tā qù túshūguǎn le.
他去图书馆了。
그는 도서관에 갔어요.

❷ **A** Wèi! Wáng Lì zài ma?
喂! 王丽在吗?
여보세요! 왕리 있나요?

B Tā bú zài, chūqù le.
他不在, 出去了。
없는데, 나갔어.

예시 답안 및 해석

2 你的手机号码是多少?
Nǐ de shǒujī hàomǎ shì duōshao?
너의 휴대 전화 번호는 몇 번이야?

3 보기
- zài 在 ~에서
- kòngr 空儿 짬, 틈
- jiàn 见 만나다
- shìr 事儿 일

A 周末你有空儿吗?
Zhōumò nǐ yǒu kòngr ma?
주말에 시간 있니?

B 有, 什么事儿?
Yǒu, shénme shìr?
있어, 무슨 일인데?

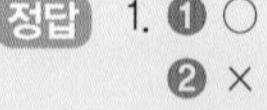
1. ❶ ○
❷ ×
2. 你 的 手机 号码 是 多少?
3. A: Zhōumò nǐ yǒu kòngr ma?
B: Yǒu, shénme shìr?

1 잘 듣고, 그림과 일치하면 ○표, 일치하지 않으면 ×표를 해 봅시다. 141

2 사라진 한자들을 순서대로 쓰고, 읽어 봅시다.

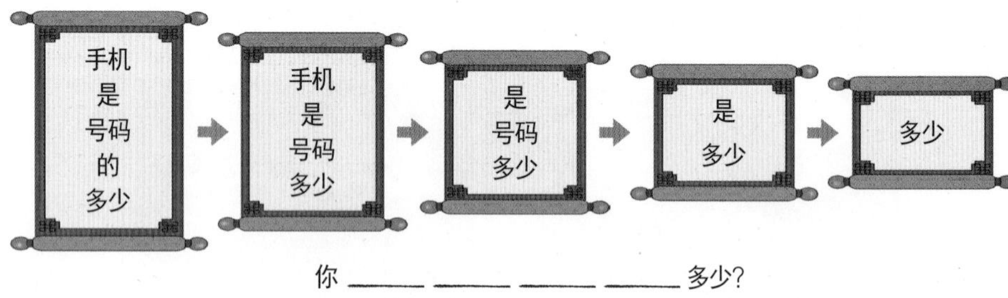

你 ______ ______ ______ ______ 多少?

3 보기의 단어를 활용하여 메시지를 완성하고, 읽어 봅시다.

교과서 137쪽

✤ 짝과 함께 각각 다른 색깔의 펜을 들고 보기의 단어를 찾아봅시다.

보기 hàomǎ ✓ wèi shǒujī jiànmiàn túshūguǎn diànyǐngyuàn

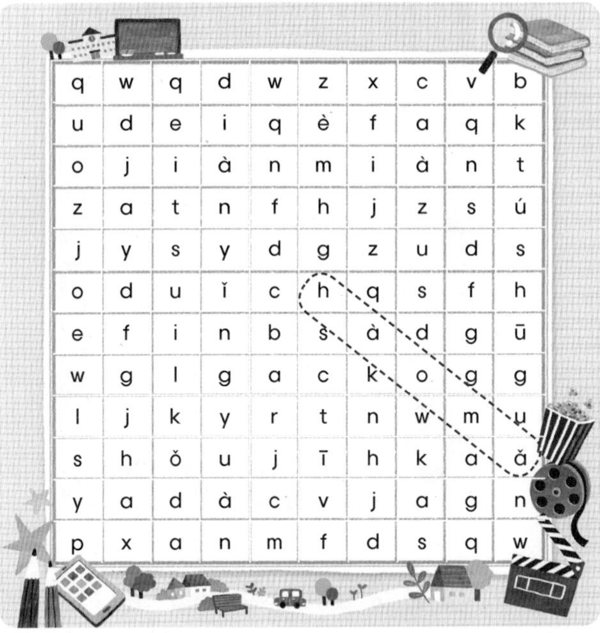

q	w	q	d	w	z	x	c	v	b
u	d	e	i	q	è	f	a	q	k
o	j	i	à	n	m	i	à	n	t
z	a	t	n	f	h	j	z	s	ú
j	y	s	y	d	g	z	u	d	s
o	d	u	ǐ	c	h	q	s	f	h
e	f	i	n	b	s	à	d	g	ū
w	g	l	g	a	c	k	o	g	g
l	j	k	y	r	t	n	w	m	u
s	h	ǒ	u	j	ī	h	k	a	ǎ
y	a	d	à	c	v	j	a	g	n
p	x	a	n	m	f	d	s	q	w

Tip

- hàomǎ 号码 번호
- wèi 喂 여보세요
- shǒujī 手机 휴대 전화
- jiànmiàn 见面 만나다
- túshūguǎn 图书馆 도서관
- diànyǐngyuàn 电影院 영화관

가로 세로 퍼즐

• 단어에 해당하는 한어병음을 쓰고 가로세로 퍼즐을 완성해 봅시다. (성조 제외)

가로 열쇠

❶ 공원 ________

❷ 散 ________

❸ 跑步 ________

❹ 입구 ________

❺ 문자 ________

❻ 餐厅 ________

세로 열쇠

① 운동장 ________

② 看 ________

③ 슈퍼마켓 ________

④ 不见 ________

⑤ 打错 ________

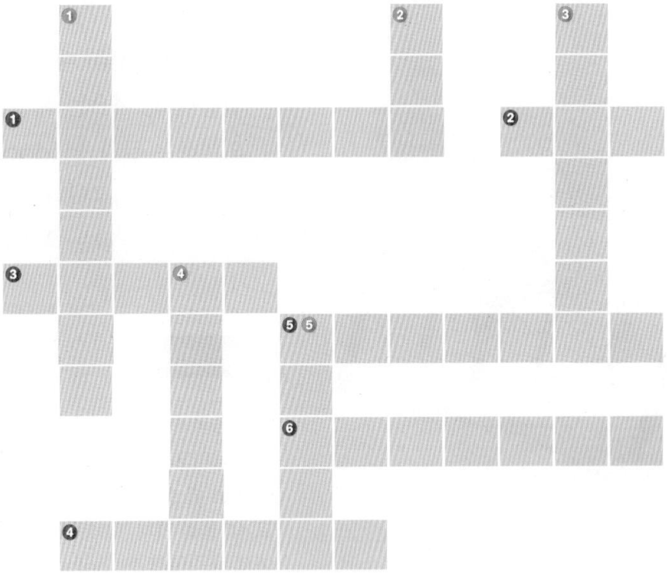

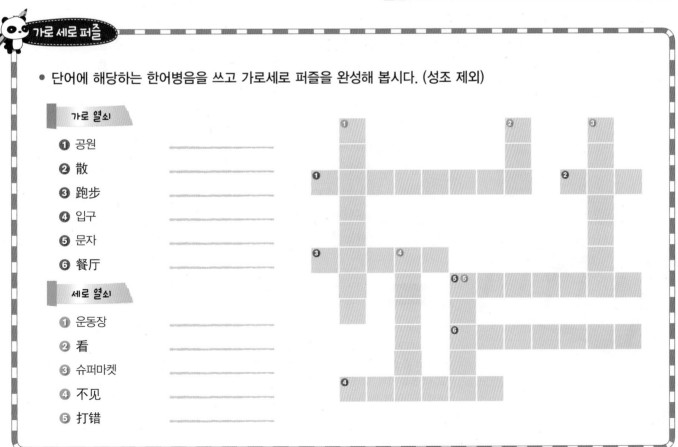

문화 wénhuà

중국의 해음(谐音) 현상과 선물 문화

520
(我爱你! Wǒ ài nǐ! 난 널 사랑해!)
88
(拜拜! Báibái! bye bye!)

한자에서 음이 같거나 비슷하여 새로운 의미가 파생되는 현상을 해음(谐音, xiéyīn)이라고 합니다.

현존하는 한자는 약 6~7만여 자 정도이지만, 일반적으로 상용되는 한자는 대략 8,000~10,000자 정도입니다. 따라서 일상생활에서 중국인이 사용하는 글자는 뜻은 다르지만 같은 발음이나 유사한 발음을 가진 글자가 많을 수밖에 없으며, 그래서 해음자(谐音字)가 많다고 할 수 있습니다.

명절 풍습에서도 해음(谐音)을 찾아볼 수 있습니다.

물고기(鱼, yú)는 '해마다 풍요롭다' 라는 뜻의 年年有余(niánnián yǒuyú)의 余(yú)와 발음이 같아 새해 명절 요리에 빠지지 않습니다.

春节(Chūnjié) 때 중국인들은 집안에 '福' 자를 거꾸로 붙이는 풍습이 있습니다. 이유는 해음(谐音, xiéyīn) 현상 때문입니다. '뒤집히다'를 의미하는 글자 倒(dào)와 '도달하다'를 의미하는 글자 到(dào)의 발음이 같기 때문입니다. 따라서 '거꾸로 붙인 福' 자는 '복이 이른다, 복이 내려왔다'라는 의미와 통합니다.

문화 Plus+

최근 중국에서는 휴대 전화로 문자를 주고받을 때, 빠르고 간편하게 내용을 전달하고자 숫자를 이용한 해음이 자주 등장하고 있다. '일평생'을 뜻하는 'yìshēngyíshì 一生一世'와 발음이 비슷한 '1314 yī sān yī sì', '널 사랑해!'라는 뜻의 'Wǒ ài nǐ! 我爱你!'와 발음이 비슷한 '520 wǔ èr líng'이 있고, 이 둘을 합쳐 '1314520'이라고 하면, '일평생 널 사랑해'라는 의미를 전달한다. 또 영어 'bye bye'에서 차음(借音)한 'báibái 拜拜'와 발음이 비슷한 '88 bābā'를 쓰면 헤어질 때 인사말이 된다.

중국인에게 선물을 줄 때도 해음(谐音)과 관련하여 주의해야 합니다.

시계 (钟, zhōng)

'죽음, 종말'을 나타내는 终(zhōng)과 발음이 같아 선물하면 큰 실례가 됩니다.

우산 (伞, sǎn)

'헤어짐'을 나타내는 散(sàn)과 발음이 비슷하여 선물하지 않습니다.

배 (梨, lí)

'이별, 헤어짐'의 뜻을 가진 离(lí)와 발음이 같아 선물하지 않으며, 연인들은 이런 이유로 배를 반으로 나누어 먹기를 꺼립니다.

거북이 (龟, guī)

'귀신'을 나타내는 鬼(guǐ)와 발음이 비슷하여 선물하기 꺼립니다.

1. 중국에서 물고기(鱼, yú)는 '풍요'를 상징한다. O | X
2. 신혼부부의 집들이 선물로 벽시계를 선물하면 좋다. O | X

정답 & 해설
1. O 물고기 'yú 鱼'의 발음이 '여유 있다, 풍요롭다'는 뜻을 지닌 'yú 余'와 발음이 같기 때문이다.
2. X 중국어로 '(괘종)시계를 선물하다'는 'sòng zhōng 送钟'으로 '임종을 지키다'란 뜻의 'sòngzhōng 送终'과 발음이 같기 때문에 (괘종)시계를 선물하지 않는다. 집들이뿐만 아니라 어르신께 선물하는 것도 큰 실례가 된다.

과제 활동

중국의 해음(谐音) 현상에 대해 조사하고, 발표해 봅시다.

예시 답안

한자에서 음이 같거나 비슷하여 새로운 의미가 파생되는 현상을 해음(谐音, xiéyīn)이라고 한다.
해음 현상으로 인해 특정 사물을 선물하는 것을 기피하는 경우가 있는데, (괘종)시계, 우산, 배 등이 이에 해당한다. 중국어로 '(괘종)시계를 선물하다'는 'sòng zhōng 送钟'으로 '임종을 지키다'의 'sòngzhōng 送终'과 발음이 같기 때문에 시계, 특히 괘종시계를 선물하지 않는다. 먹는 배(梨, lí)는 '헤어지다'의 'lí 离'와 발음이 같아 선물하지 않는다. 또 우산(伞, sǎn)도 '헤어짐'을 뜻하는 'sàn 散'과 발음이 비슷하여 선물하지 않는다.
반대로 해음으로 인해 사람들이 특정 사물을 더욱 선호하게 되는 현상도 일어난다. 물고기(鱼, yú)는 '해마다 풍요롭다'는 뜻의 'niánnián yǒuyú 年年有余'의 'yú 余'와 발음이 같아 새해 명절 요리로 빠지지 않는다.
이 외에도 중국의 설날인 춘절(春节, Chūnjié)에는 '복(福, fú)' 자를 거꾸로 붙여 놓는 풍습이 있는데, 이는 "복" 자가 뒤집혀 있다(福倒了, fú dàole)'라는 말과 '복이 온다(福到了, fú dàole)'가 발음이 같아 생겨난 풍습이다.

단원 평가 8과

학습 도움

01 빈칸에 들어갈 말로 알맞은 것은?

A 喂! 王丽在吗?
B 她不在, ________。

① 等你　② 我就是　③ 请稍等
④ 出去了　⑤ 您打错了

02 단어와 발음의 연결이 알맞은 것은?

① 手机 – sǒujī　② 号码 – hàoma　③ 电话 – diànhà
④ 超市 – chāoshì　⑤ 事儿 – shìer

03 빈칸에 들어갈 말로 알맞은 것은?

____ 短信
문자를 보내다

① 打　② 接　③ 发　④ 是　⑤ 看

04 밑줄 친 부분을 어순에 맞게 배열한 것은?

三点 / 门口 / 下午 / 在 / 公园 / 见 吧。

① 三点下午门口在公园见
② 公园门口在下午三点见
③ 下午三点公园门口在见
④ 下午三点见在公园门口
⑤ 下午三点在公园门口见

01
A Wèi! Wáng Lì zài ma?
여보세요! 왕리 있나요?
B Tā bú zài, chūqù le.
없어요. 밖에 나갔어요.
① děng nǐ 기다릴게요
② wǒ jiù shì 저예요
③ qǐng shāo děng 조금만 기다리세요
④ chūqù le 밖에 나갔어요
⑤ nín dǎcuò le 잘못 거셨어요

02
① shǒujī 휴대 전화
② hàomǎ 번호
③ diànhuà 전화
④ chāoshì 슈퍼마켓
⑤ shìr 일

03
fā duǎnxìn
① dǎ (전화를) 걸다
② jiē (전화를) 받다
③ fā 보내다
④ shì ~이다
⑤ kàn 보다

04
Xiàwǔ sān diǎn zài gōngyuán ménkǒu jiàn ba.
오후 3시 공원 입구에서 만나자.
시간과 장소가 같이 오면 '시간 + zài 在 + 장소 + 동사'의 어순으로 쓰인다.

05 다음 대화에서 B가 가려고 하는 곳은?

A Nǐ qù nǎr?
B Wǒ qù yīyuàn.

① 공원 ② 병원 ③ 학교 ④ 도서관 ⑤ 슈퍼마켓

06 다음 카드를 조합하여 만들 수 있는 단어로 알맞은 것은?

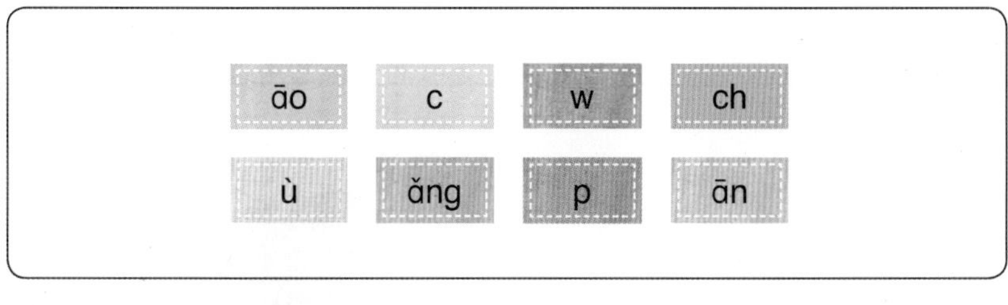

① 餐厅 ② 操场 ③ 网吧 ④ 跑步 ⑤ 宿舍

[07~08] 다음 대화를 읽고 물음에 답하시오.

A Zhōumò nǐ yǒu kòngr ma?
B Yǒu, shénme shìr?
A Wǒ yǒu liǎng zhāng <u>diànyǐng</u>piào, yìqǐ qù kàn ba.

07 밑줄 친 한어병음에 해당하는 간화자로 알맞은 것은?

① 什么 ② 周末 ③ 电影 ④ 两张 ⑤ 一起

08 대화의 내용과 일치하는 것은?

① A는 주말에 시간이 없다.
② A는 영화표가 한 장밖에 없다.
③ A와 B는 함께 영화를 보러 가기로 했다.
④ A가 B에게 영화를 보러 가자고 제안했다.
⑤ B는 영화보다는 운동을 함께 하고 싶어 한다.

학습 도움

05
A 你去哪儿?
너는 어디에 가니?
B 我去医院。
나는 병원에 가.

06
① cāntīng 식당
② cāochǎng 운동장
③ wǎngbā PC방
④ pǎobù 달리다
⑤ sùshè 기숙사

07~08
A 周末你有空儿吗?
주말에 시간 있어?
B 有, 什么事儿?
있어, 무슨 일이야?
A 我有两张电影票, 一起去看吧。
영화표 두 장이 있는데, 같이 보러 가자.

07
① shénme 무엇
② zhōumò 주말
③ diànyǐng 영화
④ liǎng zhāng 두 장
⑤ yìqǐ 함께

08
A는 영화표 두 장이 있어 B에게 영화를 보러 가자고 제안했고, A와 B가 함께 영화를 보러 가기로 했는지는 위의 대화를 통해서 알 수 없다.

你有什么爱好?

Nǐ yǒu shénme àihào?

너는 취미가 뭐니?

학습 목표 취미와 부탁, 만족과 관련된 표현을 할 수 있다.

문화 Plus⁺

중국의 공원

중국의 공원은 산책뿐만 아니라 다양한 여가 생활을 즐기는 공간으로 활용되고 있다. 공원에 가면 이른 아침부터 무리지어 태극권(太极拳)을 수련하거나 에어로빅이나 사교춤 등의 군무를 추는 사람들을 흔히 볼 수 있다. 또한 땅에 물로 붓글씨를 쓰거나 연날리기와 제기차기를 하는 모습, 전통 악기를 연주하는 모습도 접할 수 있다. 중국인은 새를 좋아하여 새장을 들고 산책하는 사람도 종종 보인다.

风筝 fēngzheng 연날리기

京剧 jīngjù 경극

空竹 kōngzhú 공죽

二胡 èrhú 얼후

毽子 jiànzi 제기

太极拳 tàijíquán 태극권

地书 dìshū 바닥 서예

의사소통 표현

취미 – 취미 묻기

Nǐ yǒu shénme àihào?
你有什么爱好? 너는 취미가 뭐니?

부탁 – 부탁하기

Nà nǐ jiāojiao wǒ, xíng ma?
那你教教我, 行吗? 그럼 나 좀 가르쳐 줘. 괜찮아?

만족감 – 만족감 표현하기

Tài hǎo le.
太好了。정말 잘 됐다.

문화

중국 베이징 오페라 '경극'

백사전(白蛇传, Báishéchuán)

중국 4대 민간전설 중 하나로 1천 년 수련을 한 흰 뱀이 인간과 사랑에 빠져 결혼에 성공하였으나 한 스님이 흰 뱀의 정체를 밝혀 남자는 놀라서 죽고 흰 뱀은 봉탑에 갇힌다는 슬픈 사랑 이야기다. 경극에서는 결국엔 사랑이 이루어진다는 해피엔딩으로 각색되기도 한다.

단어 미리보기

- □□□ 爱好 àihào 취미
- □□□ 菜 cài 요리
- □□□ 会 huì ~할 줄 안다
- □□□ 当然 dāngrán 당연하다
- □□□ 将来 jiānglái 장래, 미래
- □□□ 想 xiǎng ~하고 싶다
- □□□ 当 dāng ~이 되다
- □□□ 厨师 chúshī 요리사
- □□□ 那 nà 그러면
- □□□ 教 jiāo 가르치다
- □□□ 问题 wèntí 문제

- □□□ 包 bāo 싸다, 빚다
- □□□ 饺子 jiǎozi 만두
- □□□ 游泳 yóuyǒng 수영하다
- □□□ 跳舞 tiàowǔ 춤을 추다

- □□□ 唱 chàng 부르다
- □□□ 歌 gē 노래
- □□□ 听 tīng 듣다
- □□□ 尝 cháng 맛보다

- □□□ 运动 yùndòng 운동
- □□□ 踢 tī 차다
- □□□ 足球 zúqiú 축구
- □□□ 打 dǎ (운동을) 하다
- □□□ 棒球 bàngqiú 야구
- □□□ 学 xué 배우다
- □□□ 加入 jiārù 가입하다
- □□□ 队 duì 팀

- □□□ 篮球 lánqiú 농구
- □□□ 乒乓球 pīngpāngqiú 탁구

- □□□ 羽毛球 yǔmáoqiú 배드민턴
- □□□ 旅行 lǚxíng 여행(하다)
- □□□ 画 huà (그림을) 그리다
- □□□ 画儿 huàr 그림
- □□□ 音乐 yīnyuè 음악
- □□□ 弹 tán (악기를) 연주하다
- □□□ 钢琴 gāngqín 피아노

- □□□ 拍照 pāizhào 사진을 찍다
- □□□ 太极拳 tàijíquán 태극권
- □□□ 爬 pá 오르다
- □□□ 山 shān 산
- □□□ 翻译 fānyì 번역(가)
- □□□ 大夫 dàifu 의사
- □□□ 歌手 gēshǒu 가수

교과서 142쪽

듣기 대본 및 해석 1

❶ yùndòng 运动 운동
❷ xǐhuan 喜欢 좋아하다

1 잘 듣고, 해당하는 발음에 ✓를 표시해 봅시다. 143

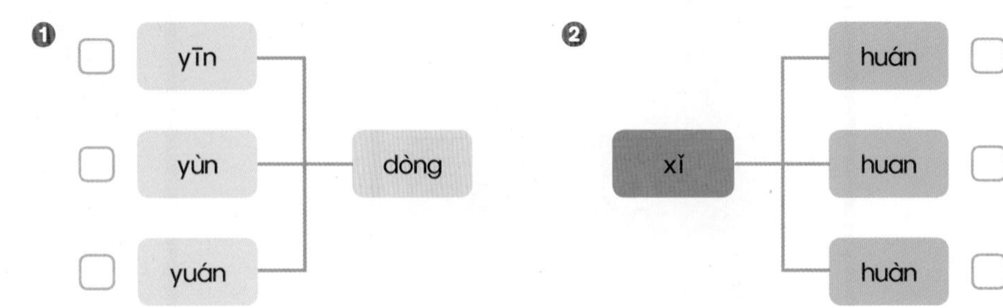

듣기 대본 및 해석 2

❶ kàn jīngjù
看京剧
경극을 보다
❷ chànggē
唱歌
노래를 부르다
❸ huà huàr
画画儿
그림을 그리다
❹ pāizhào
拍照
사진을 찍다
❺ dǎ tàijíquán
打太极拳
태극권을 하다

2 잘 듣고, 의미를 생각하며 따라 써 봅시다. 144

듣기 Plus+

MP3를 다시 들으며 써 봅시다.

1. ❶ yùndòng
❷ xǐhuan

3 잘 듣고, 문장의 의미를 생각해 봅시다. 145

❶

Wǒ jiānglái xiǎng dāng chúshī.

❷

Nǐ xǐhuan shénme yùndòng?

4 잘 듣고, 대화의 의미를 생각하며 따라 해 봅시다. 146

Nǐ yǒu shénme àihào?
Wǒ xǐhuan zuò cài.

듣기 Plus+

MP3를 다시 들으며 써 봅시다.

듣기 대본 및 해석 3

❶ Wǒ jiānglái xiǎng dāng chúshī.
我将来想当厨师。
나는 장래에 요리사가 되고 싶어.

❷ Nǐ xǐhuan shénme yùndòng?
你喜欢什么运动?
너는 무슨 운동을 좋아하니?

듣기 대본 및 해석 4

A Nǐ yǒu shénme àihào?
你有什么爱好?
너는 취미가 뭐니?

B Wǒ xǐhuan zuò cài.
我喜欢做菜。
나는 요리하는 것을 좋아해.

교과서 단어

- □ 爱好 àihào 취미
- □ 菜 cài 요리
- □ 会 huì ~할 줄 안다
- □ 当然 dāngrán 당연하다
- □ 将来 jiānglái 장래, 미래
- □ 想 xiǎng ~하고 싶다
- □ 当 dāng ~이 되다
- □ 厨师 chúshī 요리사
- □ 那 nà 그러면
- □ 教 jiāo 가르치다
- □ 问题 wèntí 문제

예문 단어

- 客 kè 손님
- 欢迎 huānyíng 환영하다
- 老师 lǎoshī 선생님

장웨이와 김미나가 취미에 관해 이야기를 합니다. 147  

김미나 你有什么爱好❶?
Nǐ yǒu shénme àihào?
너는 취미가 뭐니?

장웨이 我喜欢❷做菜。
Wǒ xǐhuan zuò cài.
나는 요리하는 것을 좋아해.

김미나 你会做中国菜吗?
Nǐ huì zuò Zhōngguócài ma?
너 중국 요리 할 줄 알아?

장웨이 当然，我将来想❸当❹厨师。
Dāngrán, wǒ jiānglái xiǎng dāng chúshī.
물론이지, 나는 장래에 요리사가 되고 싶어.

김미나 那你教教我，行吗?
Nà nǐ jiāojiao wǒ, xíng ma?
그럼 나 좀 가르쳐 줘, 괜찮아?

장웨이 行，没问题。
Xíng, méi wèntí.
좋아, 문제없어.

Q 장웨이의 장래 희망이 무엇입니까? ☐ 요리사 ☐ 의사

  요리사

체크체크 check! check!

1. 장웨이의 취미는 무엇인가요?
   ① 가르치기 ② 요리하기
   ③ 문제내기 ④ 중국음식 먹기
2. 본문에서 '취미'를 나타내는 단어에 밑줄 그어 보세요.

정답 1. ② 2. àihào (爱好)

본문 해설

❶ '好'가 '안녕하다, 좋다'의 의미로 쓰일 때는 'hǎo'로, '좋아하다'라는 의미로 쓰이면 'hào'로 발음한다.
예시 Hěn hǎo! 很好! 아주 좋아요!
hào kè 好客 손님 접대를 좋아하다

❷ 'huān 欢'의 원래 성조는 제1성이나 'xǐhuan 喜欢'에서는 경성으로 발음한다.
예시 huānyíng 欢迎 환영하다

❸ 'xiǎng 想'은 '~하고 싶다'라는 뜻 외에도, '생각하다, 그리워하다'라는 뜻의 동사로도 쓰인다.
예시 Nǐ xiǎng yi xiǎng ba. 你想一想吧。생각해 보세요.
Wǒ xiǎng nǐ. 我想你。네가 그리워.

❹ 'dāng 当'은 '~이 되다'라는 뜻으로, 일반적으로 직업이나 어떤 역할을 담당하였을 때 쓴다.
예시 Wǒ xiǎng dāng lǎoshī. 我想当老师。나는 선생님이 되고 싶어.

1 会 (huì)

'会 huì'는 '~할 줄 안다'라는 뜻으로, 동사 앞에 쓰여 능력을 나타낸다.

긍정 会 + 동사

他会包饺子。 그는 만두를 빚을 줄 안다.
Tā huì bāo jiǎozi.

부정 不会 + 동사

她不会游泳。 그녀는 수영할 줄 모른다.
Tā bú huì yóuyǒng.

2 想(xiǎng)

'想 xiǎng'은 '~하고 싶다'라는 뜻으로, 동사 앞에 쓰여 소망과 바람을 나타낸다.

긍정 想 + 동사

我想跳舞。 나는 춤을 추고 싶다.
Wǒ xiǎng tiàowǔ.

부정 不想 + 동사

他不想唱歌。 그는 노래하고 싶지 않다.
Tā bù xiǎng chànggē.

3 동사의 중첩

'教教 jiāojiao'는 '좀 가르쳐 주다'의 뜻으로, 동사를 중첩하면 '좀 ~하다, 시험 삼아 ~해보다'의 뜻을 나타낸다. 이때, 두 번째 동사는 경성으로 읽는다.

听听。 Tīngting. 좀 들어봐.
尝尝。 Chángchang. 맛 좀 봐!

Tip

'bù 不'의 성조 변화

'bù 不'는 단독으로 쓸 때는 제4성으로 읽지만, 'huì 会'와 같은 제4성 앞에서는 제2성으로 성조가 변한다.

교과서 단어

- □ 包 bāo 싸다, 빚다
- □ 饺子 jiǎozi 만두
- □ 游泳 yóuyǒng 수영하다
- □ 跳舞 tiàowǔ 춤을 추다
- □ 唱 chàng 부르다
- □ 歌 gē 노래
- □ 听 tīng 듣다
- □ 尝 cháng 맛보다

1 꼬마 문제

- 어순 배열하기

bú / yóuyǒng / huì / wǒ

(　　　　　　　　　).

(나는 수영할 줄 모른다.)

2 꼬마 문제

- 빈칸 채우기

Nǐ jiānglái (　　　) dāng shénme?

(너는 장래에 뭐가 되고 싶니?)

3 꼬마 문제

- 해석하기

Nǐ jiāojiao wǒ ba.

(　　　　　　　　　).

정답 부분 접고 문제 풀기!

정답

1. Wǒ bú huì yóuyǒng
2. xiǎng
3. 나 좀 가르쳐 줘

교과서 146쪽

Dú2 읽기 2

교과서 단어

- □ 运动 yùndòng 운동
- □ 踢 tī 차다
- □ 足球 zúqiú 축구
- □ 打 dǎ (운동을) 하다
- □ 棒球 bàngqiú 야구
- □ 学 xué 배우다
- □ 加入 jiārù 가입하다
- □ 队 duì 팀

예문 단어

- 电话 diànhuà 전화
- 篮球 lánqiú 농구
- 一起 yìqǐ 함께, 같이
- 去 qù 가다
- 冷 lěng 춥다
- 大 dà 크다

박정민과 장웨이가 좋아하는 운동에 관해 이야기를 합니다. 149 단어 150

박정민
你喜欢什么运动?
Nǐ xǐhuan shénme yùndòng?
너는 무슨 운동을 좋아하니?

장웨이
我喜欢踢足球，你呢?
Wǒ xǐhuan tī zúqiú, nǐ ne?
나는 축구하는 것을 좋아해. 너는?

박정민
我喜欢❶打棒球。
Wǒ xǐhuan dǎ bàngqiú.
나는 야구하는 것을 좋아해.

장웨이
是吗? 我不会打，很想学。
Shì ma? Wǒ bú huì dǎ, hěn xiǎng xué.
그래? 나는 할 줄 몰라서 정말 배우고 싶은데.

박정민
那你加入我们棒球队❷吧。
Nà nǐ jiārù wǒmen bàngqiúduì ba.
그럼 우리 야구팀에 가입해.

장웨이
❸太好了。
Tài hǎo le.
정말 잘 됐다.

Q 장웨이가 배우고 싶은 운동은 무엇입니까? □ 야구 □ 축구

Q 정답 ☑ 야구

체크체크 check! check!

1. 박정민은 야구를 할 줄 아나요?
   ① huì ② bú huì
2. 본문에서 '야구팀'이라는 단어에 밑줄 그어 보세요.

정답 1. ① 2. bàngqiúduì(棒球队)

본문 해설

❶ 'dǎ 打'는 '치다, 때리다'라는 뜻의 동사로 손으로 하는 동작에 주로 사용된다.
예시 dǎ diànhuà 打电话 전화 걸다
dǎ lánqiú 打篮球 농구를 하다

❷ 'ba 吧'는 문장 끝에 쓰여 청유, 제안의 의미를 나타낸다.
예시 Wǒmen yìqǐ qù ba. 我们一起去吧。 우리 같이 가자.

❸ 'tài 太 + 형용사 + le 了'는 놀라거나 기쁨 등의 감정을 나타내는 표현으로, '정말 ~하다(긍정)', '너무 ~하다(부정)'라는 뜻이다.
예시 Tài lěng le. 太冷了。 너무 춥다.
Tài dà le. 太大了。 정말 크다.

요점 쏙쏙 2

교과서 147쪽

1 踢(tī)와 打(dǎ)

일반적으로 발로 하는 운동은 동사로 '踢 tī'를 쓰고, 손으로 하는 운동은 '打 dǎ'를 쓴다.

踢 tī

足球 zúqiú 축구

打 dǎ

篮球 lánqiú 농구

棒球 bàngqiú 야구

乒乓球 pīngpāngqiú 탁구

羽毛球 yǔmáoqiú 배드민턴

2 취미 관련 표현

旅行
lǚxíng
여행(하다)

画画儿
huà huàr
(그림을) 그리다

听音乐
tīng yīnyuè
음악을 듣다

弹钢琴
tán gāngqín
피아노 치다

교과서 단어

- □ 篮球 lánqiú 농구
- □ 乒乓球 pīngpāngqiú 탁구
- □ 羽毛球 yǔmáoqiú 배드민턴
- □ 旅行 lǚxíng 여행(하다)
- □ 画 huà (그림을) 그리다
- □ 画儿 huàr 그림
- □ 音乐 yīnyuè 음악
- □ 弹 tán (악기를) 연주하다
- □ 钢琴 gāngqín 피아노

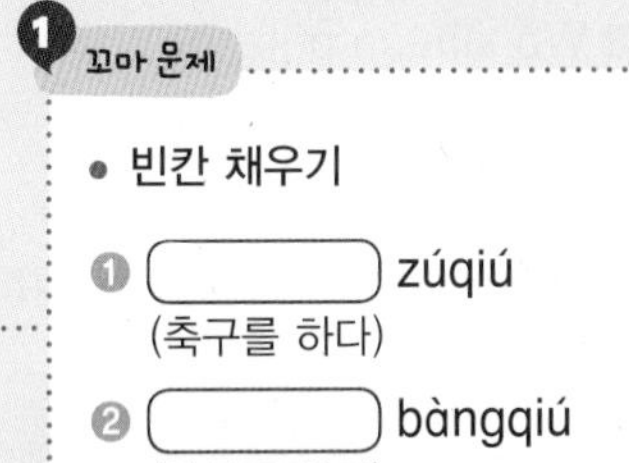

1 꼬마 문제

- 빈칸 채우기

❶ ( ) zúqiú
(축구를 하다)

❷ ( ) bàngqiú
(야구를 하다)

2 꼬마 문제

- 해석하기

Wǒ xǐhuan huà huàr.
( ).

정답 부분 접고 문제 풀기!

정답

1. ❶ tī ❷ dǎ
2. 나는 그림 그리는 것을 좋아해

교과서 148쪽

교과서 단어

- 拍照 pāizhào 사진을 찍다
- 太极拳 tàijíquán 태극권
- 爬 pá 오르다
- 山 shān 산
- 翻译 fānyì 번역(가)
- 大夫 dàifu 의사
- 歌手 gēshǒu 가수

예시 대화 및 해석

1 ① A Nǐ yǒu shénme àihào?
你有什么爱好? 너는 취미가 뭐니?
B Wǒ xǐhuan pāizhào.
我喜欢拍照。
나는 사진 찍는 것을 좋아해.

② A Nǐ yǒu shénme àihào?
你有什么爱好? 너는 취미가 뭐니?
B Wǒ xǐhuan dǎ tàijíquán.
我喜欢打太极拳。
나는 태극권 하는 것을 좋아해.

③ A Nǐ yǒu shénme àihào?
你有什么爱好? 너는 취미가 뭐니?
B Wǒ xǐhuan pá shān.
我喜欢爬山。
나는 등산을 좋아해.

2 ① Wǒ jiānglái xiǎng dāng fānyì.
我将来想当翻译。
나는 장래에 번역가가 되고 싶어.

② Wǒ jiānglái xiǎng dāng dàifu.
我将来想当大夫。
나는 장래에 의사가 되고 싶어.

③ Wǒ jiānglái xiǎng dāng gēshǒu.
我将来想当歌手。
나는 장래에 가수가 되고 싶어.

1 밑줄 친 부분을 바꾸어 취미를 묻고 답해 봅시다. 151 152 단어

보기
A Nǐ yǒu shénme àihào?
你有什么爱好? 너는 취미가 뭐니?
B Wǒ xǐhuan zuò cài.
我喜欢做菜。나는 요리하는 것을 좋아해.

① 
pāizhào

② 
dǎ tàijíquán

③ 
pá shān

2 밑줄 친 부분을 바꾸어 말해 봅시다. 153 154 단어

보기
Wǒ jiānglái xiǎng dāng chúshī.
我将来想当厨师。나는 장래에 요리사가 되고 싶어.

① fānyì ② dàifu ③ gēshǒu

취미를 말할 때는 다음과 같이 표현한다.

Wǒ 我 + xǐhuan 喜欢 + 취미

1 잘 듣고, 단어 카드를 조합한 후, 한자를 써 봅시다. 155

❶ 

❷ 

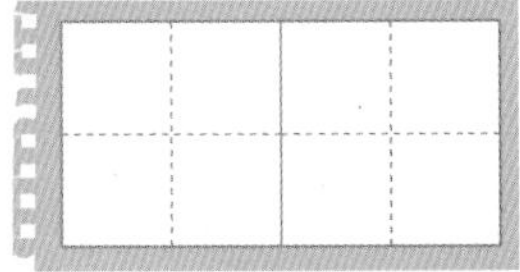

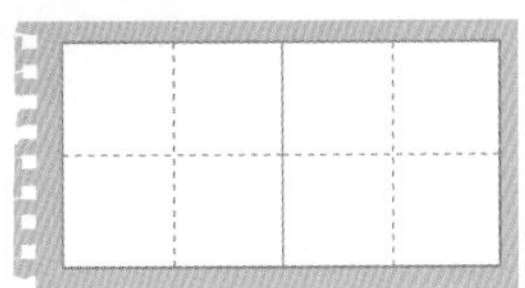

2 빈칸에 들어갈 단어를 보기에서 골라 대화를 완성해 봅시다.

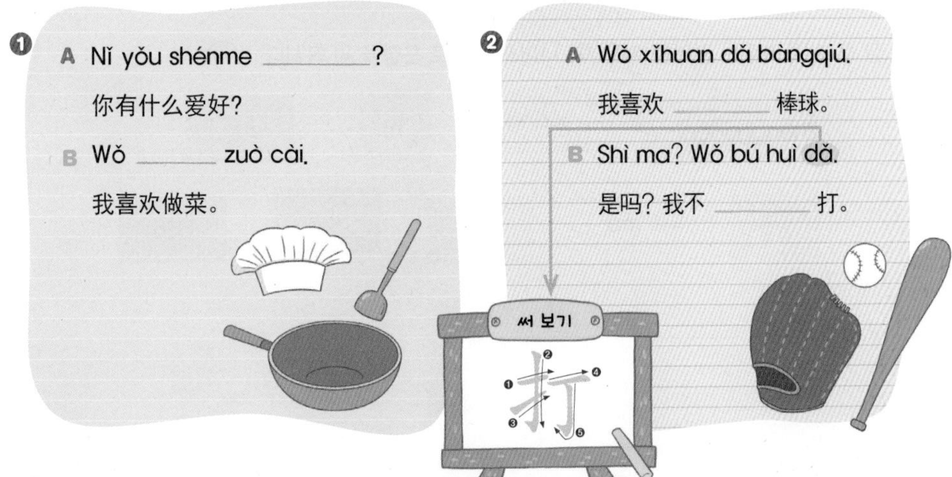

❶
A Nǐ yǒu shénme ______?
你有什么爱好?
B Wǒ ______ zuò cài.
我喜欢做菜。
❷
A Wǒ xǐhuan dǎ bàngqiú.
我喜欢 ______ 棒球。
B Shì ma? Wǒ bú huì dǎ.
是吗? 我不 ______ 打。
써 보기
打

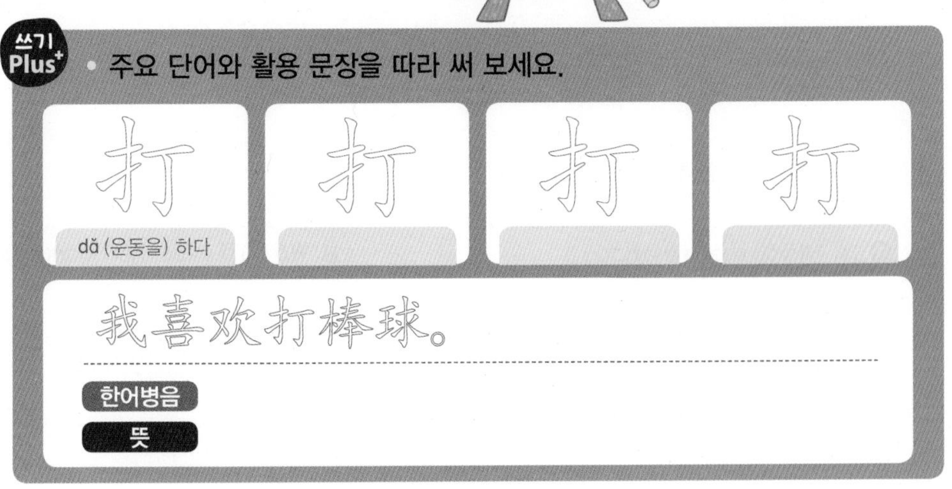

쓰기 Plus+
• 주요 단어와 활용 문장을 따라 써 보세요.
打
打
打
打
dǎ (운동을) 하다
我喜欢打棒球。
한어병음
뜻

듣기 대본 및 해석

1 ❶ bàngqiú
棒球 야구
❷ zuò cài
做菜 요리하다

예시 답안 및 해석

2 보기
- àihào 爱好 취미
- 会 huì ~할 줄 안다
- méi 没 없다
- xǐhuan 喜欢 좋아하다
- 打 dǎ (운동을) 하다

❶ A Nǐ yǒu shénme àihào?
你有什么爱好?
너는 취미가 뭐니?
B Wǒ xǐhuan zuò cài.
我喜欢做菜。
나는 요리하는 것을 좋아해.

❷ A Wǒ xǐhuan dǎ bàngqiú.
我喜欢打棒球。
나는 야구하는 것을 좋아해.
B Shì ma? Wǒ bú huì dǎ.
是吗? 我不会打。
그래? 나는 할 줄 몰라.

교과서 150쪽

듣기 대본 및 해석

1 ❶ Wǒ xǐhuan dǎ bàngqiú.
我喜欢打棒球。
나는 야구하는 것을 좋아해.

❷ Wǒ jiānglái xiǎng dāng chúshī.
我将来想当厨师。
나는 장래에 요리사가 되고 싶어.

2 • Wǒ hěn xiǎng xué.
我很想学。
나 정말 배우고 싶어.

• Nǐ huì zuò Zhōngguócài ma?
你会做中国菜吗?
너 중국 요리 할 줄 알아?

예시 답안 및 해석

3 ❶ **A** Nǐ yǒu shénme àihào?
你有什么爱好? 너는 취미가 뭐니?
B Wǒ xǐhuan tī zúqiú.
我喜欢踢足球。
나는 축구하는 것을 좋아해.

❷ **A** Nǐ huì zuò Zhōngguócài ma?
你会做中国菜吗?
너 중국 요리 할 줄 알아?
B Wǒ bú huì zuò, hěn xiǎng xué.
我不会做，很想学。
나는 만들 줄 몰라서 정말 배우고 싶어.

❸ **A** Nǐ jiāojiao wǒ, xíng ma?
你教教我，行吗?
나 좀 가르쳐 줘. 괜찮아?
B Xíng, méi wèntí.
行，没问题。
좋아. 문제없어.

정답 1. ❶ Wǒ(1) xǐhuan(2) dǎ(3) bàngqiú(4)
❷ 我(1) 将来(2) 想(3) 当(4) 厨师(5)
2. Nǐ huì zuò Zhōngguócài ma?
3. ❶ Wǒ xǐhuan tī zúqiú.
❷ Wǒ bú huì zuò, hěn xiǎng xué.
❸ Xíng, méi wèntí.

실력 쑥쑥

1 잘 듣고, 문장의 순서대로 번호를 써 봅시다. 156

❶
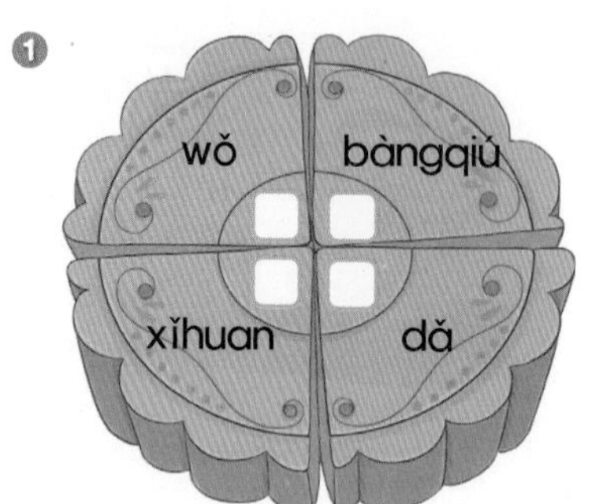

❷
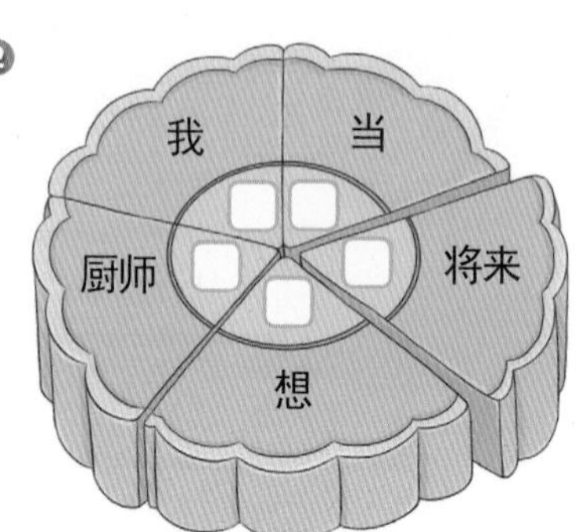

2 잘 듣고, 들려주는 단어를 지운 후, 나머지 단어로 문장을 써 봅시다. 157

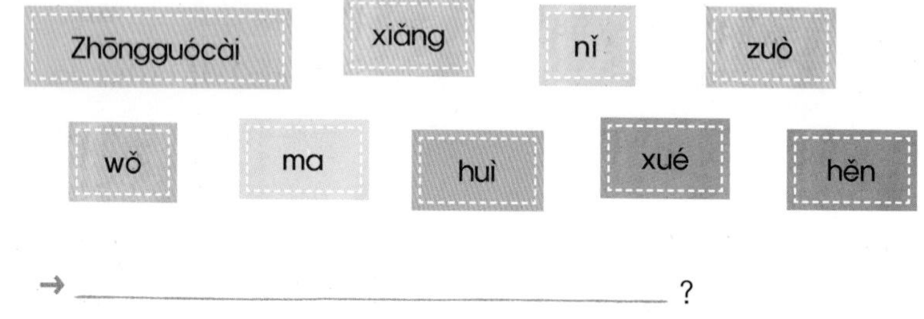

→ ______________________ ?

3 상황에 알맞게 연결한 후, 대화해 봅시다.

❶ A Nǐ yǒu shénme àihào? • • B Wǒ bú huì zuò, hěn xiǎng xué.

❷ A Nǐ huì zuò Zhōngguócài ma? • • B Wǒ xǐhuan tī zúqiú.

❸ A Nǐ jiāojiao wǒ, xíng ma? • • B Xíng, méi wèntí.

교과서 151쪽

경극 인형 만들기

중국에서 가장 사랑받는 경극 '패왕별희'

'역발산기개세(力拔山气盖世, 힘은 산을 뽑을 만하고 기운은 세상을 뒤덮을 만하다.)'라고 하여 천하를 호령하였던 힘과 용맹함을 갖춘 항우(项羽)는 중국에서 가장 사랑받는 경극 '패왕별희'의 남자 주인공입니다.
'패왕별희'는 초패왕 항우(项羽)와 우미인(虞美人)으로 알려진 우희(虞姬)의 사랑을 그린 작품입니다.

준비물 경극 인형 도안(부록 195쪽), 가위 또는 칼, 풀

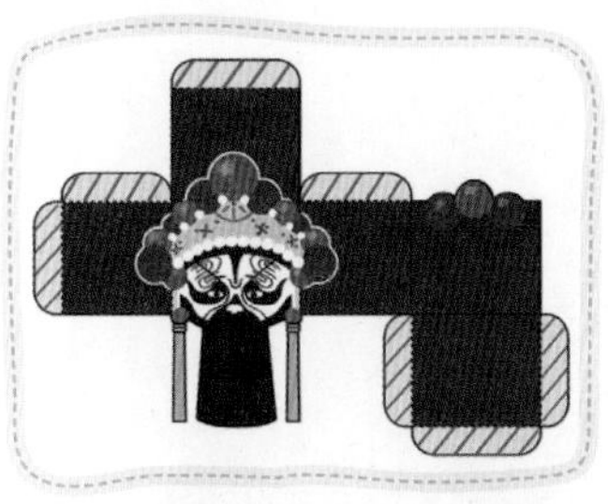

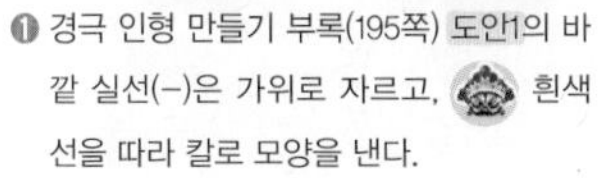

❶ 경극 인형 만들기 부록(195쪽) 도안1의 바깥 실선(—)은 가위로 자르고, 흰색 선을 따라 칼로 모양을 낸다.

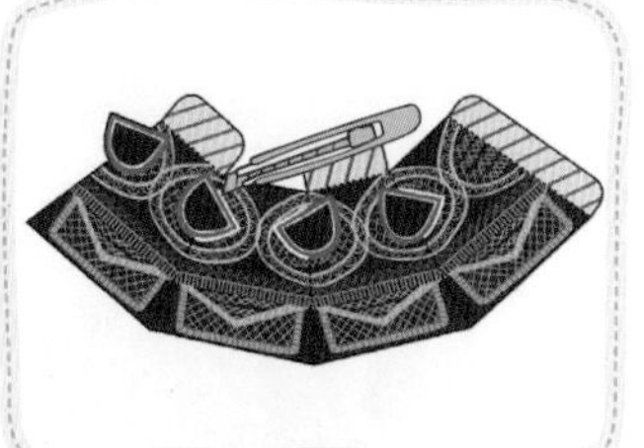

❷ 부록(195쪽) 도안2도 바깥 실선(—)은 가위로 자르고, 흰색 선을 따라 칼로 모양을 낸다.

❸ 도안3을 마저 자르고, 얼굴과 몸을 점선(…)을 따라 접은 후, 도안1과 도안2의 '풀칠' 부분에 풀을 발라 붙인다.

❹ 얼굴, 몸, 팔을 연결하면 완성된다.

가로 세로 퍼즐

• 단어에 해당하는 한어병음을 쓰고 가로세로 퍼즐을 완성해 봅시다. (성조 제외)

가로 열쇠

❶ 运动 ______
❷ 当然 ______
❸ ~하고 싶다 ______
❹ 会 ______
❺ 가르치다 ______
❻ 축구 ______

세로 열쇠

① 요리사 ______
② ~이 되다 ______
③ 棒球 ______
④ 요리하다 ______
⑤ 爱好 ______
⑥ 장래, 미래 ______

중국 베이징 오페라 '경극'

베이징 오페라(Beijing Opera)라고도 하는 경극(京剧, jīngjù)은 200여 년의 역사를 지닌 전통극으로 노래, 대사, 동작, 무술의 요소를 모두 포함하는 종합 예술입니다.

경극(京剧)의 배역은 크게 남자 역(生, shēng), 여자 역(旦, dàn), 영웅호걸 역(净, jìng), 어릿광대 역(丑, chǒu)으로 네 종류가 있으며, 배우는 매우 전문화되어 있어 전통적으로 여러 배역을 맡지 않고 일생동안 하나의 배역만을 연기합니다.

경극(京剧) 배우의 얼굴 분장은 매우 화려하고 개성이 넘치는데 이를 '검보(脸谱, liǎnpǔ)'라고 합니다. 배우들의 분장법과 사용된 색에 따라 배역의 성격과 선악을 구별할 수 있어, 내용을 몰라도 경극의 줄거리를 이해하는데 도움이 됩니다.

脸谱(liǎnpǔ) 이해하기

- 붉은색 충성스럽고 용맹함
- 검은색 강직하고 지혜롭고 충성스러움
- 흰색 교활하고 간사함
- 파란색 의협심이 넘치고 강직함
- 녹색 완강하고 용맹함

경극(京剧)은 별다른 무대 장치 없이 상징적인 연기 형식으로 상황과 행동을 표현합니다. 무대 뒤에서 현악기, 관악기, 타악기를 직접 연주하는데, 타악기는 극의 악센트를 줍니다.

문화 Plus⁺

경극의 내용은 역사나 기담, 민간설화 등에서 유래한 것으로, 1,000여 종류가 넘는 소재로 중국인들의 사랑을 받고 있다. 한국인에게도 잘 알려진 작품으로는 《삼국지연의》, 《서유기》, 《수호전》 등이 있다.

경극 중 상징화된 동작 소개

- 원을 그리며 걷는 것은 긴 여행을 의미한다.
- 걷는 도중에 오른발을 약간 올리는 것은 문지방을 넘는 모습이다.
- 네 명의 병사와 네 장수가 무대 양쪽에 횡렬로 서는 모습은 수천의 강한 군대를 의미한다.
- 두 사람이 스포트라이트를 받으며 재주부리기를 하면 어둠 속에서 더듬으며 싸우는 것이다.
- 허리를 구부리고 옷자락을 손가락으로 잡고 무대를 가로로 종종걸음 치는 것은 계단을 오르내릴 때의 모습을 나타낸 것이다.

1. 경극(京剧)의 배우들은 배역의 구별없이 다양한 역할을 소화할 수 있다. O | X
2. 경극(京剧)에서 붉은색 얼굴 분장은 '충성스럽고 용맹함'을 상징한다. O | X

정답 & 해설 1. X 경극의 배역은 매우 전문화되어 있어 전통적으로 일생 동안 하나의 배역만을 연기한다.
2. O 대표 인물로 관우가 있다.

과제 활동

중국인의 현대적인 여가활동과 전통적인 여가활동에 대해 조사하고, 발표해 봅시다.

예시 답안

중국인의 현대적인 여가활동

- 탁구 (乒乓球, pīngpāngqiú)
  중국에서 탁구는 국기(国技)라고 여겨질 정도로 대중적인 스포츠 중 하나이다. 탁구는 1971년 일본 나고야에서 열린 제31회 세계 탁구 선수권 대회를 계기로 미국과 중국이 더욱 우호적인 관계가 된 '핑퐁 외교' 이후 주목을 받기 시작하였으며, 학교나 공원 등에 탁구대를 설치하는 등 국가에서 주도하여 체계적으로 탁구를 육성하였다.

중국인의 전통적인 여가활동

- 태극권 (太极拳, tàijíquán): 중국을 대표하는 전통 무술로 특별한 도구 없이 수련할 수 있어서 매일 아침에 공원에 나가 태극권으로 하루를 시작하는 사람들이 많다.
- 바닥 서예 (地书, dìshū): 큰 붓에 물을 찍어 바닥에 글씨를 쓰는 활동이다.
- 얼후 (二胡, èrhú): 한국의 해금과 비슷한 악기로, 공원에서 연주하는 사람들을 쉽게 볼 수 있다.

단원 평가 9과

학습 도움

01 밑줄 친 단어의 한어병음으로 알맞은 것은?

> 你有什么<u>爱好</u>?

① áiháo ② áihǎo ③ àiháo
④ àihǎo ⑤ àihào

02 ㉠과 ㉡에 들어갈 단어로 알맞은 것은?

> • dǎ ___㉠___ • tī ___㉡___

	㉠	㉡
①	zúqiú	bàngqiú
②	lánqiú	tàijíquán
③	bàngqiú	yóuyǒng
④	yóuyǒng	zúqiú
⑤	pīngpāngqiú	zúqiú

[03~04] 다음 대화를 읽고 물음에 답하시오.

> A ㉠ <u>너 중국 요리 할 줄 알아?</u>
> B ㉡ <u>不会</u>。

03 ㉠을 중국어로 바르게 옮긴 것은?

① 你做会中国菜吗?
② 你会中国做菜吗?
③ 你会做菜中国吗?
④ 你中国菜会做吗?
⑤ 你会做中国菜吗?

04 ㉡을 실제로 발음할 때 '不'의 성조로 알맞은 것은?

① 제1성 ② 제2성 ③ 제3성
④ 제4성 ⑤ 경성

01 '好'가 '안녕하다, 좋다'의 의미로 쓰일 때는 'hǎo'로, '좋아하다'라는 의미로 쓰이면 'hào'로 발음한다.

02
- lánqiú 篮球 농구
- bàngqiú 棒球 야구
- yóuyǒng 游泳 수영하다
- pīngpāngqiú 乒乓球 탁구
- zúqiú 足球 축구
- tàijíquán 太极拳 태극권

'dǎ 打'는 손으로 하는 운동, 'tī 踢'는 발로 하는 운동의 동사로 쓰인다. 'yóuyǒng 游泳'은 자체로 동사의 뜻이 있어서 다른 동사를 사용해 표현하지 않는다.

03~04 A Nǐ huì zuò Zhōngguócài ma?
B Bú huì.

04 'bù 不'는 단독으로 쓸 때는 제4성으로 읽지만, 'huì 会'와 같은 제4성 앞에서는 제2성으로 성조가 변한다.

05 다음 우리말을 중국어로 옮길 때 필요 없는 단어는?

나는 장래에 요리사가 되고 싶어.

① 当 ② 想 ③ 会
④ 将来 ⑤ 厨师

06 빈칸에 들어갈 말로 알맞은 것은?

A Nǐ xǐhuan shénme yùndòng?
B Wǒ xǐhuan ______________.

① lǚxíng ② zuò cài ③ huà huàr
④ dǎ yǔmáoqiú ⑤ tīng yīnyuè

07 단어와 뜻의 연결이 알맞지 않은 것은?

① 问题 – 문제 ② 运动 – 취미 ③ 当然 – 당연하다
④ 加入 – 가입하다 ⑤ 棒球 – 야구

08 빈칸에 들어갈 말로 알맞은 것은?

경극(京剧, jīngjù)은 200여 년의 역사를 지닌 전통극으로 노래, 대사, 동작, 무술의 요소를 모두 포함하는 종합 예술이며 다른 말로 (   )라고도 한다.

① 베이징 뮤지컬 ② 상하이 오페라 ③ 베이징 오페라
④ 상하이 뮤지컬 ⑤ 베이징 서커스

학습 도움

05
① dāng ~이 되다
② xiǎng ~하고 싶다
③ huì ~할 줄 안다
④ jiānglái 장래
⑤ chúshī 요리사

06
A 你喜欢什么运动?
B 我喜欢打羽毛球。
① 旅行 여행하다
② 做菜 요리하다
③ 画画儿 그림을 그리다
④ 打羽毛球 배드민턴
⑤ 听音乐 음악을 듣다

07
① wèntí
② yùndòng
③ dāngrán
④ jiārù
⑤ bàngqiú

쉬어 가기 3

다양한 음식 158

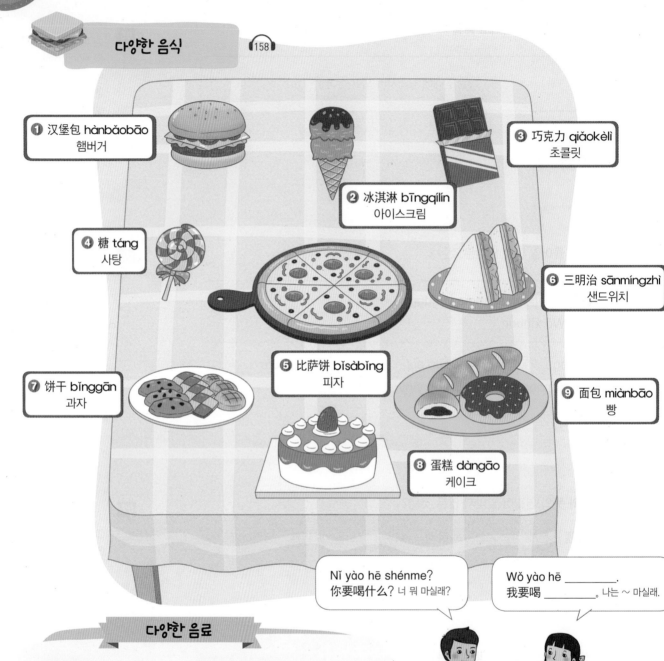

① 汉堡包 hànbǎobāo 햄버거

② 冰淇淋 bīngqílín 아이스크림

③ 巧克力 qiǎokèlì 초콜릿

④ 糖 táng 사탕

⑤ 比萨饼 bǐsàbǐng 피자

⑥ 三明治 sānmíngzhì 샌드위치

⑦ 饼干 bǐnggān 과자

⑧ 蛋糕 dàngāo 케이크

⑨ 面包 miànbāo 빵

Nǐ yào hē shénme?
你要喝什么? 너 뭐 마실래?

Wǒ yào hē ________.
我要喝 ________。 나는 ~ 마실래.

다양한 음료

可乐 kělè 콜라
雪碧 xuěbì 사이다(스프라이트)
橙汁 chéngzhī 오렌지주스
茶 chá 차
矿泉水 kuàngquánshuǐ 생수
咖啡 kāfēi 커피
牛奶 niúnǎi 우유
奶茶 nǎichá 밀크티
酸奶 suānnǎi 요구르트
热巧克力 rèqiǎokèlì 핫초콜릿
运动饮料 yùndòngyǐnliào 스포츠 음료
柠檬水 níngméngshuǐ 레모네이드
奶昔 nǎixī 밀크쉐이크

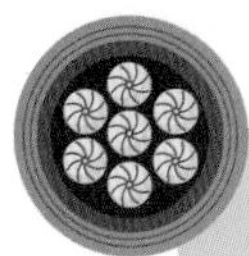

중국의 다양한 음식에 대해 알아봅시다.

包子 bāozi
만두피가 두껍고 소가 들어 있는 찐빵

饺子 jiǎozi
만두피가 얇고 초승달 모양인 만두

馒头 mántou
속에 아무것도 넣지 않은 찐빵

烧卖 shāomài
고기와 야채 등을 갈아 넣고 얇은 밀가루 피로 빚어 만든 위쪽 부분이 뚫린 만두

馄饨 húntun
얇은 피로 작게 빚은 만두로 만든 만둣국

油条 yóutiáo
우리나라 꽈배기와 비슷한 모양으로 기름에 튀긴 음식

10 你吃饭了吗? 159

Nǐ chī fàn le ma?

너 밥 먹었니?

학습 목표 식사 및 주문과 관련된 표현을 할 수 있다.

문화 Plus⁺

중국의 길거리 간식(街头小吃, jiētóu xiǎochī)

탕후루(糖葫芦, tánghúlu)는 산사나무 열매, 키위, 바나나 등 과일을 꼬치에 꿰어 조청이나 물엿을 발라 굳힌 중국의 전통 간식을 말한다.

장취동호 다예 용행 18식(长嘴铜壶茶艺龙行十八式, chángzuǐ tónghú cháyì lóngxíng shíbāshì)은 주둥이가 긴 주전자로 찻잔에 차를 따르는 기예를 말한다. 중국 쓰촨성 몽정산에서 수행하던 선혜대사(禅惠大师)가 무술, 참선, 역학과 차를 융합하여 용행 18식이라는 차를 따르는 기술을 창안하였고, 몽정산 스님들의 수행법으로 전해졌다.

의사소통 표현

식사 – 식사 표현하기

Nǐ chī fàn le ma?

你吃饭了吗? 너 밥 먹었니?

경험 – 경험 묻기

Wǒ hái méi chīguo.

我还没吃过。나 아직 안 먹어 봤어.

식사 – 맛 표현하기

Wǒ ài chī là de.

我爱吃辣的。나는 매운 것을 좋아해.

중국의 음식 문화

베이징 오리구이(北京烤鸭, Běijīng kǎoyā)

중국 베이징의 대표적인 훈제 요리이다. 얇게 저민 오리고기와 기름기가 빠지고 바삭하게 구워진 오리 껍질에 파를 곁들여 밀가루 전병에 쌈을 싼 다음 단맛이 나는 소스와 함께 먹으면 일품이다. 경우에 따라 고기를 먹고 난 뒤 남은 오리 뼈로 담백한 탕을 만들어 먹기도 한다.

단어 미리보기

□□□ 北京 Běijīng 베이징
□□□ 烤鸭 kǎoyā 오리구이
□□□ 过 guo ~한 적 있다
□□□ 味道 wèidào 맛
□□□ 好吃 hǎochī 맛있다
□□□ 请客 qǐngkè 한턱내다
□□□ 次 cì 번, 차례
□□□ 请 qǐng 초대하다

□□□ 回来 huílái 되돌아오다
□□□ 天 tiān 하늘
□□□ 黑 hēi 어둡다
□□□ 跆拳道 táiquándào 태권도
□□□ 晚饭 wǎnfàn 저녁밥
□□□ 安静 ānjìng 조용하다
□□□ 一下 yíxià 좀 ~하다

□□□ 点 diǎn 주문하다
□□□ 只 zhī 마리[양사]
□□□ 和 hé ~와(과)
□□□ 鱼香肉丝 yúxiāngròusī 돼지고기를 가늘게 썰어 만든 요리
□□□ 别 bié 다른
□□□ 爱 ài 사랑하다
□□□ 辣 là 맵다
□□□ 再 zài 더, 그리고
□□□ 来 lái (어떤 동작을) 하다
□□□ 宫保鸡丁 gōngbǎojīdīng 닭고기에 견과류를 넣어 볶은 요리
□□□ 上 shàng (요리를) 내오다
□□□ 慢 màn 느리다
□□□ 用 yòng 들다, 먹다

□□□ 杯 bēi 잔[양사]

□□□ 可乐 kělè 콜라
□□□ 酸 suān 시다
□□□ 甜 tián 달다
□□□ 苦 kǔ 쓰다
□□□ 咸 xián 짜다
□□□ 菜单 càidān 차림표
□□□ 服务员 fúwùyuán 종업원
□□□ 买单 mǎidān 계산하다
□□□ 打包 dǎbāo 포장하다

□□□ 泡菜 pàocài 김치
□□□ 糖葫芦 tánghúlu 탕후루
□□□ 锅包肉 guōbāoròu 중국식 찹쌀탕수육
□□□ 碗 wǎn 그릇[양사]
□□□ 牛肉面 niúròumiàn 쇠고기 탕면
□□□ 麻婆豆腐 mápódòufu 마파두부
□□□ 炒饭 chǎofàn 볶음밥

교과서 158쪽

듣기 대본 및 해석 1

❶ xià cì 下次 다음 번
❷ càidān 菜单 차림표

1 잘 듣고, 해당하는 발음에 ✓를 표시해 봅시다. 160

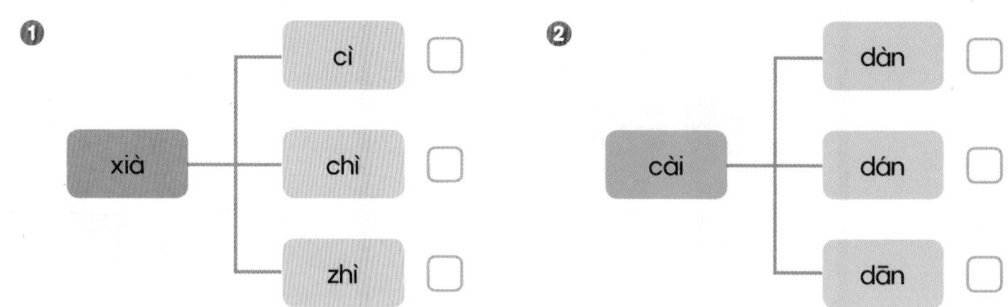

듣기 대본 및 해석 2

❶ diǎn 点 주문하다
❷ hǎochī 好吃 맛있다
❸ fúwùyuán 服务员 종업원
❹ Běijīng kǎoyā 北京烤鸭 베이징 오리구이
❺ là 辣 맵다

2 잘 듣고, 의미를 생각하며 따라 써 봅시다. 161

듣기 Plus+

MP3를 다시 들으며 써 봅시다.

정답 1. ❶ xià cì
❷ càidān

3 잘 듣고, 문장의 의미를 생각해 봅시다. 162

❶

Nǐ chī fàn le ma?

❷

Wǒ ài chī là de.

4 잘 듣고, 대화의 의미를 생각하며 따라 해 봅시다. 163

Nǐmen yào diǎn shénme cài?
Lái yì zhī Běijīng kǎoyā.
菜单

듣기 Plus+

✎ MP3를 다시 들으며 써 봅시다.

....

....

....

듣기 대본 및 해석 3

❶ Nǐ chī fàn le ma?
你吃饭了吗?
너 밥 먹었니?

❷ Wǒ ài chī là de.
我爱吃辣的。
나는 매운 것을 좋아해.

듣기 대본 및 해석 4

A Nǐmen yào diǎn shénme cài?
你们要点什么菜?
어떤 요리 주문하시겠습니까?

B Lái yì zhī Běijīng kǎoyā.
来一只北京烤鸭。
베이징 오리구이 한 마리 주세요.

교과서 단어

- □ 北京 Běijīng 베이징
- □ 烤鸭 kǎoyā 오리구이
- □ 过 guo ~한 적 있다
- □ 味道 wèidào 맛
- □ 好吃 hǎochī 맛있다
- □ 请客 qǐngkè 한턱내다
- □ 次 cì 번, 차례
- □ 请 qǐng 초대하다

예문 단어

- 来 lái 오다
- 一起 yìqǐ 함께, 같이
- 去 qù 가다
- 大小 dàxiǎo 크기

왕리와 박정민이 음식점 근처에서 이야기를 합니다. 164 단어 165

왕리 你吃饭❶了吗?
Nǐ chī fàn le ma?
너 밥 먹었니?

박정민

Wǒ hái méi chī.
아직 안 먹었어.

왕리
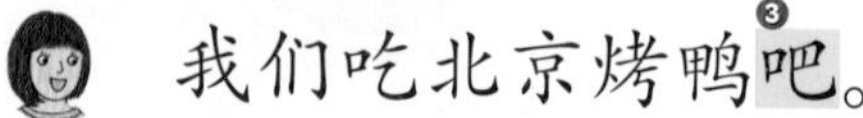

Wǒmen chī Běijīng kǎoyā ba.
우리 베이징 카오야(오리구이) 먹으러 가자.

박정민

Wǒ hái méi chīguo. Wèidào zěnmeyàng?
나 아직 안 먹어 봤는데, 맛이 어떠니?

왕리
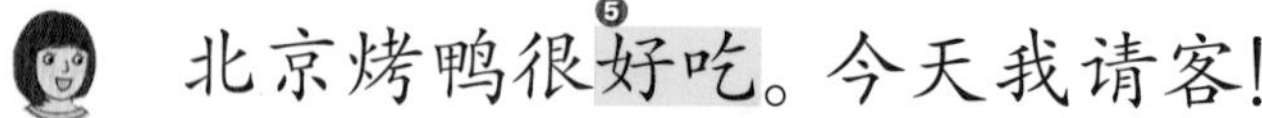

Běijīng kǎoyā hěn hǎochī. Jīntiān wǒ qǐngkè!
베이징 카오야(오리구이)는 정말 맛있어. 오늘 내가 한턱낼게!

박정민
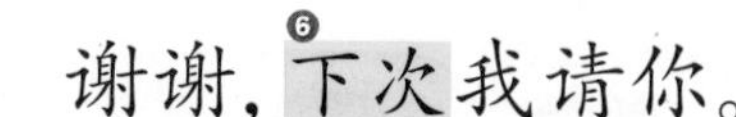

Xièxie, xià cì wǒ qǐng nǐ.
고마워. 다음에는 내가 낼게.

박정민은 베이징 오리구이를 먹어 본 적 있습니까? ▢ 있다 ▢ 없다

Q 정답 ☑ 없다

본문 해설

❶ 'le 了'는 동사 뒤에 붙어 동작이 완료되었음을 나타낸다.

❷ 'hái 还'는 '아직'이라는 뜻으로 동작이나 상태가 그대로 유지되어 지속됨을 나타낸다.
예시 Tā hái méi lái. 他还没来。그는 아직 오지 않았다.

❸ 'ba 吧'는 '~하자'라는 뜻으로 청유, 제안을 나타내는 어기조사이다.
예시 Wǒmen yìqǐ qù ba. 我们一起去吧。우리 같이 가자.

❹ 'zěnmeyàng 怎么样'은 '어떠하다'라는 뜻의 의문사로, 주로 상대방의 의견을 물을 때 사용한다.
예시 Dàxiǎo zěnmeyàng 大小怎么样? 크기는 어때요?

❺ 'hǎochī 好吃' 는 '맛있다'라는 뜻으로, 'hǎo 好'뒤에 동사를 붙여 '~하기 좋다(편하다)'라는 의미를 나타낸다.
예시 hǎokàn 好看 예쁘다(보기 좋다) hǎotīng 好听 듣기 좋다

❻ 'xià cì 下次'는 '다음 번'이라는 뜻이며, '지난번'은 'shàng cì 上次'라고 표현한다.
예시 Xià cì zàijiàn! 下次再见! 다음에 또 보자!

1. '베이징 오리구이'를 사기로 한 사람은 누구인가요?
   ① 왕리 ② 박정민
2. 본문에서 '맛'에 해당하는 단어에 밑줄 그어 보세요.

정답 1. ① 2. wèidào (味道)

1 没 (méi)

'没 méi'는 '~하지 않았다'라는 뜻으로, 동작이나 사실 등이 일어나지 않았음을 나타낸다.

他没回来。 Tā méi huílái. 그는 돌아오지 않았다.
天还没黑。 Tiān hái méi hēi. 날이 아직 어두워지지 않았다.

2 동사 + 过(guo)

'过 guo'는 '~한 적 있다'라는 뜻으로, 과거의 경험을 나타낸다.
부정형은 동사 앞에 '没(有) méi(yǒu)'를 붙인다.

긍정 동사 + 过

我学过跆拳道。 나는 태권도를 배운 적 있다.
Wǒ xuéguo táiquándào.

부정 没(有) + 동사 + 过

我没(有)看过京剧。 나는 경극을 본 적 없다.
Wǒ méi (yǒu) kànguo jīngjù.

3 请 (qǐng)

'请 qǐng'은 '초대하다'라는 뜻이다. 이 외에도 '청하다'라는 뜻으로, 상대방에게 공손하게 부탁하거나 권유할 때도 쓴다.

我请你吃晚饭。 Wǒ qǐng nǐ chī wǎnfàn. 내가 저녁밥 살게.
请安静一下。 Qǐng ānjìng yíxià. 좀 조용히 해 주세요.

Tip

'bù 不'와 'méi 没'의 차이점

bù 不	méi 没
주로 현재나 미래를 부정 예시 Míngtiān wǒ bú qù xuéxiào. 明天我不去学校。 내일 나는 학교에 가지 않는다.	주로 과거를 부정 예시 Zuótiān wǒ méi qù xuéxiào. 昨天我没去学校。 어제 나는 학교에 가지 않았다. 객관적 사실 예시 Wǒ méi chī fàn. 我没吃饭。 나는 밥을 먹지 않았다.

교과서 단어

- □ 回来 huílái 되돌아오다
- □ 天 tiān 하늘
- □ 黑 hēi 어둡다
- □ 跆拳道 táiquándào 태권도
- □ 晚饭 wǎnfàn 저녁밥
- □ 安静 ānjìng 조용하다
- □ 一下 yíxià 좀 ~하다

1 꼬마 문제

- 어순 배열하기

(wǒ / chī / guo / hái / méi)
(   ).
(나는 아직 안 먹어 봤어.)

2 꼬마 문제

- 해석하기

Wǒ kànguo jīngjù.
(   ).

3 꼬마 문제

- 문장 완성하기

Jīntiān wǒ (   )!
(오늘 내가 한턱낼게!)

정답 부분 접고 문제 풀기!

정답

1. Wǒ hái méi chīguo
2. 나는 경극을 본 적 있다
3. qǐngkè 또는 qǐng nǐ

교과서 162쪽

교과서 단어

- □ 点 diǎn 주문하다
- □ 只 zhī 마리[양사]
- □ 和 hé ~와(과)
- □ 鱼香肉丝 yúxiāngròusī 돼지고기를 가늘게 썰어 만든 요리
- □ 别 bié 다른
- □ 爱 ài 사랑하다
- □ 辣 là 맵다
- □ 再 zài 더, 그리고
- □ 来 lái (어떤 동작을) 하다
- □ 宫保鸡丁 gōngbǎojīdīng 닭고기에 견과류를 넣어 볶은 요리
- □ 上 shàng (요리를) 내오다
- □ 慢 màn 느리다
- □ 用 yòng 들다, 먹다

예문 단어

- 商店 shāngdiàn 상점
- 小狗 xiǎogǒu 강아지
- 大 dà 크다
- 小 xiǎo 작다
- 买 mǎi 사다

체크체크 check! check!

1. 박정민은 어떤 맛을 좋아하나요?
   ① 단맛 ② 짠맛
   ③ 신맛 ④ 매운맛
2. 박정민이 추가로 주문한 음식에 밑줄 그어 보세요.

정답 1. ④
2. gōngbǎojīdīng(宫保鸡丁)

왕리와 박정민이 음식을 주문합니다.  

종업원: 你们❶要点什么菜?
Nǐmen yào diǎn shénme cài?
어떤 요리를 주문하시겠습니까?

왕리: 来一❷只北京烤鸭和一个鱼香肉丝。
Lái yì zhī Běijīng kǎoyā hé yí ge yúxiāngròusī.
베이징 카오야(오리구이) 한 마리하고, 돼지고기 야채 볶음 하나 주세요.

종업원: 还要别的吗?
Hái yào bié de ma?
더 필요하신 것은요?

박정민: 我爱吃辣❸的，❹再来一个宫保鸡丁。
Wǒ ài chī là de, zài lái yí ge gōngbǎojīdīng.
내가 매운 것을 좋아하니까, 닭고기 견과류 볶음 요리도 하나 주세요.

주문 후

종업원: 菜都❺上了，请慢❻用!
Cài dōu shàng le, qǐng màn yòng!
음식이 모두 나왔습니다. 천천히 드세요!

왕리: 正民，你❼多吃点儿。
Zhèngmín, nǐ duō chī diǎnr.
정민아, 많이 먹으렴.

Q 왕리는 몇 가지 음식을 주문했습니까?
□ 두 가지 □ 세 가지

Q 정답 ☑ 두 가지

본문 해설

❶ 'yào 要'는 '~하려고 하다'라는 뜻으로 의지를 나타내는 조동사이다.
예시 Wǒ yào qù shāngdiàn. 我要去商店。 나는 상점에 가려고 한다.

❷ 'zhī 只'은 동물을 셀 때 쓰는 양사이다.
예시 yì zhī xiǎogǒu 一只小狗 강아지 한 마리

❸ '형용사/동사 + de 的'의 형태로 사용되어 형용사나 동사를 명사처럼 만들어 준다.
예시 dà de 大的 큰 것 xiǎo de 小的 작은 것

❹ 'zài 再'는 부사로 '별도로, 더, 그리고'라는 뜻으로 추가나 보충할 때 사용한다.

❺ 'shàng 上'은 '(요리를) 내오다' 라는 뜻의 동사로 쓰인다.
예시 shàng cài 上菜 요리를 내오다

❻ 'yòng 用'은 '들다, 먹다'란 뜻으로, 상대방에게 정중하게 음식을 권할 때 'Qǐng màn yòng! 请慢用! 천천히 드세요!'라고 말한다.

❼ 'duō 多'는 '많다'라는 뜻의 형용사지만, 동사 앞에서 부사어로 사용될 때는 '많이, 더'라는 의미를 나타낸다.
예시 Tā duō mǎi le liǎng ge. 他多买了两个。 그는 두 개를 더 샀습니다.

요점 쏙쏙 2

교과서 163쪽

1 来(lái)

'来 lái'는 '(어떤 동작이나 행동을) 하다'의 뜻으로, 구체적인 동작을 나타내는 동사를 대신하여 사용한다.

来两个汉堡包、两杯可乐和一个冰淇淋。
Lái liǎng ge hànbǎobāo、liǎng bēi kělè hé yí ge bīngqílín.
햄버거 두 개, 콜라 두 잔과 아이스크림 하나 주세요!

2 다양한 맛 표현

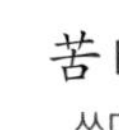

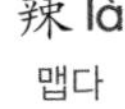

酸 suān	甜 tián	苦 kǔ	辣 là	咸 xián
시다	달다	쓰다	맵다	짜다

3 식사 관련 표현

'请慢用! Qǐng màn yòng!'은 '천천히 드세요!'라는 뜻으로, 그 밖에도 다양한 식사 관련 표현이 있다.

这是菜单。
Zhè shì càidān.
여기 차림표입니다.

服务员，买单。
Fúwùyuán, mǎidān.
종업원, 계산할게요.

请打包一下。
Qǐng dǎbāo yíxià.
포장해 주세요.

Tip

다양한 맛 표현 보충 단어
- 涩 sè 떫다
- 油腻 yóunì 기름지다, 느끼하다
- 清淡 qīngdàn 담백하다

교과서 단어

- □ 杯 bēi 잔[양사]
- □ 可乐 kělè 콜라
- □ 酸 suān 시다
- □ 甜 tián 달다
- □ 苦 kǔ 쓰다
- □ 咸 xián 짜다
- □ 菜单 càidān 차림표
- □ 服务员 fúwùyuán 종업원
- □ 买单 mǎidān 계산하다
- □ 打包 dǎbāo 포장하다

1 꼬마 문제

- 빈칸 채우기

( ) liǎng ge hànbǎobāo.
(햄버거 두 개 주세요.)

2 꼬마 문제

- 알맞은 뜻 고르기

xián 咸
① 짜다 ② 달다

3 꼬마 문제

- 어순 배열하기

(diǎn /yào / cài / shénme)
Nǐmen ( )?
(어떤 요리 주문하시겠습니까?)

정답 부분 접고 문제 풀기!

정답

1. Lái
2. ①
3. yào diǎn shénme cài

교과서 164쪽

교과서 단어

- □ 麻婆豆腐 mápódòufu 마파두부
- □ 糖葫芦 tánghúlu 탕후루
- □ 锅包肉 guōbāoròu 중국식 찹쌀탕수육
- □ 碗 wǎn 그릇[양사]
- □ 牛肉面 niúròumiàn 쇠고기 탕면
- □ 炒饭 chǎofàn 볶음밥

예시 대화 및 해석

1 ❶ **A** Wèidào zěnmeyàng?
味道怎么样?
맛이 어때요?
B Mápódòufu hěn là.
麻婆豆腐很辣。
마파두부는 정말 매워요.

❷ **A** Wèidào zěnmeyàng?
味道怎么样?
맛이 어때요?
B Tánghúlu hěn tián.
糖葫芦很甜。
탕후루는 정말 달아요.

❸ **A** Wèidào zěnmeyàng?
味道怎么样?
맛이 어때요?
B Kāfēi hěn kǔ. 咖啡很苦。
커피는 정말 써요.

2 ❶ **A** Nǐmen yào diǎn shénme cài? 你们要点什么菜?
어떤 요리 주문하시겠습니까?
B Lái yí ge guōbāoròu.
来一个锅包肉。
중국식 찹쌀탕수육 하나 주세요.

❷ **A** Nǐmen yào diǎn shénme cài? 你们要点什么菜?
어떤 요리 주문하시겠습니까?
B Lái yì wǎn niúròumiàn.
来一碗牛肉面。
쇠고기 탕면 한 그릇 주세요.

❸ **A** Nǐmen yào diǎn shénme cài? 你们要点什么菜?
어떤 요리 주문하시겠습니까?
B Lái yí ge mápódòufu.
来一个麻婆豆腐。
마파두부 하나 주세요.

❹ **A** Nǐmen yào diǎn shénme cài? 你们要点什么菜?
어떤 요리 주문하시겠습니까?
B Lái yí ge chǎofàn.
来一个炒饭。
볶음밥 하나 주세요.

1 밑줄 친 부분을 바꾸어 음식 맛을 묻고 답해 봅시다. 168 169 단어

보기
A Wèidào zěnmeyàng?
味道怎么样? 맛이 어때요?
B Běijīng kǎoyā hěn hǎochī.
北京烤鸭很好吃。베이징 오리구이는 정말 맛있어요.

❶ 

mápódòufu / là

❷ 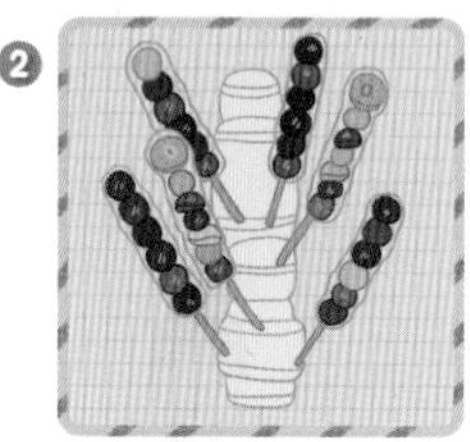
tánghúlu / tián

❸ 
kāfēi / kǔ

2 밑줄 친 부분을 바꾸어 묻고 답해 봅시다. 170 171 단어

보기
A Nǐmen yào diǎn shénme cài?
你们要点什么菜? 어떤 요리 주문하시겠습니까?
B Lái yí ge yúxiāngròusī.
来一个鱼香肉丝。돼지고기 야채 볶음 하나 주세요.

음식을 주문할 때는 다음과 같이 표현한다.

교과서 165쪽

1 잘 듣고, 그림에 알맞은 단어를 보기에서 찾아 써 봅시다. 172

보기
吃饭 点菜 北京烤鸭

2 빈칸에 들어갈 단어를 보기에서 골라 대화를 완성해 봅시다.

보기
请客 没 多 上 还

你吃饭了吗?
我____没吃。
그래? 今天我________。
정말? 고마워!
너 베이징 오리구이 먹어 본 적 있어?
我还____吃过。
싼걸로 시켜야지. 여기요, 만두 한 판 주세요.
헉!!
你____吃点儿。
...?
써 보기
过

쓰기 Plus+ • 주요 단어와 활용 문장을 따라 써 보세요.

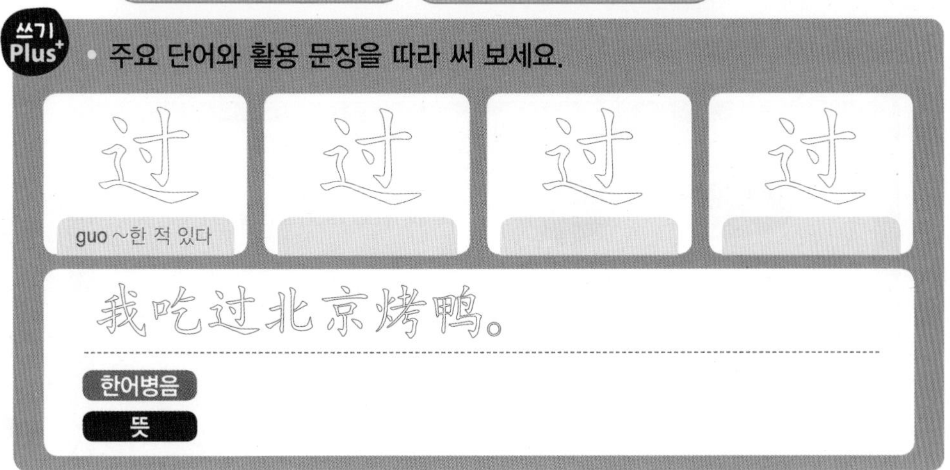

过 过 过 过
guo ~한 적 있다
我吃过北京烤鸭。
한어병음
뜻

듣기 대본 및 해석

1 ❶ diǎn cài
点菜
주문하다

❷ Běijīng kǎoyā
北京烤鸭
베이징 오리구이

❸ chī fàn
吃饭
밥을 먹다

예시 답안 및 해석

2 보기
- 请客 qǐngkè 한턱내다
- 没 méi 없다
- 多 duō 많이
- 上 shàng (요리를) 내오다
- 还 hái 아직

A 你吃饭了吗?
Nǐ chī fàn le ma?
너 밥 먹었니?

B 我还没吃。
Wǒ hái méi chī.
아직 안 먹었어.

A 今天我请客。
Jīntiān wǒ qǐngkè.
오늘 내가 한턱낼게.

B 我还没吃过。
Wǒ hái méi chīguo.
나 아직 안 먹어 봤어.

A 你多吃点儿。
Nǐ duō chī diǎnr.
많이 좀 먹어.

교과서 166쪽

듣기 대본 및 해석

1 ❶ Wǒ hái méi chī fàn.
我还没吃饭。
나는 아직 밥을 먹지 않았다.

❷ Wǒ ài chī là de.
我爱吃辣的。
나는 매운 것을 좋아한다.

예시 답안 및 해석

2 ❶ 我们吃北京烤鸭吧。
Wǒmen chī Běijīng kǎoyā ba.
우리 베이징 오리구이 먹자.

❷ 菜都上了，请慢用!
Cài dōu shàng le, qǐng màn yòng!
음식이 모두 나왔습니다. 천천히 드세요!

3 ❶ **A** Nǐ yào diǎn shénme?
你要点什么?
어떤 요리 주문하시겠습니까?

B Lái yì zhī Běijīng kǎoyā.
来一只北京烤鸭。
베이징 오리구이 한 마리 주세요.

A Hái yào bié de ma?
还要别的吗?
더 필요한 것은요?

B Zài lái yí ge gōngbǎojīdīng.
再来一个宫保鸡丁。
닭고기 견과류 볶음요리도 하나 주세요.

❷ **A** Nǐ yào diǎn shénme?
你要点什么?
어떤 요리 주문하시겠습니까?

B Lái yí ge yúxiāngròusī.
来一个鱼香肉丝。
돼지고기 야채 볶음 하나 주세요.

A Hái yào bié de ma?
还要别的吗?
더 필요한 것은요?

B Zài lái yì wǎn niúròumiàn.
再来一碗牛肉面。
쇠고기 탕면도 한 그릇 주세요.

정답 1. ❶ ☑☐ ❷ ☑☐
2. ❶ 我们吃北京烤鸭吧。
❷ 菜都上了，请慢用!
3. 예시
A: Nǐ yào diǎn shénme?
B: Lái yì zhī Běijīng kǎoyā.
A: Hái yào bié de ma?
B: Zài lái yí ge gōngbǎojīdīng.

1 잘 듣고, 내용과 일치하는 그림을 찾아 ✔를 표시해 봅시다. 173

2 단어 카드를 배열하여 문장을 완성하고, 읽어봅시다.

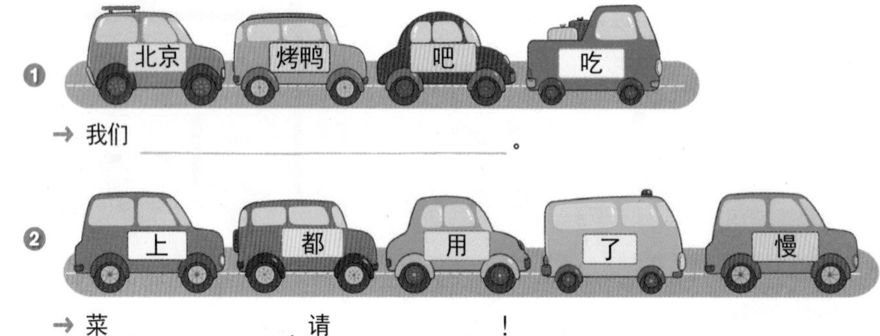

❶ → 我们 ________________。

❷ → 菜 ____________，请 ____________!

3 차림표를 보며 종업원과 손님이 되어 대화해 봅시다.

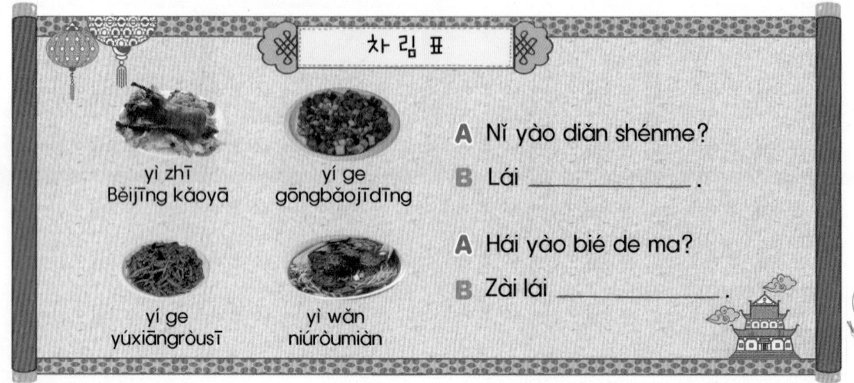

차 림 표
yì zhī Běijīng kǎoyā
yí ge gōngbǎojīdīng
yí ge yúxiāngròusī
yì wǎn niúròumiàn
A Nǐ yào diǎn shénme?
B Lái ____________.
A Hái yào bié de ma?
B Zài lái ____________.

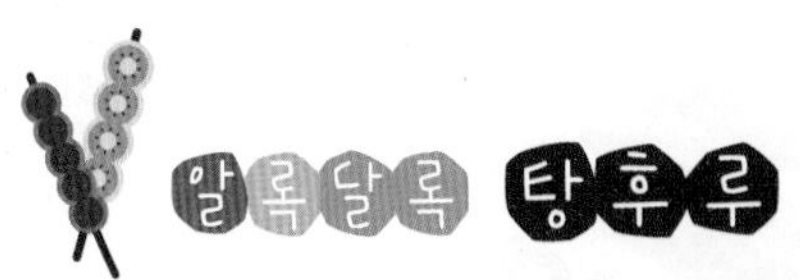

교과서 167쪽

중국 길거리에서 쉽게 볼 수 있는 탕후루(糖葫芦, tánghúlu)는 본래 산사나무 열매를 꼬치에 꿰어서 설탕물을 묻혀 굳힌 중국의 전통 간식이다.

재료

주재료 방울토마토, 딸기, 파인애플, 포도, 귤, 바나나, 키위, 멜론, 사과 등 과일, 과일용 꼬치

시럽 설탕 2컵, 물 1/2컵, 올리고당 1/2컵

❶ 과일의 물기를 없애고 적당한 크기로 잘라 꼬치에 꿴다.

❷ 분량의 설탕과 물을 넣어 팬을 돌려가며 은근한 불에 끓인다.

❸ 올리고당을 넣고 점성이 생길 때까지 젓는다. 완성된 시럽을 과일 꼬치 위에 살살 바른다.

❹ 과일 꼬치를 냉동실에 30분 정도 넣어 시럽이 얼면 꺼내 먹는다.

워드서치

• 단어에 해당하는 한어병음을 쓰고 단어를 찾아봅시다.

1 맛 ____________
2 上 ____________
3 달다 ____________
4 回来 ____________
5 맛있다 ____________
6 慢 ____________
7 저녁밥 ____________
8 请客 ____________
9 주문하다 ____________
10 烤鸭 ____________

q	a	w	o	z	ǎ	j	w	a	n	w	t
m	ǐ	e	t	s	l	q	è	n	g	e	s
ó	h	n	q	j	s	n	i	q	ò	i	h
n	u	r	g	á	q	á	d	u	d	q	à
t	w	ě	t	k	l	q	à	p	i	j	n
i	d	q	m	í	è	u	o	s	ǎ	s	g
á	k	l	u	p	m	n	p	l	n	r	t
n	i	h	ǎ	o	c	h	ī	r	ó	o	n
p	n	s	b	e	z	ā	u	ǒ	q	à	p
é	w	g	p	m	y	i	r	s	f	t	m
j	r	e	ú	o	e	m	à	n	l	s	l
l	ó	c	ǎ	s	z	ǐ	ǎ	z	e	i	q
m	d	k	n	j	i	w	p	m	b	d	n

중국의 음식 문화

중국 요리는 색깔, 냄새, 맛, 모양 등을 중시하는 것이 특징입니다. 남방은 쌀 요리, 북방은 면 요리가 발달하였으며, 지역에 따라 베이징(北京) 요리, 상하이(上海) 요리, 쓰촨(四川) 요리, 광둥(广东) 요리로 나눠집니다. '남쪽은 달고, 북쪽은 짜고, 동쪽은 맵고, 서쪽은 시다(南甜北咸东辣西酸, nán tián běi xián dōng là xī suān)'라는 말이 있습니다.

베이징(北京, Běijīng) 요리
중국 각지의 요리를 맛볼 수 있으며, 육류를 이용한 튀김과 볶음 요리가 발달하였습니다.
베이징 오리구이
(北京烤鸭, Běijīng kǎoyā)
상하이(上海, Shànghǎi) 요리
바다와 인접하여 해산물 요리가 많으며, 간장과 설탕을 많이 사용하고 맛이 담백하고 깔끔합니다.
털게찜
(大闸蟹, dàzháxiè)
쓰촨(四川, Sìchuān) 요리
향신료를 많이 사용하며, 맵고 기름지고 진한 맛과 뛰어난 조리기술을 자랑합니다.
중국식 샤브샤브
(火锅, huǒguō)
광둥(广东, Guǎngdōng) 요리
요리 종류, 재료, 조리법 등이 매우 다양하며 단맛이 강합니다.
딤섬
(点心, diǎnxin)

문화 Plus+

베이징 오리구이(北京烤鸭, Běijīng kǎoyā)

베이징 오리구이는 300여 년의 역사를 가지고 있으며, 베이징에 위치한 취안쥐더(全聚德)가 가장 유명한 베이징 오리구이 전문점이다. 장작불에 3~4시간 훈제한 베이징 오리구이는 바삭바삭한 껍질과 부드러운 육질을 동시에 맛볼 수 있다. 기름기가 많지만 느끼하지 않고 아무리 먹어도 질리지 않는다. 밀가루 전병에 소스를 바르고 그 위에 오리구이 고기와 파, 오이 등의 채소를 올린 다음 돌돌 말아서 먹는다.

중국식 샤브샤브(火锅, huǒguō)

중국식 샤브샤브는 진하게 끓여 낸 육수에 양고기, 쇠고기, 채소 등을 넣어 살짝 익혀 먹는 요리다. 일반적으로 반으로 나누어진 샤브샤브용 냄비에 하얀 국물(백탕)과 빨간 국물(홍탕)이 담겨져 나온다. 백탕은 담백한 맛, 홍탕은 매운 맛을 지니고 있다.

중국에서는 '백성들은 먹는 것을 하늘처럼 여긴다(民以食为天, Mín yǐ shí wéi tiān)'라는 말이 있을 정도로 음식을 중요시합니다.

손님이 음식을 다 먹으면 주인이 음식이 부족하다고 여기므로 조금 남기는 게 예의에요.

밥을 먹을 때는 밥그릇을 손에 받쳐 들고 젓가락(筷子, kuàizi)을 사용해요. 젓가락을 그릇에 부딪쳐 소리 내거나 밥그릇 중앙에 꽂으면 안 돼요.

요리는 일반적으로 찬 요리-따뜻한 요리-주식(밥, 면, 만두 등)과 탕(汤, tāng)-후식의 순서로 나와요.

중간의 원형 테이블을 돌려가며 공용 숟가락으로 개인 접시에 요리를 덜어 먹어요. 숟가락(勺子, sháozi)은 주로 국물 있는 탕 요리를 먹을 때 사용해요.

1. 상하이(上海) 요리는 맵고 기름지고 맛이 강합니다. O | X
2. 중국인은 밥을 먹을 때 주로 젓가락을 사용합니다. O | X

정답 & 해설
1. X 바다와 인접해 해산물 요리가 많으며, 간장과 설탕을 많이 사용하고 맛이 담백하고 깔끔하다.
2. O 숟가락은 주로 탕을 먹을 때 사용한다.

과제 활동

한국인이 좋아하는 중국 요리와 중국인이 좋아하는 한국 요리를 조사하고, 발표해 봅시다.

예시 답안

한국인이 좋아하는 중국 요리

1. 糖醋里脊 tángcùlǐjǐ 탕수육
2. 锅包肉 guōbāoròu 중국식 찹쌀탕수육
3. 麻婆豆腐 mápódòufu 마파두부
4. 宫保鸡丁 gōngbǎojīdīng 닭고기 견과류 볶음
5. 火锅 huǒguō 중국식 샤브샤브

중국인이 좋아하는 한국 요리

1. 烤肉 kǎoròu 불고기
2. 五花肉 wǔhuāròu 삼겹살
3. 拌饭 bànfàn 비빔밥
4. 炸鸡 zhájī 치킨
5. 参鸡汤 shēnjītāng 삼계탕

단원 평가 10과

01 단어와 뜻의 연결이 알맞지 않은 것은?

① 味道 – 맛　② 晚饭 – 저녁밥　③ 买单 – 주문하다
④ 打包 – 포장하다　⑤ 回来 – 되돌아오다

02 다음 우리말에 해당하는 중국어로 알맞은 것은?

한턱내다

① qìchē　② qǐngkè　③ wèidào
④ càidān　⑤ qǐngwèn

03 다음 문장의 우리말 뜻으로 알맞은 것은?

请慢用!

① 천천히 가세요　② 천천히 드세요　③ 천천히 오세요
④ 조용히 말해요　⑤ 조심해서 쓰세요

04 빈칸에 들어갈 말로 가장 알맞은 것은?

Lái ________ Běijīng kǎoyā.
베이징 카오야(오리구이) 한 마리 주세요.

① yí ge　② yì běn　③ yì wǎn
④ yì zhī　⑤ yí jiàn

학습 도움

01 ① wèidào　② wǎnfàn　③ mǎidān　④ dǎbāo　⑤ huílái

02 ① 汽车 자동차
② 请客 한턱내다
③ 味道 맛
④ 菜单 차림표
⑤ 请问 말씀 좀 묻겠습니다

03 'yòng 用'은 '들다, 먹다'란 뜻으로, 상대방에게 정중하게 음식을 권할 때에는 'Qǐng màn yòng! 请慢用!'이라고 말한다.

04 来一只北京烤鸭。

동물을 셀 때는 'zhī 只'를 사용한다.

05 그림에 해당하는 맛 표현으로 알맞은 것은?

① 苦　② 辣　③ 甜　④ 酸　⑤ 咸

06 밑줄 친 우리말을 중국어로 바르게 옮긴 것은?

A 你吃饭了吗?
B 아직 안 먹었어요.

① 我不吃　② 我还不吃　③ 我还没吃
④ 我还要吃　⑤ 我已经吃了

07 빈칸에 들어갈 말로 알맞은 것은?

Wǒ xué ____ táiquándào.
나는 태권도를 배운 적이 있다.

① ba　② de　③ le　④ guo　⑤ zhe

08 중국의 음식 문화에 대한 설명으로 옳지 않은 것은?

① 밥을 먹을 때 밥그릇을 손에 받쳐 들고 먹지 않는다.
② 숟가락은 주로 국물 있는 탕 요리를 먹을 때 사용한다.
③ 식사 대접을 받았을 때 음식을 조금 남기는 게 예의다.
④ 젓가락을 그릇에 부딪쳐 소리 내거나 밥그릇 중앙에 꽂으면 안 된다.
⑤ 일반적으로 찬 요리, 따뜻한 요리, 주식과 탕, 후식 순으로 요리가 나온다.

학습 도움

05
① kǔ 쓰다　② là 맵다
③ tián 달다　④ suān 시다
⑤ xián 짜다

06
A Nǐ chī fàn le ma?
B Wǒ hái méi chī.

'méi 没'는 '~하지 않았다'라는 뜻으로, 동작이나 사실 등이 일어나지 않았음을 나타낸다.

07
我学过跆拳道。

'guo 过'는 '~한 적 있다'라는 뜻으로, 과거의 경험을 나타낸다.

08
중국에서는 밥그릇을 손에 받쳐 들고 젓가락을 사용해서 먹는다.

부록

- 간화자 쓰기 노트
- 단원별 쓰기 노트
- 1학기 중간 평가
  1학기 기말 평가
  2학기 중간 평가
  2학기 기말 평가
- 예시답안과 해설
- 교과서 어휘 색인
- 단원별 어휘 정리
  단원별 읽기 정리

- 간화자 쓰기 노트
- 단원별 쓰기 노트

1과 간화자 쓰기 노트

你 丿 亻 亻 仈 价 价 你

你	你
nǐ 너	nǐ

好 ㇛ 女 女 女 好 好

好	好
hǎo 안녕하다, 좋다	hǎo

们 丿 亻 亻 亻 们

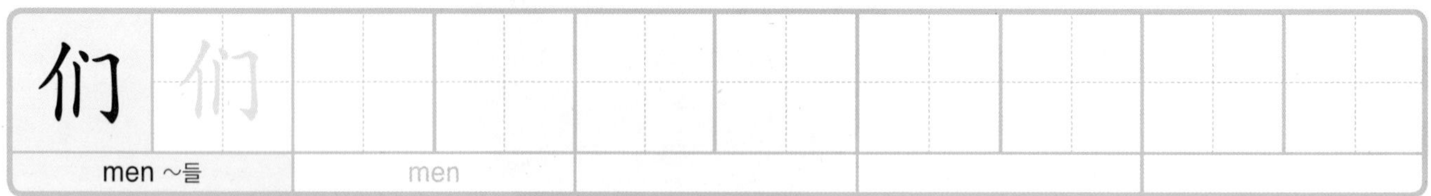

们	们
men ~들	men

再 一 厂 万 币 再 再　　见 丨 冂 贝 见

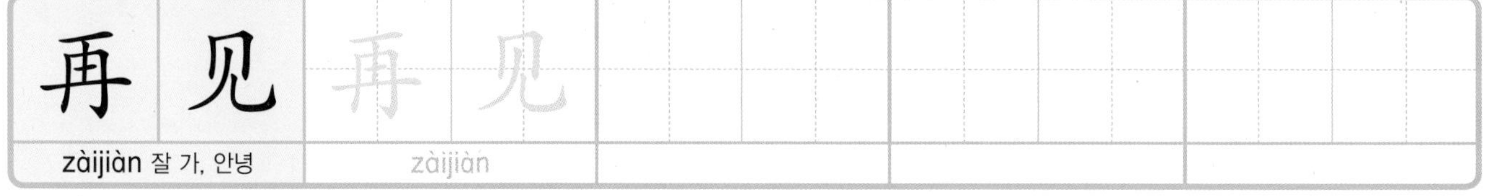

再见	再见
zàijiàn 잘 가, 안녕	zàijiàn

明 丨 冂 日 日 明 明 明 明　　天 一 二 チ 天

明天	明天
míngtiān 내일	míngtiān

吗 丨 口 口 吗 吗 吗

吗	吗
ma ~입니까?	ma

很 ㇒ 彡 彳 彳 犭 犭 很 很 很

很	很								
hěn 매우, 아주		hěn							

谢 ` 讠 讠 讠 讠 讠 讠 讠 讠 谢 谢 谢

谢	谢	谢	谢						
xièxie 고맙습니다		xièxie							

不 一 丆 不 不

不	不								
bù ~이 아니다		bù							

客 ` 丶 宀 宀 安 安 客 客 客　　气 ㇒ 𠂉 乍 气

客	气	客	气						
kèqi 예의를 차리다		kèqi							

老 一 十 土 耂 老 老　　师 丨 刂 刂 师 师 师

老	师	老	师						
lǎoshī 선생님		lǎoshī							

对 フ 又 又 对 对　　不 一 丆 不 不　　起 一 十 土 丰 丰 走 走 起 起 起

对	不	起	对	不	起			
duìbuqǐ 미안합니다			duìbuqǐ					

2과 간화자 쓰기 노트

叫 丨 ㄇ 口 叫 叫

叫	叫								
jiào ~라고 부르다		jiào							

什 丿 亻 仁 什　么 丿 ㄥ 么

什	么	什	么						
shénme 무엇, 무슨		shénme							

名 丿 ク 夕 夕 名 名　字 丶 丶 宀 宀 字 字

名	字	名	字						
míngzi 이름		míngzi							

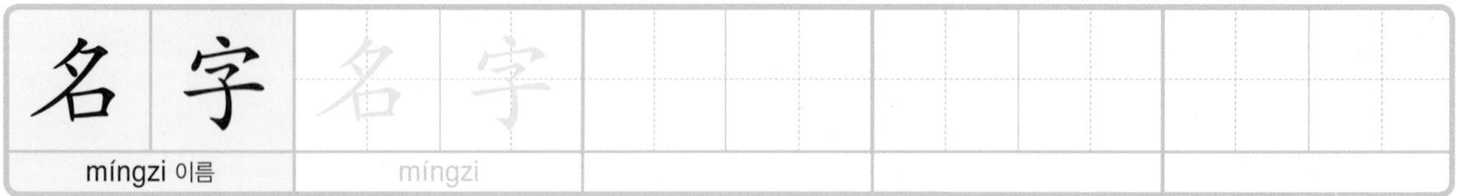

呢 丨 ㄇ 口 口 口 口 呢 呢

呢	呢								
ne ~는요?		ne							

认 丶 讠 认 认　识 丶 讠 讠 识 识 识 识

认	识	认	识						
rènshi 알다		rènshi							

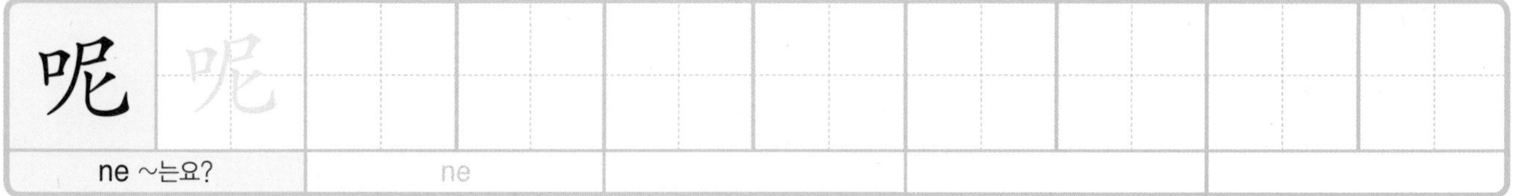

高 丶 亠 亠 亠 亠 高 高 高 高 高　兴 丶 丷 丷 兴 兴 兴

高	兴	高	兴						
gāoxìng 기쁘다		gāoxìng							

也 ㇆ ㇄ 也

也	也								
yě ~도, 역시	yě								

是 丨 ㄇ 日 旦 早 早 昰 是

是	是								
shì ~이다	shì								

哪 丨 ㄇ 口 叮 叼 吗 哪 哪 哪

哪	哪								
nǎ 어느	nǎ								

人 丿 人

人	人								
rén 사람	rén								

中 丨 ㄇ 口 中　　国 丨 冂 冂 冃 冃 国 国 国

中	国	中	国						
Zhōngguó 중국		Zhōngguó							

韩 一 十 士 古 古 吉 直 卓 卓 韩 韩 韩　　国 丨 冂 冂 冃 冃 国 国 国

韩	国	韩	国						
Hánguó 한국		Hánguó							

3과 간화자 쓰기 노트

这 ˋ 亠 ナ 文 文 议 这

这	这								
zhè 이(것)	zhè								

谁 ˋ 讠 讠 讠 讠 讠 讠 谁 谁 谁

谁	谁								
shéi 누구	shéi								

年 ノ 𠂉 𠂉 𠂉 𠂉 年　级 ㄥ 纟 纟 纟 纫 级

年	级	年	级						
niánjí 학년		niánjí							

高 ˋ 亠 亠 亠 亠 亠 高 高 高 高　中 丨 冂 口 中

高	中	高	中						
gāozhōng 고등학교		gāozhōng							

哥 一 丆 丆 丆 可 可 哥 哥 哥 哥

哥	哥	哥	哥						
gēge 형, 오빠		gēge							

没 ˋ 冫 氵 氵 氵 没 没　有 一 ナ 冇 有 有 有

没	有	没	有						
méiyǒu 없다		méiyǒu							

弟 丶 丷 㐅 当 弚 弟 弟

弟弟	弟弟
dìdi 남동생	dìdi

多 ノ ク タ 多 多 多

多	多
duō 얼마나	duō

今 ノ 人 人 今　　年 ノ 𠂉 𠂉 𠂉 𠂉 年

今年	今年
jīnnián 올해	jīnnián

岁 丨 山 山 屮 岁 岁

岁	岁
suì 살, 세[양사]	suì

两 一 丁 冂 丙 丙 两 两

两	两
liǎng 둘, 2	liǎng

年 ノ 𠂉 𠂉 𠂉 𠂉 年　　纪 ㄥ 幺 纟 纪 纪 纪

年纪	年纪
niánjì 나이, 연령	niánjì

4과 간화자 쓰기 노트

今 丿 人 亼 今　天 一 二 チ 天

今	天	今	天						
jīntiān 오늘		jīntiān							

生 丿 𠂉 𠂇 牛 生　日 丨 冂 月 日

生	日	生	日						
shēngrì 생일		shēngrì							

祝 丶 ㇇ 礻 礻 礻 祀 祀 祀 祝

祝	祝								
zhù 빌다, 기원하다		zhù							

快 丶 丷 忄 忄 忄 快 快　乐 ㇒ 𠂉 乐 乐 乐

快	乐	快	乐						
kuàilè 즐겁다		kuàilè							

星 丨 口 日 日 旦 星 星 星 星　期 一 十 廾 廾 甘 甘 其 其 其 期 期 期

星	期	星	期						
xīngqī 요일, 주		xīngqī							

汉 丶 丶 氵 汉 汉　语 丶 讠 讠 讠 讠 语 语 语 语

汉	语	汉	语						
Hànyǔ 중국어		Hànyǔ							

考 一 十 土 耂 老 考　　试 丶 讠 讠 讠 讠 讠 试 试

考试	考试			
kǎoshì 시험	kǎoshì			

还 一 丆 不 不 不 不 还

还	还								
hái 아직	hái								

加 フ 力 力 加 加　　油 丶 丶 氵 氵 汩 汩 油 油

加油	加油			
jiāyóu 힘을 내다, 응원하다	jiāyóu			

一 一　　起 一 十 土 丰 丰 走 走 起 起 起

一起	一起			
yìqǐ 함께	yìqǐ			

玩 一 二 王 王 玗 玗 玩　　儿 丿 儿

玩儿	玩儿			
wánr 놀다	wánr			

体 丿 亻 仁 什 休 体　　育 丶 亠 亠 亠 产 育 育 育

体育	体育			
tǐyù 체육	tǐyù			

5과 간화자 쓰기 노트

现 ㇐ ⺀ 王 玎 玑 玑 现　在 一 ナ 才 存 在 在

现在	现在
xiànzài 현재, 지금	xiànzài

点 ㇑ ⺊ 占 占 占 点 点 点 点

点	点
diǎn 시	diǎn

分 丿 八 分 分

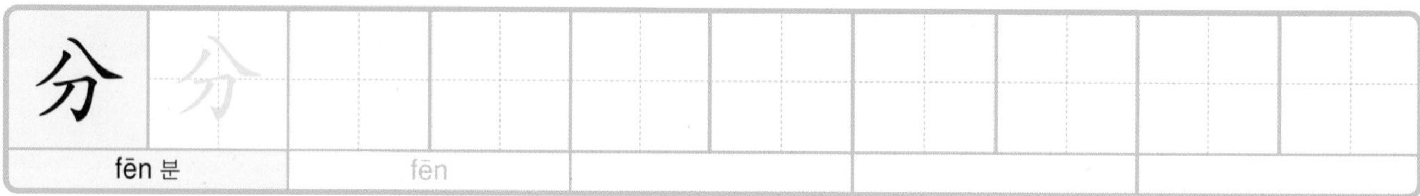

分	分
fēn 분	fēn

吃 丨 口 口 口' 吖 吃　饭 丿 ⺈ 饣 饣 饤 饭 饭

吃饭	吃饭
chī fàn 밥을 먹다	chī fàn

半 丶 丷 㐅 兰 半

半	半
bàn 30분, 반	bàn

怎 丿 ⺈ 乍 乍 乍 乍 怎 怎 怎　么 丿 么 么　样 一 十 才 木 木 木' 栏 栏 样

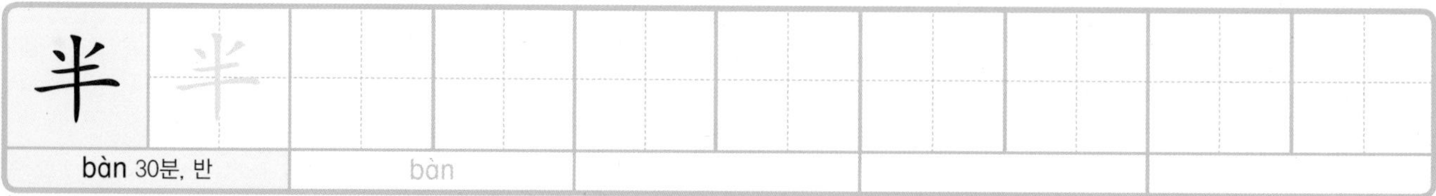

怎么样	怎么样
zěnmeyàng 어떠하다	zěnmeyàng

刻 丶 亠 亡 亥 亥 亥 亥 刻

刻	刻								
kè 15분		kè							

早 丨 冂 日 日 旦 早　上 丨 ⺊ 上

早	上	早	上						
zǎoshang 아침		zǎoshang							

起 一 十 土 丰 丰 走 走 起 起 起　床 丶 亠 广 广 庄 床 床

起	床	起	床						
qǐchuáng 일어나다		qǐchuáng							

上 丨 ⺊ 上　课 丶 讠 讠 训 讵 讵 评 课 课 课

上	课	上	课						
shàngkè 수업을 시작하다		shàngkè							

睡 丨 冂 冂 月 目 旷 旷 盱 盱 睡 睡 睡 睡　觉 丶 丷 𭕄 ⺍ 𫩏 𫩏 觉 觉 觉

睡	觉	睡	觉						
shuìjiào 잠을 자다		shuìjiào							

身 ノ 丨 介 自 自 身 身　体 ノ 亻 亻 什 休 休 体

身	体	身	体						
shēntǐ 신체, 몸		shēntǐ							

간화자 쓰기 노트

请　问

请 问

qǐngwèn 말씀 좀 묻겠습니다　qǐngwèn

站

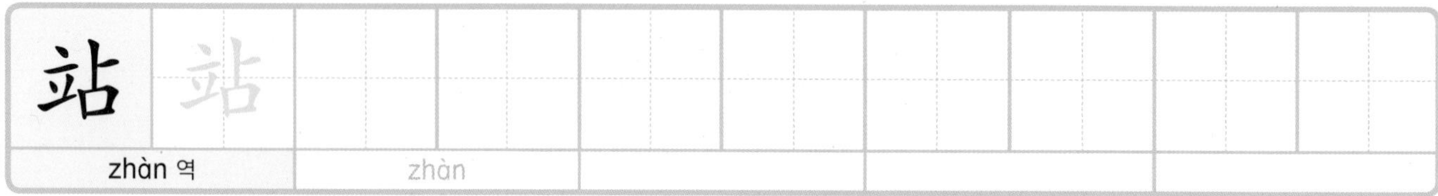

怎　么

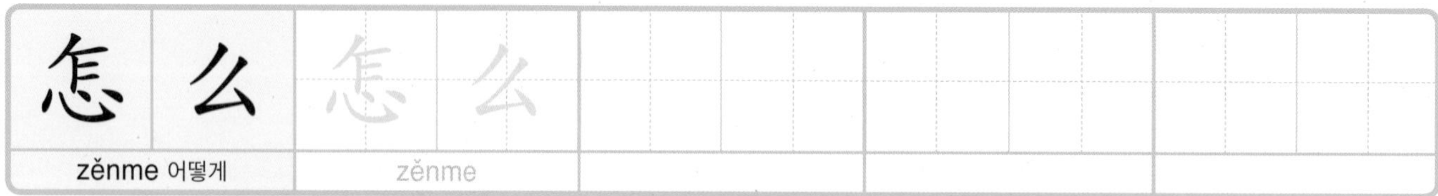

往

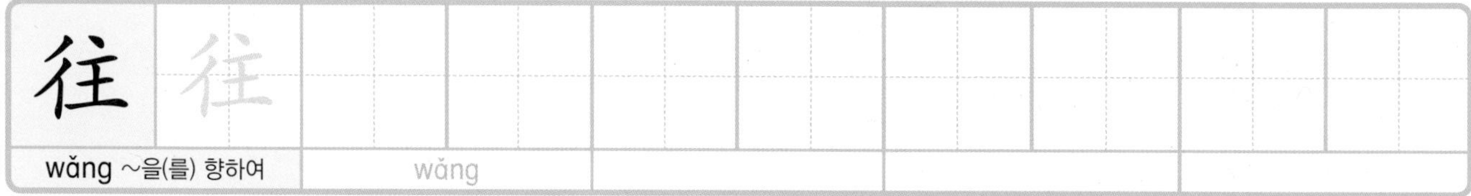

拐

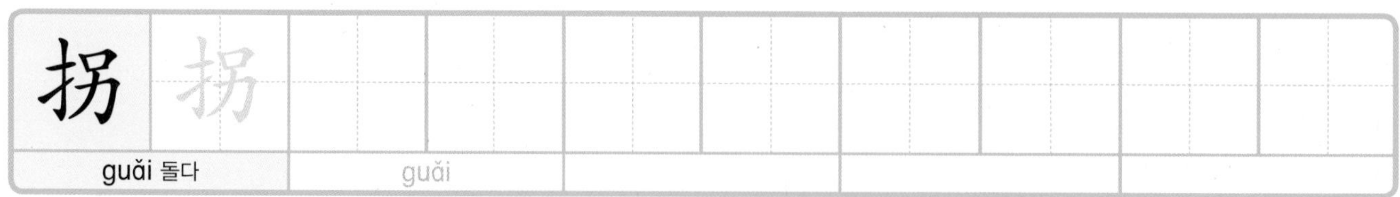

可　以

可 以

kěyǐ ~할 수 있다　kěyǐ

离 丶 亠 ㇀ 文 这 卤 卤 离 离 离

离	离								
lí ~로부터, ~에서		lí							

学 丶 丷 ⺍ ⺍ 学 学 学 学　校 一 十 才 木 朩 栌 栌 栌 柃 校

学	校	学	校						
xuéxiào 학교		xuéxiào							

远 一 二 テ 元 元 沅 远

远	远								
yuǎn 멀다		yuǎn							

路 丨 口 口 早 早 足 足 足 跄 政 路 路 路

路	路								
lù (버스, 노선) 번호		lù							

火 丶 丷 少 火　车 一 左 左 车

火	车	火	车						
huǒchē 기차		huǒchē							

自 ′ 亻 白 白 自 自　行 ′ 彡 彳 彳 彳 行　车 一 左 左 车

自	行	车	自	行	车			
zìxíngchē 자전거			zìxíngchē					

간화자 쓰기 노트

要 一 冖 冂 襾 襾 西 覀 要 要

要	要								
yào ~하려고 하다		yào							

买 乛 冖 冖 买 买 买

买	买								
mǎi 사다		mǎi							

条 丿 夂 夂 冬 夅 条 条

条	条								
tiáo 개, 벌[양사]		tiáo							

裤 丶 ㇇ 衤 衤 衤 衤 衤 衤 衤 裤 裤 裤　子 乛 了 子

裤	子	裤	子						
kùzi 바지		kùzi							

喜 一 十 士 士 吉 吉 吉 吉 壴 壴 喜 喜　欢 フ 又 又 欢 欢 欢

喜	欢	喜	欢						
xǐhuan 좋아하다		xǐhuan							

旗 丶 亠 方 方 方 方 方 方 旂 旂 旂 旗 旗 旗　袍 丶 ㇇ 衤 衤 衤 衤 衤 袍 袍 袍

旗	袍	旗	袍						
qípáo 치파오		qípáo							

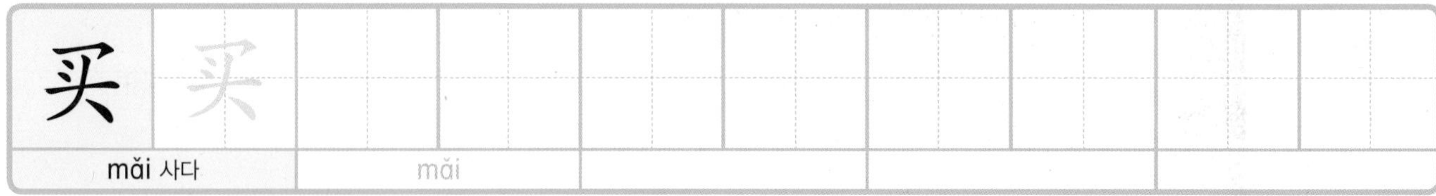

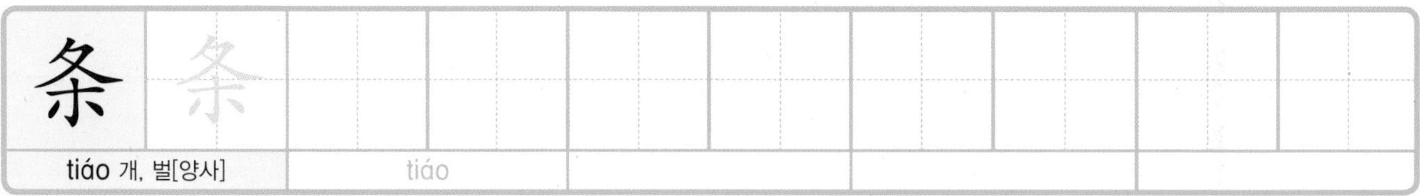

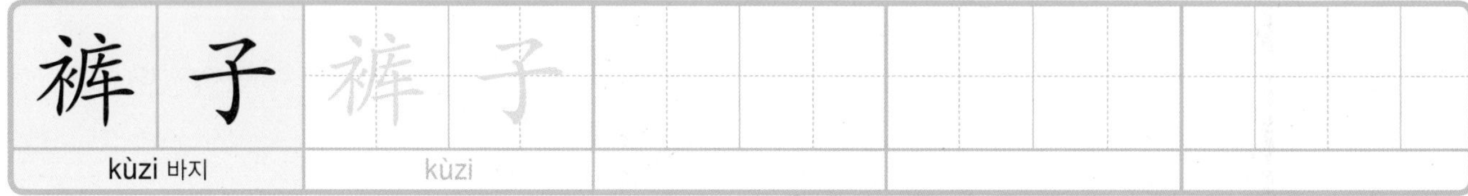

多 丿 ク 夕 夕 多 多　　少 丨 小 小 少

多少	多少			
duōshao 얼마	duōshao			

钱 丿 𠂉 𠂉 ⺮ 钅 钅 钅 钱 钱 钱

钱	钱			
qián 돈	qián			

百 一 丆 丆 百 百 百

百	百			
bǎi 백, 100	bǎi			

贵 丶 口 口 中 虫 冉 贵 贵 贵

贵	贵			
guì 비싸다	guì			

便 丿 亻 亻 亻 佰 佰 佰 便 便　　宜 丶 丶 宀 宀 宜 宜 宜 宜

便宜	便宜			
piányi 싸다	piányi			

给 ㄥ 纟 纟 纟 纷 纷 给 给 给

给	给			
gěi (~에게) 주다	gěi			

8과 간화자 쓰기 노트

出 ㇄ 凵 屮 出 出　去 一 十 土 去 去

出	去	出	去						
chūqù 나가다		chūqù							

哪 丨 口 口 叮 吗 吗 哵 哪 哪　儿 丿 儿

哪	儿	哪	儿						
nǎr 어디		nǎr							

图 丨 冂 冂 冈 冈 图 图 图　书 ㇆ 马 书 书　馆 丿 𠂊 饣 饣 饣 饣 饣 馆 馆 馆 馆

图	书	馆	图	书	馆			
túshūguǎn 도서관			túshūguǎn					

手 ㇀ 二 三 手　机 一 十 才 木 机 机

手	机	手	机						
shǒujī 휴대 전화		shǒujī							

号 丶 口 口 旦 号　码 一 丆 不 石 石 矶 码 码

号	码	号	码						
hàomǎ 번호		hàomǎ							

打 一 丁 扌 扌 打

打	打								
dǎ (전화를) 걸다		dǎ							

电 丶 口 曰 曰 电　话 丶 讠 讠 讠 讠 讠 话 话

电	话	电	话								
diànhuà 전화		diànhuà									

短 丿 𠂉 ㇇ 乍 矢 矢 矢 矢 矢 矢 短 短　信 丿 亻 亻 亻 亻 亻 亻 信 信

短	信	短	信								
duǎnxìn 문자		duǎnxìn									

周 丿 冂 冂 冂 冂 周 周 周　末 一 二 丰 未 末

周	末	周	末								
zhōumò 주말		zhōumò									

空 丶 丶 宀 宀 穴 空 空 空　儿 丿 儿

空	儿	空	儿								
kòngr 짬, 틈		kòngr									

见 丨 冂 贝 见　面 一 丆 丆 丙 而 而 而 面 面

见	面	见	面								
jiànmiàn 만나다		jiànmiàn									

门 丶 丨 门　口 丨 冂 口

门	口	门	口								
ménkǒu 입구		ménkǒu									

간화자 쓰기 노트

爱 … 爱　　好 … 好

爱 好 | 爱 好
àihào 취미 | àihào

菜 … 菜

菜 | 菜
cài 요리 | cài

会 … 会

会 | 会
huì ~할 줄 안다 | huì

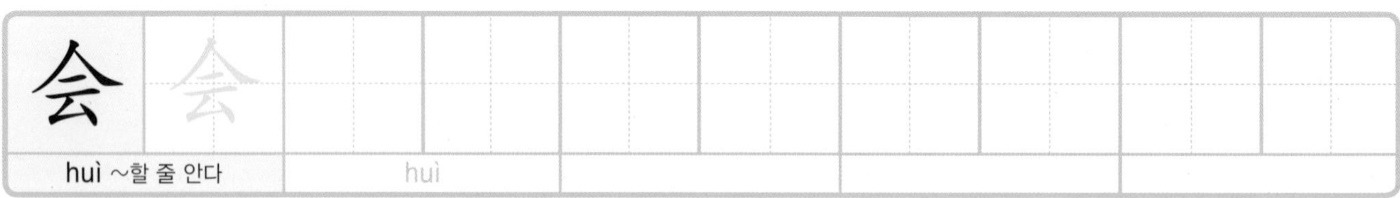

当 … 当　　然 … 然

当 然 | 当 然
dāngrán 당연하다 | dāngrán

将 … 将　　来 … 来

将 来 | 将 来
jiānglái 장래, 미래 | jiānglái

想 … 想

想 | 想
xiǎng ~하고 싶다 | xiǎng

当 丨 丨 丬 当 当 当

当	当
dāng ~이 되다	dāng

厨 一 厂 厂 厂 后 后 后 后 㕑 㕑 厨 厨　　师 丨 刂 刂 刂 师 师

厨	师	厨	师
chúshī 요리사		chúshī	

那 ㇆ ㇆ ㇆ 月 那 那

那	那
nà 그러면	nà

教 一 十 土 耂 耂 考 孝 孝 孝 教 教

教	教
jiāo 가르치다	jiāo

问 丶 丨 门 门 问 问　　题 丨 冂 日 日 旦 旦 早 是 是 是 是 题 题 题

问	题	问	题
wèntí 문제		wèntí	

运 一 二 云 云 运 运 运　　动 一 二 云 云 动 动

运	动	运	动
yùngdòng 운동		yùngdòng	

10과 간화자 쓰기 노트

北 丨 丬 丬 北 北　　京 丶 亠 亠 古 古 亨 京 京

北	京	北	京						
Běijīng 베이징		Běijīng							

过 一 十 寸 寸 讨 过

过	过								
guo ~한 적 있다		guo							

味 丨 口 口 口 吀 咔 味 味　　道 丶 丷 丷 䒑 首 首 首 首 首 道 道 道

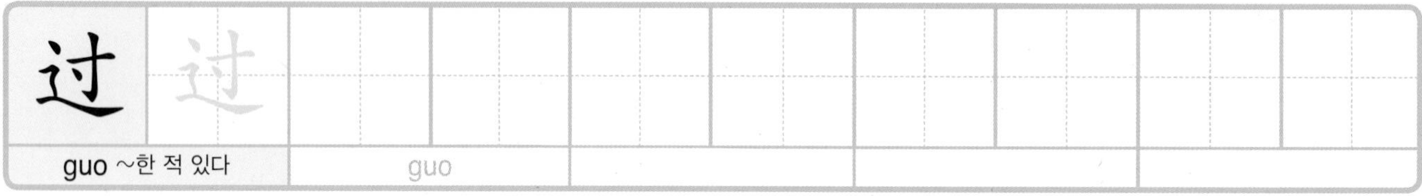

味	道	味	道						
wèidào 맛		wèidào							

好 ㄑ 女 女 女 好 好　　吃 丨 口 口 口 吖 吃

好	吃	好	吃						
hǎochī 맛있다		hǎochī							

请 丶 讠 讠 讠 讠 讠 讠 请 请 请　　客 丶 丶 宀 宀 宀 安 客 客 客

请	客	请	客						
qǐngkè 한턱내다		qǐngkè							

点 丨 卜 卜 占 占 占 点 点 点

点	点								
diǎn 주문하다		diǎn							

辣 丶 亠 ⺈ 立 立 辛 辛 辛 辛 辣 辣 辣 辣 辣

辣	辣								
là 맵다		là							

慢 丶 丶 忄 忄 忄 忄 忄 忄 忄 忄 忄 忄 慢 慢

慢	慢								
màn 느리다		màn							

酸 一 丆 丆 万 丙 丙 酉 酉 酉 酉 酉 酉 酸 酸

酸	酸								
suān 시다		suān							

菜 一 十 艹 艹 艹 艹 苎 苹 菜 菜 菜　单 丶 丷 丷 台 肖 肖 且 单

菜	单	菜	单						
càidān 차림표		càidān							

打 一 十 扌 扌 打　包 丿 勹 勺 句 包

打	包	打	包						
dǎbāo 포장하다		dǎbāo							

碗 一 丆 丆 石 石 石 石 矿 矿 矿 矿 矿 碗

碗	碗								
wǎn 그릇[양사]		wǎn							

✎ 문장을 따라 쓰고 해석해 봅시다.

1. 你好!

Nǐ hǎo!

해석

2. 再见!

Zàijiàn!

해석

3. 你好吗?

Nǐ hǎo ma?

해석

4. 我很好。

Wǒ hěn hǎo.

해석

5. 谢谢!

Xièxie!

해석

6. 不客气!

Bú kèqi!

해석

문장을 따라 쓰고 해석해 봅시다.

❶ 你叫什么名字?

Nǐ jiào shénme míngzi?

해석

❷ 我叫王丽, 你呢?

Wǒ jiào Wáng Lì, nǐ ne?

해석

❸ 我叫朴正民, 认识你很高兴。

Wǒ jiào Piáo Zhèngmín, rènshi nǐ hěn gāoxìng.

해석

❹ 我也很高兴。

Wǒ yě hěn gāoxìng.

해석

❺ 你是哪国人?

Nǐ shì nǎ guó rén?

해석

❻ 我们都是中国人。

Wǒmen dōu shì Zhōngguórén.

해석

문장을 따라 쓰고 해석해 봅시다.

1. 这是谁?

   Zhè shì shéi?

   해석

2. 这是我的中国朋友。

   Zhè shì wǒ de Zhōngguó péngyou.

   해석

3. 她上高中二年级。

   Tā shàng gāozhōng èr niánjí.

   해석

4. 没有，我有一个弟弟。

   Méiyǒu, wǒ yǒu yí ge dìdi.

   해석

5. 他多大了?

   Tā duō dà le?

   해석

6. 他今年十五岁了。

   Tā jīnnián shíwǔ suì le.

   해석

문장을 따라 쓰고 해석해 봅시다.

❶ 今天几月几号?

Jīntiān jǐ yuè jǐ hào?

해석

❷ 明天是你的生日吧?

Míngtiān shì nǐ de shēngrì ba?

해석

❸ 真的吗? 祝你生日快乐!

Zhēn de ma? Zhù nǐ shēngrì kuàilè!

해석

❹ 今天星期几?

Jīntiān xīngqī jǐ?

해석

❺ 下星期一有汉语考试。

Xià xīngqīyī yǒu Hànyǔ kǎoshì.

해석

❻ 还有两天, 加油吧!

Hái yǒu liǎng tiān, jiāyóu ba!

해석

문장을 따라 쓰고 해석해 봅시다.

❶ 现在几点了?

Xiànzài jǐ diǎn le?

해석

❷ 五点十分。

Wǔ diǎn shí fēn.

해석

❸ 六点半吃饭，怎么样?

Liù diǎn bàn chī fàn, zěnmeyàng?

해석

❹ 我每天早上七点起床。

Wǒ měi tiān zǎoshang qī diǎn qǐchuáng.

해석

❺ 下午四点五十分下课。

Xiàwǔ sì diǎn wǔshí fēn xiàkè.

해석

❻ 早睡早起身体好。

Zǎo shuì zǎo qǐ shēntǐ hǎo.

해석

문장을 따라 쓰고 해석해 봅시다.

① 请问，地铁站怎么走？

Qǐngwèn, dìtiězhàn zěnme zǒu?

해석

② 一直走，到十字路口往右拐就是。

Yìzhí zǒu, dào shízì lùkǒu wǎng yòu guǎi jiù shì.

해석

③ 要多长时间？

Yào duō cháng shíjiān?

해석

④ 走十五分钟左右。

Zǒu shíwǔ fēnzhōng zuǒyòu.

해석

⑤ 你家离学校远吗？

Nǐ jiā lí xuéxiào yuǎn ma?

해석

⑥ 我坐公交车上学。

Wǒ zuò gōngjiāochē shàngxué.

해석

7과 쓰기 노트

문장을 따라 쓰고 해석해 봅시다.

❶ 您要买什么?

Nín yào mǎi shénme?

해석

❷ 我要买一条裤子。

Wǒ yào mǎi yì tiáo kùzi.

해석

❸ 您喜欢黑的还是白的?

Nín xǐhuan hēi de háishi bái de?

해석

❹ 正好, 我要这条。

Zhènghǎo, wǒ yào zhè tiáo.

해석

❺ 这件旗袍多少钱?

Zhè jiàn qípáo duōshao qián?

해석

❻ 太贵了! 便宜点儿吧!

Tài guì le! Piányi diǎnr ba!

해석

문장을 따라 쓰고 해석해 봅시다.

1. 喂! 王丽在吗?

   Wèi! Wáng Lì zài ma?

   해석

2. 她不在, 出去了。

   Tā bú zài, chūqù le.

   해석

3. 她去哪儿了?

   Tā qù nǎr le?

   해석

4. 王丽的手机号码是多少?

   Wáng Lì de shǒujī hàomǎ shì duōshao?

   해석

5. 王丽, 周末你有空儿吗?

   Wáng Lì, zhōumò nǐ yǒu kòngr ma?

   해석

6. 下午两点, 我在电影院门口等你。

   Xiàwǔ liǎng diǎn, wǒ zài diànyǐngyuàn ménkǒu děng nǐ.

   해석

✎ 문장을 따라 쓰고 해석해 봅시다.

1. 你有什么爱好?

   Nǐ yǒu shénme àihào?

   해석

2. 你会做中国菜吗?

   Nǐ huì zuò Zhōngguócài ma?

   해석

3. 当然, 我将来想当厨师。

   Dāngrán, wǒ jiānglái xiǎng dāng chúshī.

   해석

4. 那你教教我, 行吗?

   Nà nǐ jiāojiao wǒ, xíng ma?

   해석

5. 我喜欢打棒球。

   Wǒ xǐhuan dǎ bàngqiú.

   해석

6. 太好了。

   Tài hǎo le.

   해석

문장을 따라 쓰고 해석해 봅시다.

❶ 你吃饭了吗?

Nǐ chī fàn le ma?

해석

❷ 我还没吃过。味道怎么样?

Wǒ hái méi chīguo. Wèidào zěnmeyàng?

해석

❸ 北京烤鸭很好吃。今天我请客!

Běijīng kǎoyā hěn hǎochī. Jīntiān wǒ qǐngkè!

해석

❹ 你们要点什么菜?

Nǐmen yào diǎn shénme cài?

해석

❺ 我爱吃辣的,再来一个宫保鸡丁。

Wǒ ài chī là de, zài lái yí ge gōngbǎojīdīng.

해석

❻ 菜都上了,请慢用!

Cài dōu shàng le, qǐng màn yòng!

해석

1학기

중간 평가

중국 엿보기 ~ 2과

01 중국에 대해 바르게 설명한 것은?

① 중국의 국기는 '오성홍기'이다.
② 중국의 수도는 상하이(上海)이다.
③ 중국의 면적은 한반도의 10배이다.
④ 중국의 정식 국가 명칭은 '중화민국'이다.
⑤ 중국은 세계에서 인구가 세 번째로 많은 나라이다.

02 빈칸에 공통으로 들어갈 말로 알맞은 것은?

> 중국어의 음절은 ______, 운모, 성조로 이루어지는데, ______란 음절의 첫 부분에 오는 자음을 말한다.

① 성모　② 경성
③ 간화자　④ 푸퉁화
⑤ 한어병음

03 혀뿌리를 여린 입천장에 닿을락 말락 가까이 대고 내는 소리에 해당하는 것은?

① d　② g　③ j
④ n　⑤ r

04 밑줄 친 'e'와 발음이 같은 것은?

> jie

① ne　② gei　③ hen
④ wen　⑤ teng

05 성조에 대한 설명으로 옳지 않은 것은?

① 표준 중국어에는 5개의 성조가 있다.
② 성조는 음의 높낮이와 변화를 말한다.
③ 성조를 바꾸어 발음하면 의미에 변화가 생긴다.
④ 제3성인 글자는 뒤에 제1, 2, 4성, 경성이 오면 반3성으로 발음한다.
⑤ 경성의 성조 부호는 표기하지 않으며 앞 글자의 성조에 따라 음높이가 달라진다.

06 성조 표기가 바르지 않은 것은?

① hé　② fēi　③ guó
④ lìu　⑤ zǎo

07 그림이 나타내는 숫자의 한어병음으로 알맞은 것은?

① bā
② yī
③ liù
④ jiǔ
⑤ shí

08 다음 중 인칭대명사가 아닌 것은?

① 我　② 您　③ 她
④ 他们　⑤ 早上

09 빈칸에 들어갈 말로 알맞은 것은?

① Zàijiàn
② Nín hǎo
③ Nǐmen hǎo
④ Lǎoshī hǎo
⑤ Míngtiān jiàn

[10~11] 다음 대화를 읽고 물음에 답하시오.

A 你好㉠吗?
B ㉡我很好。

10 ㉠의 뜻으로 알맞은 것은?

① ~들　② 내일　③ 저녁
④ ~입니까?　⑤ ~이 아니다

11 ㉡을 바르게 해석한 것은?

① 더워　② 배고파　③ 피곤해
④ 잘 지내　⑤ 목이 말라

12 빈칸에 들어갈 말로 알맞은 것은?

① Duìbuqi
② Dàjiā hǎo
③ Méi guānxi
④ Wǒ hěn máng
⑤ Wǎnshang hǎo

13 단어와 뜻이 바르게 연결된 것은?

① ne – 그/그녀　② tā – ~는요?
③ dōu – 모두, 다　④ guó – 사람
⑤ rén – 나라

14 밑줄 친 부분을 바르게 나열한 것은?

당신의 이름은 무엇입니까?
→ Nǐ míngzi / shénme / jiào?

① míngzi shénme jiào
② míngzi jiào shénme
③ jiào shénme míngzi
④ jiào míngzi shénme
⑤ shénme míngzi jiào

15 다음을 바르게 해석한 것은?

Rènshi nǐ hěn gāoxìng.

① 나도 반가워.
② 만나서 반가워.
③ 나는 정말 기뻐.
④ 기분이 좋아졌어.
⑤ 나는 왕리라고 해.

[16~17] 다음 대화를 읽고 물음에 답하시오.

A 你是 _____国人?
B 我是中国人。

16 빈칸에 들어갈 단어로 알맞은 것은?

① 哪 ② 叫 ③ 见
④ 帅 ⑤ 什么

17 B의 국적으로 알맞은 것은?

① 미국 ② 영국 ③ 일본
④ 중국 ⑤ 한국

18 다음 중 '也'가 들어갈 위치로 알맞은 것은

㉠她㉡是㉢美国人㉣吗㉤?

① ㉠ ② ㉡ ③ ㉢
④ ㉣ ⑤ ㉤

19 다음에 해당하는 인사법으로 알맞은 것은?

중국의 전통적인 인사법으로 한 손은 주먹을 쥐고, 다른 한 손은 주먹 쥔 손을 감싼 채 가볍게 흔들며 인사하는 것을 말한다.

① 절 ② 공수 ③ 경례
④ 묵례 ⑤ 악수

20 중국인의 성(姓)씨와 호칭에 대한 설명으로 옳은 것을 고른 것은?

㉠ 美女(měinǚ)는 '미녀'라는 뜻으로 젊은 여성에게는 사용하지 않는다.
㉡ 친한 사이일 경우 자기보다 나이가 많으면 성 앞에 老(lǎo)를 붙인다.
㉢ 최근 젊은 남성에 대한 호칭으로 帅歌(shuàigē)라는 표현이 사용되고 있다.
㉣ 중국에서 가장 많은 성씨는 왕(王, Wáng), 장(张, Zhāng), 이(李, Lǐ) 순서이다.

① ㉠, ㉡ ② ㉠, ㉢ ③ ㉡, ㉢
④ ㉡, ㉣ ⑤ ㉢, ㉣

서술형

01 다음 대화를 읽고 물음에 답하시오.

A ㉠고마워.
B ㉡不客气。

(1) ㉠에 들어갈 말을 한어병음으로 쓰시오.

(2) ㉡이 실제로 발음될 때의 성조를 쓰고, 그 이유를 설명하시오.

- 성조: 제__성
- 이유:

02 다음 두 인사말을 사용 대상에 대한 차이를 중심으로 서술하시오.

- 你好!
- 你好吗?

03 그림 속 주인공이 되어 친구들에게 하는 자기소개를 조건에 맞게 쓰시오.

Piáo Zhèngmín

조건
- 한어병음으로 작성할 것.
- 인사 표현, 이름, 국적을 반드시 포함할 것.
- 주어와 서술어를 갖춘 완전한 문장으로 쓸 것.

[01~02] 다음 대화를 읽고 물음에 답하시오.

A Nǐ shàng jǐ ㉠niánjí?
B Wǒ shàng ㉡고등학교 èr niánjí.

01 ㉠에 해당하는 간화자로 알맞은 것은?

① 今年 ② 年级 ③ 多大
④ 年纪 ⑤ 朋友

02 ㉡에 해당하는 한어병음으로 알맞은 것은?

① dàxué
② xiǎoxué
③ gāozhōng
④ chūzhōng
⑤ zhōngxué

03 ㉠, ㉡에 들어갈 말이 알맞게 짝지어진 것은?

중국어에서 사람이나 사물을 가리킬 때, 말하는 사람에게서 가까운 것은 __㉠__, 조금 먼 것은 __㉡__ 를 사용한다.

	㉠	㉡
①	nà	zhè
②	nǎ	nà
③	nǎ	zhè
④	zhè	nà
⑤	zhè	nǎ

04 다음을 중국어로 바르게 옮긴 것은?

누나 두 명

① 二个姐姐
② 两个妹妹
③ 两个哥哥
④ 两个姐姐
⑤ 二个妹妹

[05~07] 다음 대화를 읽고 물음에 답하시오.

A Nǐ yǒu jiějie ma?
B __㉠__ yǒu. Wǒ yǒu yí ge gēge.
A Nǐ gēge __㉡__ le?
B ㉢Tā shíjiǔ suì le.

05 ㉠에 들어갈 말로 알맞은 것은?

① 不 ② 没 ③ 很
④ 也 ⑤ 他

06 ㉡에 들어갈 말로 가장 알맞은 것은?

① jǐ suì
② duō suì
③ duō dà
④ duō dà niánjí
⑤ duō dà niánjì

07 ㉢에 해당하는 말로 가장 알맞은 것은?

① 他 ② 你 ③ 我
④ 她 ⑤ 您

08 단어와 발음의 연결이 알맞지 않은 것은?

① 谁 – shéi
② 回 – huí
③ 早 – zǎo
④ 每 – méi
⑤ 身体 – shēntǐ

[09~10] 다음 대화를 읽고 물음에 답하시오.

A 今天几月几号?
B 七月十号。
A 你的生日是几月几号?
B 明天是我的生日。
A 真的吗? ㉠你 / 快乐 / 祝 / 生日!

09 B의 생일에 해당하는 날짜로 알맞은 것은?

① 七月九号
② 七月十号
③ 七月十一号
④ 七月十二号
⑤ 七月十三号

10 ㉠을 어순에 맞게 배열한 것은?

① 祝快乐你生日
② 你生日快乐祝
③ 生日祝快乐你
④ 你生日快乐祝
⑤ 祝你生日快乐

11 빈칸에 들어갈 단어로 알맞은 것은?

A Jīntiān xīngqīyī.
B ________ yǒu Hànyǔ kǎoshì.
A Hái yǒu liǎng tiān.

① Xīngqīyī
② Xīngqī'èr
③ Xīngqīsān
④ Xīngqīsì
⑤ Xīngqīwǔ

12 다음 물음에 대한 대답으로 알맞은 것은?

Chūnjié shì jǐ yuè jǐ hào?

① 음력 1월 1일 ② 양력 1월 1일
③ 음력 1월 15일 ④ 음력 5월 5일
⑤ 음력 8월 15일

13 다음을 중국어로 바르게 옮긴 것은?

일요일

① 星期一 ② 一星期
③ 星期七 ④ 星期六
⑤ 星期天

14 다음에 해당하는 한어병음으로 알맞은 것은?

> 上午

① xiàkè ② xiàwǔ
③ huíjiā ④ shàngkè
⑤ shàngwǔ

15 시각을 나타내는 중국어 표현이 옳지 않은 것은?

① 2시 12분 – èr diǎn shí'èr fēn
② 4시 24분 – sì diǎn èrshísì fēn
③ 10시 20분 – shí diǎn èrshí fēn
④ 7시 45분 – qī diǎn sìshíwǔ fēn
⑤ 12시 10분 – shí'èr diǎn shí fēn

16 다음 설명과 관계있는 숫자는?

> 중국인들은 '길다, 오래 살다'라는 의미를 가진 '久'와 발음이 같아 이 숫자를 좋아한다.

① 四 ② 六 ③ 七
④ 八 ⑤ 九

[17~18] 다음 대화를 읽고 물음에 답하시오.

> A 现在几点了?
> B 十点㉠十五分。

17 대화의 주제로 알맞은 것은?

① 가족 ② 날짜 ③ 나이
④ 시간 ⑤ 일과

18 ㉠과 의미가 같은 것은?

① 半 ② 一刻 ③ 三刻
④ 半分 ⑤ 一刻分

19 밑줄 친 부분에 해당하는 중국어로 알맞은 것은?

> 六点半吃饭, 어때 ?

① 几 ② 哪 ③ 谁
④ 什么 ⑤ 怎么样

20 다음의 일과표와 일치하지 않은 것은?

Wáng Lì의 일과표	
오전	오후
6:30 기상 7:00 아침 식사 8:00 수업 시작 12:15 점심 식사	4:45 수업 종료 5:05 귀가 10:20 취침

① 上午八点上课。
② 早上六点半起床。
③ 下午四点三刻下课。
④ 晚上十点二十分睡觉。
⑤ 中午十二点五十分吃午饭。

서술형

01 빈칸에 들어갈 질문을 완성하여 간화자로 쓰시오.

02 ㉠과 ㉡에 공통으로 들어갈 단어를 쓰고, 의미의 차이를 설명하시오.

明天是你的生日 ___㉠___?
还有两天，加油 ___㉡___!

(1) 단어:

(2) 의미의 차이:

03 다음 문장을 어순에 맞게 배열하고, 그 뜻을 우리말로 쓰시오.

qǐchuáng /qī / zǎoshang / diǎn / měi tiān

(1) 문장 배열 : Wǒ ________________.

(2) 우리말 뜻 : ________________.

중간 평가 6과~8과

01 빈칸에 들어갈 말로 알맞지 않은 것은?

坐________

① 船 ② 火车
③ 飞机 ④ 出租车
⑤ 自行车

02 빈칸에 들어갈 말로 알맞은 것은?

你个子多__?

① 长 ② 重 ③ 大
④ 高 ⑤ 远

03 다음 단어와 성조 배열이 같은 것은?

咖啡

① 电话 ② 机场
③ 分钟 ④ 银行
⑤ 时间

[04~05] 다음 대화를 읽고 물음에 답하시오.

A 你家 ____ 学校远吗?
B 很近, 你呢?
A 我家 ____ 学校很远。你每天怎么上学?
B 我走着上学, 你呢?
A 我坐地铁上学。

04 빈칸에 공통으로 들어갈 말로 알맞은 것은?

① 在 ② 离 ③ 往
④ 到 ⑤ 给

05 대화 내용으로 알 수 있는 것은?

① A는 버스를 타고 등교한다.
② A의 집은 학교에서 가깝다.
③ A의 집에서 B의 집은 멀다.
④ B는 걸어서 등교한다.
⑤ B의 집은 학교에서 멀다.

06 빈칸에 들어갈 말로 알맞은 것은?

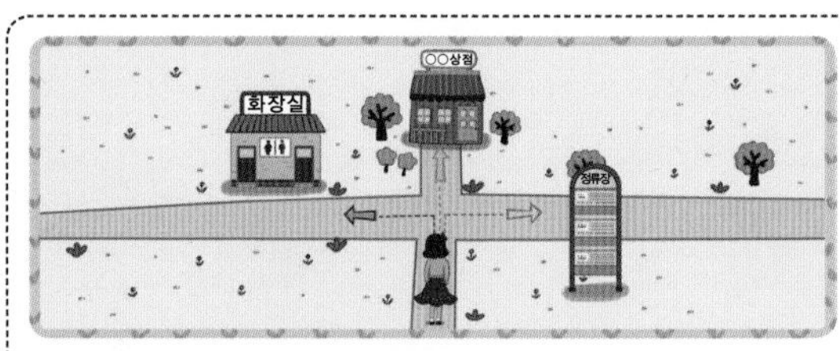

A _____ zěnme zǒu?
B Dào shízì lùkǒu wǎng zuǒ guǎi jiù shì.

① Yóujú ② Chēzhàn
③ Xuéxiào ④ Dìtiězhàn
⑤ Xǐshǒujiān

07 양사와 명사의 연결이 알맞은 것은?

① 一件书 ② 一双票
③ 一张裤子 ④ 一本袜子
⑤ 一条裙子

08 빈칸에 들어갈 말로 알맞은 것은?

Nín xǐhuan hēi de ______ bái de?

① yǒu ② shì
③ háishi ④ hái yǒu
⑤ méiyǒu

[09~10] 다음 대화를 읽고 물음에 답하시오.

A 这顶 ______ 多少钱?
B 六十块钱。
A 太贵了! 便宜点儿吧。
B 行, 五十五。
A 我要两顶。

09 빈칸에 들어갈 단어로 알맞은 것은?

① 鞋 ② 帽子
③ 杂志 ④ 地图
⑤ 铅笔

10 A가 지불해야 할 금액으로 알맞은 것은?

① 六十 ② 一百
③ 五十五 ④ 一百一
⑤ 一百二十

11 밑줄 친 단어의 중국어와 뜻으로 알맞은 것은?

손님 Gěi nín sìbǎi kuài.
점원 <u>Zhǎo</u> nín wǔshí kuài.

① 买 – 사다 ② 便宜 – 싸다
③ 贵 – 비싸다 ④ 找 – 거슬러 주다
⑤ 试 – 시험 삼아 해 보다

12 다음 카드를 조합하여 만들 수 있는 단어는?

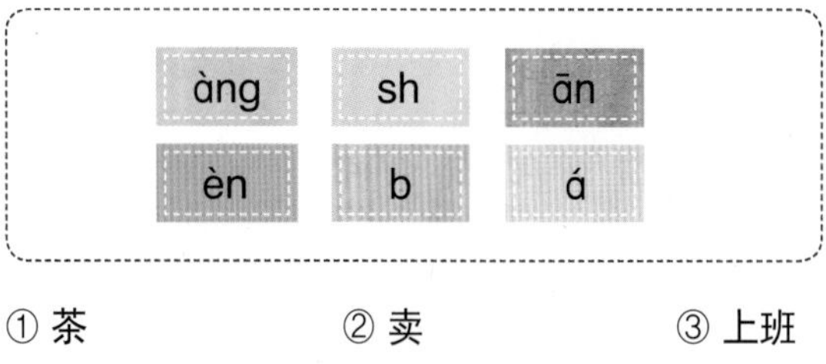

① 茶 ② 卖 ③ 上班
④ 旗袍 ⑤ 请问

13 다음 가격표를 바르게 읽은 것은?

① qī kuài jiǔ máo ② qī kuài jiǔ fēn
③ qī kuài jiǔ jiǎo ④ qī yuán jiǔ máo
⑤ qī yuán jiǔ fēn

14 빈칸에 들어갈 말로 알맞은 것끼리 짝지어진 것은?

A 你去哪儿?
B 我去 ______。

보기
㉠ 猪肉 ㉡ 超市 ㉢ 图书馆 ㉣ 手机

① ㉠, ㉡ ② ㉠, ㉢
③ ㉡, ㉢ ④ ㉡, ㉣
⑤ ㉢, ㉣

[15~16] 다음 대화를 읽고 물음에 답하시오.

A ㉠喂! 王丽在吗?
B ㉡您打错了。

15 ㉠이 실제로 발음될 때의 성조로 알맞은 것은?

① 제1성 ② 제2성
③ 제3성 ④ 제4성
⑤ 경성

16 ㉡의 뜻으로 알맞은 것은?

① 접니다
② 없습니다
③ 나갔습니다
④ 잘못 거셨습니다
⑤ 잠시만 기다려 주세요

17 빈칸에 들어갈 말을 차례대로 알맞게 나열한 것은?

• 공원: 公___
• 병원: 医___
• 식당: 餐___

① 厅 – 院 – 园
② 院 – 厅 – 园
③ 院 – 园 – 厅
④ 园 – 院 – 厅
⑤ 园 – 厅 – 院

[18~19] 다음 대화를 읽고 물음에 답하시오.

A 周末我们一起去看电影吧。
B 好啊, 几点见面?
A 上午十点, 在宿舍门口等你。
B 不__不__。

18 밑줄 친 부분에 들어갈 단어를 차례대로 알맞게 나열한 것은?

① 散, 见 ② 看, 散
③ 看, 去 ④ 见, 去
⑤ 见, 散

19 대화의 내용과 일치하는 것은?

① A에게는 영화표 두 장이 있다.
② A와 B는 오전 10시에 만날 것이다.
③ B는 주말에 영화를 보러 갈 수 없다.
④ A와 B는 일요일에 영화를 볼 것이다.
⑤ A와 B는 영화관 입구에서 만날 것이다.

20 밑줄 친 부분의 성조가 나머지 넷과 다른 것은?

㉠ 短信 ㉡ 号码 ㉢ 跑步 ㉣ 操场 ㉤ 网吧

① ㉠ ② ㉡ ③ ㉢
④ ㉣ ⑤ ㉤

01 빈칸에 공통으로 들어갈 말을 간화자로 쓰시오.

02 다음 표지판의 내용을 간화자로 쓰시오.

(1) 왼쪽으로 도세요 ______________

(2) 앞쪽으로 가세요 ______________

(3) 오른쪽으로 도세요 ______________

03 빈칸에 들어갈 말을 간화자로 쓰시오.

시계(㉠________, zhōng)는 '죽음, 종말'을 나타내는 '㉡________ (zhōng)'과 발음이 같아 선물하면 큰 실례가 된다.

2학기

기말 평가

9과~10과

01 다음 단어의 발음을 알맞게 짝지은 것은?

· 唱　　· 尝

① chāng – chāng
② chāng – cháng
③ cháng – chǎng
④ chàng – cháng
⑤ chàng – chàng

02 단어와 뜻의 연결이 알맞지 않은 것은?

① 听 – 듣다
② 当 – 맛있다
③ 学 – 배우다
④ 慢 – 느리다
⑤ 黑 – 어둡다

03 밑줄 친 단어의 뜻으로 알맞은 것은?

Nǐmen yào diǎn shénme cài?

① 계산하다　② 주문하다
③ 초대하다　④ 포장하다
⑤ 한턱내다

04 다음 그림에 해당하는 말로 알맞은 것은?

① 旅行
② 跳舞
③ 游泳
④ 唱歌
⑤ 画画儿

[05~06] 다음 대화를 읽고 물음에 답하시오.

A 你喜欢什么运动?
B 我喜欢 ㉠ 足球，你呢?
A 我喜欢 ㉡ 棒球。
B 是吗? 我不会打，很想学。
A 那你加入我们棒球队吧。

05 ㉠과 ㉡에 들어갈 말이 알맞게 짝지어진 것은?

	㉠	㉡
①	打	做
②	踢	打
③	会	踢
④	包	会
⑤	做	包

06 대화의 내용으로 보아 B가 배우고 싶어 하는 운동은?

① 축구　② 배구
③ 농구　④ 탁구
⑤ 야구

07 밑줄 친 부분을 어순에 맞게 배열한 것은?

㉠有　㉡你　㉢爱好　㉣什么?

① ㉠-㉡-㉢-㉣　② ㉠-㉣-㉢-㉡
③ ㉡-㉠-㉣-㉢　④ ㉡-㉣-㉠-㉢
⑤ ㉢-㉡-㉣-㉠

[08~09] 빈칸에 들어갈 동사를 보기에서 고르시오.

보기

㉠ 听　㉡ 包　㉢ 教
㉣ 当　㉤ 打

08 我喜欢 ______ 音乐。

① ㉠　② ㉡　③ ㉢
④ ㉣　⑤ ㉤

09 我想学 ______ 太极拳。

① ㉠　② ㉡　③ ㉢
④ ㉣　⑤ ㉤

[10~12] 다음 대화를 읽고 물음에 답하시오.

A 你 __㉠__ 做中国菜吗?
B ㉡当然, 我将来想当厨师。
A 那你教教我, 行吗?
B 行, 没问题。

10 ㉠에 들어갈 말로 알맞은 것은?

① 教　② 包　③ 是
④ 有　⑤ 会

11 ㉡의 한어병음으로 알맞은 것은?

① dāngrán　② dāngrǎn
③ dángrán　④ dǎngrán
⑤ dàngrǎn

12 대화의 내용으로 보아 B가 되고 싶어 하는 직업은?

① 교사　② 의사
③ 화가　④ 요리사
⑤ 운동선수

[13~14] 다음 대화를 읽고 물음에 답하시오.

A 你吃饭了吗?
B ㉠아직 안 먹었어.
A 我们吃北京烤鸭吧。
B 味道怎么样?
A 北京烤鸭很好吃。㉡甜一点儿。

13 ㉠을 중국어로 바르게 옮긴 것은?

① 我还没吃　② 我还不吃
③ 我还没吃了　④ 我还不吃了
⑤ 我还不想吃

14 ㉡의 의미로 알맞은 것은?

① 맵다 ② 달다
③ 짜다 ④ 시다
⑤ 쓰다

15 빈칸에 공통으로 들어갈 말로 알맞은 것은?

A 你看 _____ 京剧吗?
B 我没(有)看 _____ 京剧。

① 了 ② 的 ③ 也
④ 过 ⑤ 是

[16~17] 빈칸에 들어갈 양사를 보기에서 고르시오.

보기

㉠ 碗 ㉡ 只 ㉢ 点
㉣ 杯 ㉤ 件

16 来一 _____ 北京烤鸭。

① ㉠ ② ㉡ ③ ㉢
④ ㉣ ⑤ ㉤

17 他要两_____ 牛肉面。

① ㉠ ② ㉡ ③ ㉢
④ ㉣ ⑤ ㉤

18 밑줄 친 우리말을 중국어로 바르게 옮긴 것은?

A 今天我请客。
B <u>다음에는 내가 낼게.</u>

① 还要别的吗?
② 请安静一下。
③ 下次我请你。
④ 请不要请客。
⑤ 请问，菜单在哪儿?

19 빈칸에 들어갈 말로 알맞은 것은?

_________ 지역 요리는 바다와 인접해 해산물 요리가 많으며, 간장과 설탕을 많이 사용하고 맛이 담백하고 깔끔합니다.

① 광둥
② 쓰촨
③ 베이징
④ 상하이
⑤ 칭다오

20 중국의 음식 문화에 대한 설명으로 알맞지 <u>않은</u> 것은?

① 음식을 다 먹는 것은 예의에 어긋난다.
② 요리가 먼저 나오고 밥은 나중에 나온다.
③ 숟가락(勺子, sháozi)은 주로 국물 있는 탕 요리를 먹을 때 사용한다.
④ 밥을 먹을 때는 밥그릇을 테이블에 놓고 젓가락(筷子, kuàizi)을 사용한다.
⑤ 중간의 원형 테이블을 돌려가며 공용 숟가락으로 개인 접시에 요리를 덜어 먹는다.

01 다음 문장의 틀린 부분을 바르게 고쳐 쓰고, 그 이유를 설명하시오.

我喜欢打足球。나는 축구하는 것을 좋아합니다.

(1) 틀린 부분 수정:

(2) 이유:

02 다음 문장을 어순에 맞게 배열하고, 그 뜻을 우리말로 쓰시오.

我 / 吃 / 还 / 过 / 没

(1) 문장 배열:

(2) 우리말 뜻:

03 빈칸에 들어갈 알맞은 지역명을 쓰고, 대표적인 요리 이름을 우리말로 쓰시오.

________ 지역은 중국 각지의 요리를 맛볼 수 있으며, 육류를 이용한 튀김과 볶음 요리가 발달하였습니다.

(1) 지역명:

(2) 대표적인 요리 이름:

예시답안과 해설

중국어 발음

단원평가 — 24~25쪽

01 ③	02 ④	03 ②	04 ④
05 ④	06 ②	07 ⑤	08 ④

제1과

쓰기 Plus⁺ 한어병음 Nǐ hǎo!

뜻 안녕!

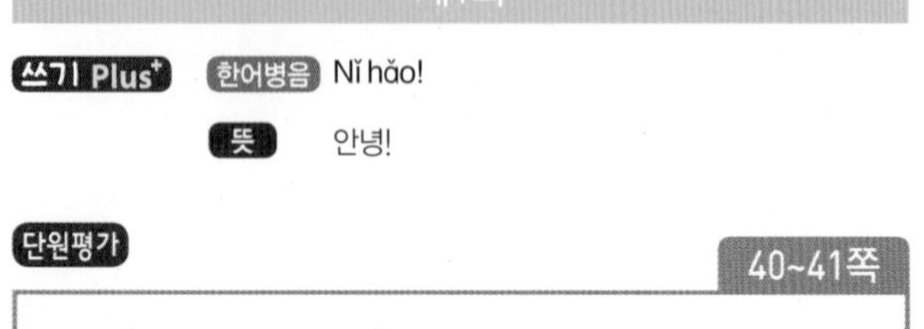

단원평가 — 40~41쪽

01 ②	02 ⑤	03 ⑤	04 ③
05 ④	06 ②	07 ③	08 ①

제2과

쓰기 Plus⁺ 한어병음 Wǒ jiào Wáng Lì.

뜻 나는 왕리라고 해.

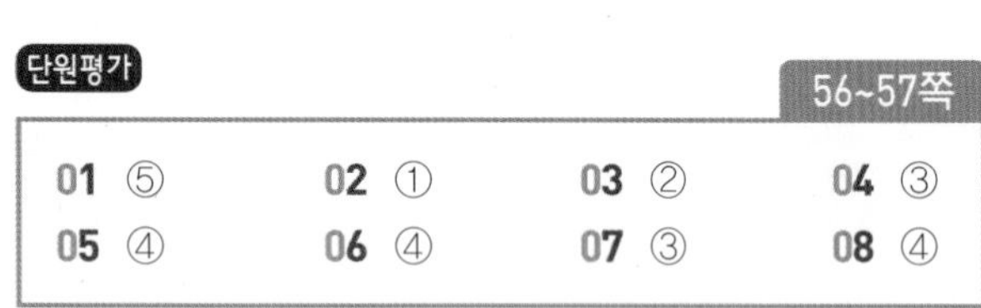

단원평가 — 56~57쪽

01 ⑤	02 ①	03 ②	04 ③
05 ④	06 ④	07 ③	08 ④

제3과

쓰기 Plus⁺ 한어병음 Tā jǐ suì le?

뜻 그녀는 몇 살이니?

단원평가 — 72~73쪽

01 ③	02 ⑤	03 ①	04 ⑤
05 ②	06 ②	07 ①	08 ⑤

제4과

쓰기 Plus⁺ 한어병음 Jiāyóu ba!

뜻 힘내!

단원평가 — 90~91쪽

01 ③	02 ④	03 ⑤	04 ①
05 ③	06 ④	07 ②	08 ④

제5과

쓰기 Plus⁺ 한어병음 Xiànzài jǐ diǎn le?

뜻 지금 몇 시니?

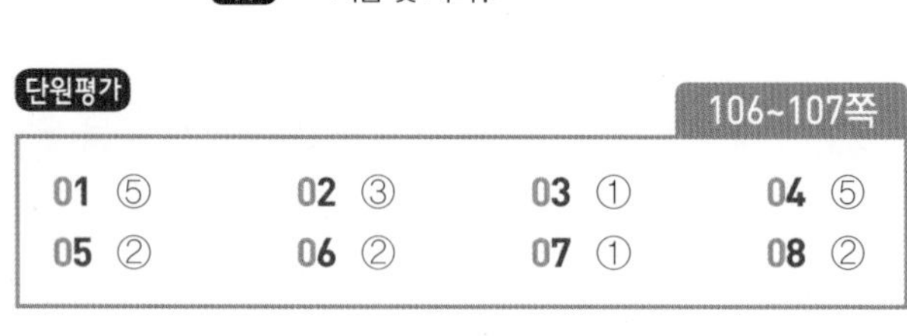

단원평가 — 106~107쪽

01 ⑤	02 ③	03 ①	04 ⑤
05 ②	06 ②	07 ①	08 ②

제6과

쓰기 Plus⁺ 한어병음 Wǒ zuò gōngjiāochē shàngxué.

뜻 나는 버스 타고 등교해.

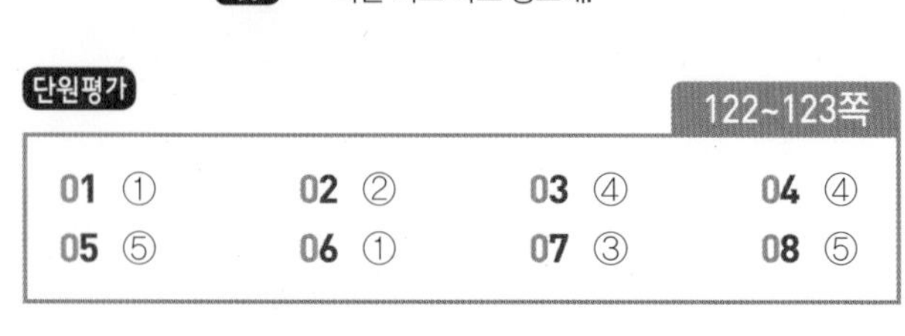

단원평가 — 122~123쪽

01 ①	02 ②	03 ④	04 ④
05 ⑤	06 ①	07 ③	08 ⑤

제7과

쓰기 Plus⁺ 한어병음 Tài guì le!

뜻 너무 비싸요!

단원평가 140~141쪽

01 ④	02 ③	03 ⑤	04 ②
05 ①	06 ⑤	07 ⑤	08 ④

제8과

쓰기 Plus⁺ 한어병음 Wǒ zài xuéxiào ménkǒu děng nǐ.

뜻 내가 학교 입구에서 너를 기다릴게.

단원평가 156~157쪽

01 ④	02 ④	03 ③	04 ⑤
05 ②	06 ②	07 ③	08 ④

제9과

쓰기 Plus⁺ 한어병음 Wǒ xǐhuan dǎ bàngqiú.

뜻 나는 야구하는 것을 좋아해.

단원평가 172~173쪽

01 ⑤	02 ⑤	03 ⑤	04 ②
05 ③	06 ④	07 ②	08 ③

제10과

쓰기 Plus⁺ 한어병음 Wǒ chīguo Běijīng kaǒyā.

뜻 나는 베이징 카오야(오리구이)를 먹어 본 적 있어.

단원평가 190~191쪽

01 ③	02 ②	03 ②	04 ④
05 ②	06 ③	07 ④	08 ①

1학기 중간 평가(중국 엿보기~2과) 226쪽

01 ①	02 ①	03 ②	04 ②	05 ①
06 ④	07 ④	08 ⑤	09 ③	10 ④
11 ④	12 ①	13 ③	14 ③	15 ②
16 ①	17 ④	18 ②	19 ②	20 ③

서술형 1 (1) Xièxie

(2) • 성조: 제2성

• 이유: 不의 성조는 원래 제4성이지만 뒤에 제4성인 客(kè)가 있으므로 제2성으로 바꾸어 발음해야 한다.

서술형 2 '你好!'는 처음 만나는 사이나 아는 사이 모두 사용할 수 있지만 '你好吗?'는 이미 알고 있는 사이에서만 사용한다.

서술형 3 예시 Dàjiā hǎo! / Nǐmen hǎo!
Wǒ jiào Piáo Zhèngmín.
Wǒ shì Hánguórén.
(Rènshi nǐmen hěn gāoxìng.)

학습 도움

01 ② 중국의 수도는 베이징(北京)이다.
③ 중국의 면적은 한반도의 약 44배이다.
④ 중국의 정식 국가 명칭은 '중화인민공화국'이다.
⑤ 중국은 세계 1위의 인구 대국이다.

02 중국어 음절의 구성요소는 성모, 운모, 성조이다.

04 운모 e가 i, ü와 결합할 때는 [에]와 비슷하게 발음된다.

05 표준 중국어의 성조는 4개로 제1성, 제2성, 제3성, 제4성이 있다.

06 운모 i와 u가 함께 쓰인 경우에는 뒤에 오는 운모 위에 성조를 표기한다. ④ lìu(×) liù(○)

07 그림의 손가락 숫자는 'jiǔ 九'를 의미한다.

08 ① wǒ 나 ② nín 당신
③ tā 그녀 ④ tāmen 그들
⑤ zǎoshang 아침

09 교실에 들어서며 친구들에게 인사하는 상황이므로 ③번 '얘들아 안녕!'이 가장 적절하다.

[10~11]
A: Nǐ hǎo ma?
잘 지내니?
B: Wǒ hěn hǎo.
잘 지내.

10 ① 们 men ② 明天 míngtiān

③ 晚上 wǎnshang ④ 吗 ma
⑤ 不 bù

11 ① 我很热。Wǒ hěn rè.
② 我很饿。Wǒ hěn è.
③ 我很累。Wǒ hěn lèi.
⑤ 我很渴。Wǒ hěn kě.

12 ① 对不起! 미안합니다!
② 大家好! 여러분 안녕하세요!
③ 没关系! 괜찮습니다!
④ 我很忙。저는 바빠요.
⑤ 晚上好! 안녕!(저녁 인사)

13 ① 呢 ~는요? ② 他/她 그/그녀 ③ 都 모두, 다
④ 国 나라 ⑤ 人 사람

14 你叫什么名字?
중국어의 어순은 '주어 + 서술어 + 목적어'이다.

15 认识你很高兴。
사람을 처음 알게 되어 반가울 때 하는 인사말이다.

[16~17]
A: Nǐ shì nǎ guó rén?
너는 어느 나라 사람이니?
B: Wǒ shì Zhōngguórén.
나는 중국인이야.

16 국적을 물어볼 때에는 '어느'라는 뜻을 가진 의문사인 'nǎ 哪'를 사용한다.
① nǎ 어느 ② jiào ~라고 부르다
③ jiàn 만나다 ④ shuài 잘생기다
⑤ shénme 무엇, 무슨

17 ① 美国 Měiguó ② 英国 Yīngguó
③ 日本 Rìběn ④ 中国 Zhōngguó
⑤ 韩国 Hánguó

18 Tā yě shì Měiguórén ma?
그녀도 미국인이니?
'yě 也'는 주어 뒤에 쓰여 '~도, 역시'라는 뜻을 나타낸다.

20 ㉠ 美女(měinǚ)는 최근에 젊은 여성에 대한 호칭으로 많이 쓰이고 있다.
㉣ 중국에서 사용되는 성씨 중 가장 많은 것은 이(李, Lǐ)이며 그 다음으로 왕(王, Wáng), 장(张, Zhāng), 유(刘, Liú) 순이다.

서술형 1 'bù 不'는 뒤에 제4성이 오면 제2성으로 발음한다.

서술형 2 '你好!'는 '안녕!' 이라는 뜻이고 '你好吗?'는 '잘 지내니?'라는 뜻이다.

서술형 3 친구들에게 하는 자기소개이므로 'Dàjiā hǎo! 大家好!' 또는 'Nǐmen hǎo! 你们好!'라는 인사말을 사용하는 것이 좋다.

1학기 기말 평가(3~5과) 230쪽

01 ②	02 ③	03 ④	04 ④	05 ②
06 ③	07 ①	08 ④	09 ③	10 ⑤
11 ③	12 ①	13 ⑤	14 ⑤	15 ①
16 ⑤	17 ④	18 ②	19 ⑤	20 ⑤

서술형 1 你几岁了

서술형 2 (1) 吧
(2) ㉠은 '~이지요?'라는 뜻으로 추측의 의미를 나타내고, ㉡은 '~하자'라는 뜻으로 청유, 제안의 의미를 나타낸다.

서술형 3 (1) měi tiān zǎoshang qī diǎn qǐchuáng.
(2) 나는 매일 아침 7시에 일어난다.

학습 도움

[01~02]
A: 你上几年级?
너는 몇 학년이니?
B: 我上高中二年级。
나는 고등학교 2학년이야.

01 'niánjí 年级(학년)'와 'niánjì 年纪(나이, 연령)'의 성조와 간화자에 주의한다.

02 ① 大学 대학교 ② 小学 초등학교
③ 高中 고등학교 ④ 初中 중학교
⑤ 中学 중 · 고등학교

03 zhè 这 이(것) / nà 那 저(저), 그(것) / nǎ 哪 어느

04 liǎng ge jiějie
숫자 2가 양사와 함께 쓰이면 'èr 二'이 아니라 'liǎng 两'이 된다.

[05~07]
A: 你有姐姐吗?
너 누나 있니?
B: 没有, 我有一个哥哥。
아니, 나는 형이 한 명 있어.
A: 你哥哥多大了?
너희 형은 몇 살이니?
B: 他十九岁了。
그는 19살이야.

05 'yǒu 有'는 '있다'라는 뜻으로, 부정형은 'méiyǒu 没有'이다.

06 상대방의 연령에 따라 나이를 묻는 표현이 달라진다.

07 '그'는 'tā 他', '그녀'는 'tā 她'이다.

08 ① 누구 ② 돌아가다 ③ (때가) 이르다

④ měi 매　⑤ 신체, 몸

[09~10]

A: Jīntiān jǐ yuè jǐ hào?
오늘은 몇 월 며칠이니?

B: Qī yuè shí hào.
7월 10일이야.

A: Nǐ de shēngrì shì jǐ yuè jǐ hào?
네 생일은 몇 월 며칠이니?

B: Míngtiān shì wǒ de shēngrì.
내일이 내 생일이야.

A: Zhēn de ma? Zhù nǐ shēngrì kuàilè!
정말? 생일 축하해!

11 A: 今天星期一。
오늘은 월요일이야.

B: 星期三有汉语考试。
수요일에 중국어 시험 있네.

A: 还有两天。
아직 이틀 남았어.

① 星期一 월요일　② 星期二 화요일
③ 星期三 수요일　④ 星期四 목요일
⑤ 星期五 금요일

12 春节是几月几号?
춘절은 몇 월 며칠인가요?

13 'xīngqī 星期'는 '요일, 주'라는 뜻으로, 뒤에 숫자를 붙여 요일을 나타낸다. 단, 일요일은 'xīngqītiān 星期天' 또는 'xīngqīrì 星期日'라고 한다.

14 ① 下课 수업을 마치다　② 下午 오후
③ 回家 집에 돌아가다　④ 上课 수업을 시작하다
⑤ 上午 오전

15 '2시'는 'liǎng diǎn 两点'이다.

[17~18]

A: Xiànzài jǐ diǎn le?
지금 몇 시니?

B: Shí diǎn shíwǔ fēn.
10시 15분이야.

18 yí kè 一刻 15분 / bàn 半 30분 / sān kè 三刻 45분

19 ① jǐ 몇　② nǎ 어느
③ shéi 누구　④ shénme 무엇, 무슨
⑤ zěnmeyàng 어떠하다
'zěnmeyàng 怎么样'은 '어떠하다'라는 뜻의 의문사로, 주로 상대방의 의견이나 상태를 물어볼 때 사용한다.

20 ① Shàngwǔ bā diǎn shàngkè.
오전 8시에 수업을 시작한다.

② Zǎoshang liù diǎn bàn qǐchuáng.
아침 6시 반에 일어난다.

③ Xiàwǔ sì diǎn sān kè xiàkè.
오후 4시 45분에 수업을 마친다.

④ Wǎnshang shí diǎn èrshí fēn shuìjiào.
저녁 10시 20분에 잠을 잔다.

⑤ Zhōngwǔ shí'èr diǎn wǔshí fēn chī wǔfàn.
정오 12시 50분에 점심을 먹는다.

서술형 1 A: Nǐ jǐ suì le?
몇 살이니?
B: Wǒ qī suì le.
7살이에요.
상대방의 연령에 따라 나이를 묻는 표현이 달라진다.

서술형 2 Míngtiān shì nǐ de shēngrì ba?
내일이 네 생일이지?
Háiyǒu liǎng tiān, jiāyóu ba!
아직 이틀 남았잖아, 힘내!

서술형 3 我每天早上七点起床。

2학기 중간 평가(6~8과) 234쪽

01 ⑤	02 ④	03 ③	04 ②	05 ④
06 ⑤	07 ⑤	08 ③	09 ②	10 ④
11 ④	12 ③	13 ①	14 ③	15 ②
16 ④	17 ④	18 ⑤	19 ②	20 ④

서술형 1 要

서술형 2 (1) 往左拐 (2) 往前走 (3) 往右拐

서술형 3 ㉠ 钟 ㉡ 终

학습 도움

01 坐 zuò 타다
① chuán 배 ② huǒchē 기차
③ fēijī 비행기 ④ chūzūchē 택시
⑤ zìxíngchē 자전거
'zìxíngchē 自行车' 앞에는 동사 'qí 骑'가 온다.

02 Nǐ gèzi duō gāo?
너는 키가 몇이니?
① cháng 길다 ② zhòng 무겁다
③ dà (나이가) 많다, 크다 ④ gāo (키가) 크다
⑤ yuǎn 멀다
키가 얼마나 큰 지를 물을 때는 'duō gāo 多高'를 사용한다.

03 kāfēi 커피
① diànhuà 전화 ② jīchǎng 공항 ③ fēnzhōng 분
④ yínháng 은행 ⑤ shíjiān 시간

[04~05]
A: Nǐ jiā lí xuéxiào yuǎn ma?
너 집에서 학교까지 멀어?
B: Hěn jìn. Nǐ ne?
가까워. 너는?
A: Wǒ jiā lí xuéxiào hěn yuǎn. Nǐ měi tiān zěnme shàngxué?
우리 집에서 학교까지 멀어. 매일 어떻게 등교하니?
B: Wǒ zǒuzhe shàngxué, nǐ ne?
나는 걸어서 등교해. 너는?
A: Wǒ zuò dìtiě shàngxué.
나는 지하철 타고 등교해.

04 ① zài ~에 있다, ~에서 ② lí ~로부터, ~에서
③ wǎng ~을(를) 향해서 ④ dào 도착하다
⑤ gěi (~에게) 주다

06 A: 洗手间怎么走?
화장실은 어떻게 가나요?
B: 到十字路口往左拐就是。
사거리에서 왼쪽으로 돌면 바로예요.
① 邮局 우체국 ② 车站 버스 정류장
③ 学校 학교 ④ 地铁站 지하철 역
⑤ 洗手间 화장실

07 • 一件衣服 yí jiàn yīfu 옷 한 벌
• 一张票 yì zhāng piào 표 한 장
• 一条裤子 yì tiáo kùzi 바지 한 벌
• 一本书 yì běn shū 책 한 권
• 一双袜子 yì shuāng wàzi 양말 한 켤레
• 一条裙子 yì tiáo qúnzi 치마 한 벌

08 您喜欢黑的还是白的?
검은색을 좋아하세요, 아니면 흰색을 좋아하세요?
① 有 있다 ② 是 ~이다
③ 还是 아니면 ④ 还有 아직 있다
⑤ 没有 없다

[09~10]
A: Zhè dǐng màozi duōshao qián?
이 모자 얼마예요?
B: Liùshí kuài qián。
60위안입니다.
A: Tài guì le! Piányi diǎnr ba.
너무 비싸요. 좀 깎아 주세요.
B: Xíng, wǔshíwǔ.
알겠습니다. 55위안으로 하지요.
A: Wǒ yào liǎng dǐng.
두 개 살게요.

09 ① xié 신발 ② màozi 모자 ③ zázhì 잡지
④ dìtú 지도 ⑤ qiānbǐ 연필
'dǐng 顶'은 꼭대기가 있는 물건을 세는 양사로 가마, 모자 등을 셀 때 사용한다.

10 ① liùshí 60 ② yìbǎi 100 ③ wǔshíwǔ 55
④ yìbǎi yī 110 ⑤ yìbǎi èrshí 120
하나에 55위안이고, 두 개를 산다고 했으므로 110위안이다.

11 손님: 给您四百块。
400위안 드릴게요.
점원: 找您五十块。
50위안 거슬러 드립니다.
① mǎi ② piányi ③ guì ④ zhǎo ⑤ shì

12 ① chá 차 ② mài 팔다
③ shàngbān 출근하다 ④ qípáo 치파오
⑤ qǐngwèn 말씀 좀 묻겠습니다

13 ① 七块九毛
중국의 화폐 단위

말할 때	块 kuài	毛 máo	分 fēn
글로 쓸 때	元 yuán	角 jiǎo	分 fēn

14 A: Nǐ qù nǎr?
너 어디 가니?
B: Wǒ qù chāoshì/túshūguǎn.
나는 슈퍼마켓/도서관에 가.
㉠ zhūròu 돼지고기 ㉡ chāoshì 슈퍼마켓
㉢ túshūguǎn 도서관 ㉣ shǒujī 휴대 전화

[15~16]
A: Wèi! Wáng Lì zài ma?
여보세요! 왕리 있나요?
B: Nín dǎcuò le.
잘못 거셨습니다.

15 'wèi 喂'의 성조는 원래 제4성이지만 전화할 때에는 제2성으로 발음한다.

17 공원 公园 gōngyuán
병원 医院 yīyuàn
식당 餐厅 cāntīng

[18~19]
A: Zhōumò wǒmen yìqǐ qù kàn diànyǐng ba.
주말에 우리 같이 영화 보러 가자.
B: Hǎo a, jǐ diǎn jiànmiàn?
좋아. 몇 시에 만날까?
A: Shàngwǔ shí diǎn, zài sùshè ménkǒu děng nǐ.
오전 10시, 기숙사 앞에서 기다릴게.
B: Bú jiàn bú sàn.
만날 때까지 기다려.

20 ㉠ duǎnxìn 문자 ㉡ hàomǎ 번호
㉢ pǎobù 달리다 ㉣ cāochǎng 운동장
㉤ wǎngbā PC방

서술형 1 점원 : Nín yào mǎi shénme?
무엇을 사시겠어요?
손님 : Wǒ yào mǎi yì bǎ sǎn.
우산 하나 사려고요.

서술형 2 (1) wǎng zuǒ guǎi
(2) wǎng qián zǒu
(3) wǎng yòu guǎi

2학기 기말 평가(9~10과) 238쪽

01 ④	02 ②	03 ②	04 ④	05 ②
06 ⑤	07 ③	08 ①	09 ⑤	10 ⑤
11 ①	12 ④	13 ①	14 ②	15 ④
16 ②	17 ①	18 ③	19 ④	20 ④

서술형 1 (1) 我喜欢踢足球。또는 我喜欢打棒球/篮球/乒乓球/羽毛球/太极拳。
(2) 일반적으로 발로 하는 운동은 동사로 'tī 踢'를 쓰고, 손으로 하는 운동은 'dǎ 打'를 쓴다.

서술형 2 (1) 我还没吃过。
(2) 나는 아직 먹어본 적이 없다.

서술형 3 (1) 베이징(Běijīng)
(2) 베이징 카오야(오리 구이)

학습 도움

01 chàng 唱 부르다 /cháng 尝 맛보다

02 ① tīng ② dāng ~이 되다 ③ xué ④ màn ⑤ hēi

03 你们要点什么菜?
어떤 요리 주문하시겠습니까?

04 ① lǚxíng 여행(하다) ② tiàowǔ 춤을 추다
③ yóuyǒng 수영하다 ④ chànggē 노래하다
⑤ huà huàr (그림을) 그리다

[05~06]
A: Nǐ xǐhuan shénme yùndòng?
너는 무슨 운동을 좋아하니?
B: Wǒ xǐhuan tī zúqiú, nǐ ne?
나는 축구하는 것을 좋아해, 너는?
A: Wǒ xǐhuan dǎ bàngqiú.
나는 야구하는 것을 좋아해.
B: Shì ma? Wǒ bú huì dǎ, hěn xiǎng xué.
그래? 나는 할 줄 몰라서 정말 배우고 싶은데.
A: Nà nǐ jiārù wǒmen bàngqiúduì ba.
그럼 우리 야구팀에 가입해.

05 일반적으로 발로 하는 운동은 동사로 'tī 踢'를 쓰고, 손으로 하는 운동은 'dǎ 打'를 쓴다.

07 Nǐ yǒu shénme àihào?
너는 취미가 뭐니?

[08~09]

㉠ tīng 듣다　　㉡ bāo 싸다, 빚다
㉢ jiāo 가르치다　　㉣ dāng ~이 되다
㉤ dǎ (운동을) 하다

08 Wǒ xǐhuan tīng yīnyuè.
나는 음악 듣는 것을 좋아한다.

09 Wǒ xiǎng xué dǎ tàijíquán.
나는 태극권을 배우고 싶다.
'태극권을 하다'라고 표현할 때는 동사 'dǎ 打'를 사용한다.

[10~12]

A: Nǐ huì zuò Zhōngguócài ma?
너 중국 요리 할 줄 알아?
B: Dāngrán, wǒ jiānglái xiǎng dāng chúshī.
물론이지, 나는 장래에 요리사가 되고 싶어.
A: Nà nǐ jiāojiao wǒ, xíng ma?
그럼 나 좀 가르쳐 줘. 괜찮아?
B: Xíng, méi wèntí.
좋아. 문제없어.

10 ① jiāo 가르치다　② bāo 싸다, 빚다
③ shì ~이다　④ yǒu 있다
⑤ huì ~할 줄 안다

[13~14]

A: Nǐ chī fàn le ma?
너 밥 먹었니?
B: Wǒ hái méi chī.
아직 안 먹었어.
A: Wǒmen chī Běijīng kǎoyā ba.
우리 베이징 카오야(오리 구이) 먹으러 가자.
B: Wèidào zěnmeyàng?
맛이 어떠니?
A: Běijīng kǎoyā hěn hǎochī. Tián yìdiǎnr.
베이징 카오야(오리 구이)는 정말 맛있어. 조금 달아.

15 A: Nǐ kànguo jīngjù ma?
경극 본 적 있니?
B: Wǒ méi (yǒu) kànguo jīngjù.
나는 본 적 없어.
① le ~이 되다(어기조사)　② de ~의, ~인 것
③ yě ~도, 역시　④ guo ~한 적 있다
⑤ shì ~이다
'guo 过'는 '~한 적 있다'라는 뜻으로 과거의 경험을 나타내며, 부정형은 동사 앞에 'méi (yǒu) 没(有)'를 붙인다.

[16~17]

㉠ wǎn 그릇[양사]　　㉡ zhī 마리[양사]
㉢ diǎn 시　　㉣ bēi 잔[양사]
㉤ jiàn 벌[양사]

16 Lái yì zhī Běijīng kǎoyā.
베이징 카오야(오리 구이) 한 마리 주세요.

17 Tā yào liǎng wǎn niúròumiàn.
그는 쇠고기 탕면 두 그릇을 주문했어요.

18 A: Jīntiān wǒ qǐngkè.
오늘은 내가 한턱낼게.
B: Xià cì wǒ qǐng nǐ.
다음에는 내가 낼게.
① Hái yào bié de ma? 더 필요하신 것은요?
② Qǐng ānjìng yíxià. 조용히 해주세요.
③ Xià cì wǒ qǐng nǐ. 다음에는 내가 낼게.
④ Qǐng bú yào qǐngkè. 한턱내지 마세요.
⑤ Qǐngwèn, càidān zài nǎr?
말씀 좀 묻겠습니다. 메뉴판은 어디에 있나요?

19 상하이 지역은 바다와 인접하여 각종 해산물 요리가 풍부하다.

20 밥을 먹을 때는 밥그릇을 손에 받쳐 들고 젓가락(筷子, kuàizi)을 사용해서 먹는다.

서술형 1 Wǒ xǐhuan tī zúqiú.
나는 축구하는 것을 좋아한다.
Wǒ xǐhuan dǎ bàngqiú/lánqiú/pīngpāngqiú/yǔmáoqiú/tàijíquán.
나는 야구/농구/탁구/배드민턴/태극권하는 것을 좋아한다.

서술형 2 Wǒ hái méi chīguo.
'guo 过'는 '~한 적 있다'는 뜻으로, 과거의 경험을 나타낸다. 부정형은 동사 앞에 'méi (yǒu) 没(有)'를 붙인다.

제1과 37쪽

가로 열쇠

❶ 여러분 dàjiā 大家
❷ 안녕하다, 좋다 hǎo 好
❸ 미안합니다 duìbuqǐ 对不起
❹ 괜찮습니다 méi guānxi 没关系
❺ 그/그녀 tā 他/她
❻ 내일 míngtiān 明天
❼ 很 hěn 매우, 아주

세로 열쇠

❶ 선생님 lǎoshī 老师
❷ 잘 가, 안녕(작별인사) zàijiàn 再见
❸ 천만에요 bú kèqi 不客气
❹ 바쁘다 máng 忙
❺ 们 men ~들(복수를 나타냄)
❻ ~입니까? ma 吗
❼ 고맙습니다 xièxie 谢谢

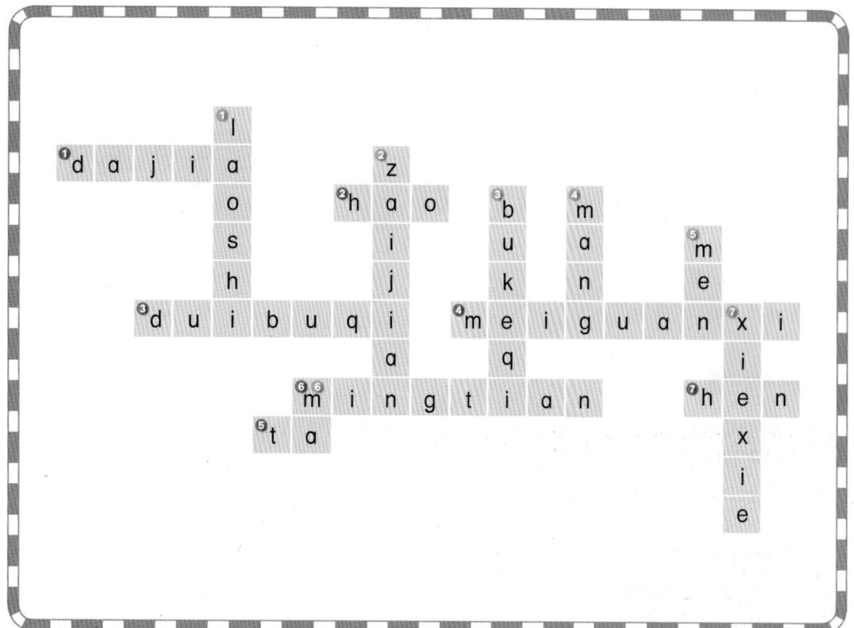

제2과 53쪽

1 ~라고 부르다 jiào 叫
2 이름 míngzi 名字
3 무엇, 무슨 shénme 什么
4 认识 rènshi 알다
5 ~도, 역시 yě 也
6 기쁘다 gāoxìng 高兴
7 한국인 Hánguórén 韩国人
8 중국 Zhōngguó 中国
9 일본 Rìběn 日本
10 都 dōu 모두, 다

z	ì	t	d	ù	R	è	n	Z	i	l	m
h	g	ā	o	x	ì	n	g	h	ě	ǎ	e
ě	f	à	n	g	b	ù	d	ō	u	o	n
n	j	x	í	m	ě	i	à	n	y	g	e
s	i	u	n	í	n	ǐ	j	g	u	ó	s
b	à	n	g	n	r	x	i	g	y	u	h
d	o	u	ā	y	è	j	ā	u	a	r	é
u	w	ǒ	H	á	n	g	u	ó	r	é	n
ō	x	ì	ǎ	n	s	u	n	y	ě	n	m
h	ò	u	o	g	h	ó	m	í	n	g	e
m	í	n	g	z	i	n	y	ì	n	d	ù
h	n	ǐ	ē	y	ī	n	g	g	u	ó	n

제3과 69쪽

가로 열쇠

1. 同学 tóngxué 학우, 동급생
2. 책상 zhuōzi 桌子
3. 몇 jǐ 几
4. 이(것) zhè 这
5. 있다 yǒu 有
6. 两 liǎng 둘, 2
7. 올해 jīnnián 今年

세로 열쇠

1. 多 duō 얼마나
2. 친구 péngyou 朋友
3. 여동생 mèimei 妹妹
4. (~에) 다니다 shàng 上
5. 의자 yǐzi 椅子
6. 弟弟 dìdi 남동생
7. 할머니 nǎinai 奶奶

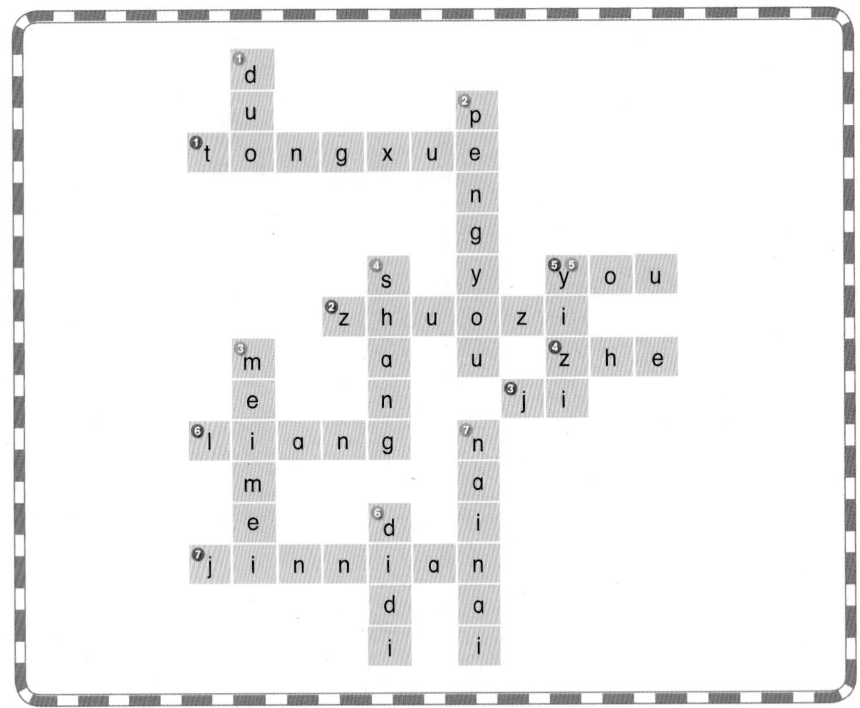

제4과 87쪽

1. 생일 shēngrì 生日
2. 月 yuè 월
3. 一起 yìqǐ 함께
4. 어제 zuótiān 昨天
5. 요일, 주 xīngqī 星期
6. 힘을 내다, 응원하다 jiāyóu 加油
7. 시험 kǎoshì 考试
8. 祝 zhù 빌다, 기원하다
9. 아직 hái 还
10. 오늘 jīntiān 今天
11. 玩儿 wánr 놀다

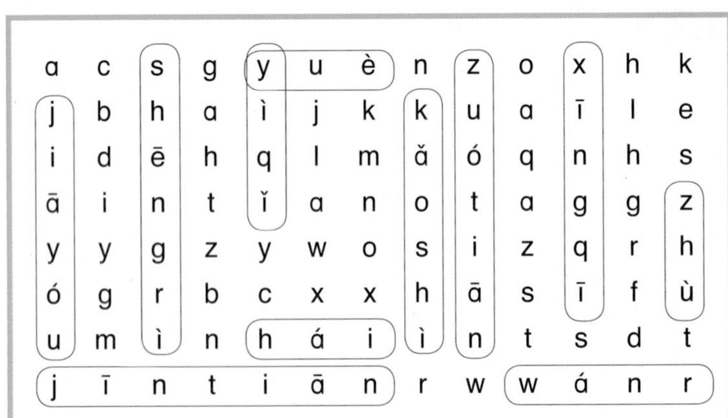

제5과 103쪽

가로 열쇠

❶ 밥을 먹다 chī fàn 吃饭
❷ 点 diǎn 시
❸ 回家 huí jiā 집으로 돌아가다
❹ 오후 xiàwǔ 下午
❺ 현재, 지금 xiànzài 现在
❻ 어떠하다 zěnmeyàng 怎么样

세로 열쇠

① 起床 qǐchuáng 일어나다
② 하루 yìtiān 一天
③ 睡觉 shuìjiào 잠을 자다
④ 30분, 반 bàn 半
⑤ 분 fēn 分

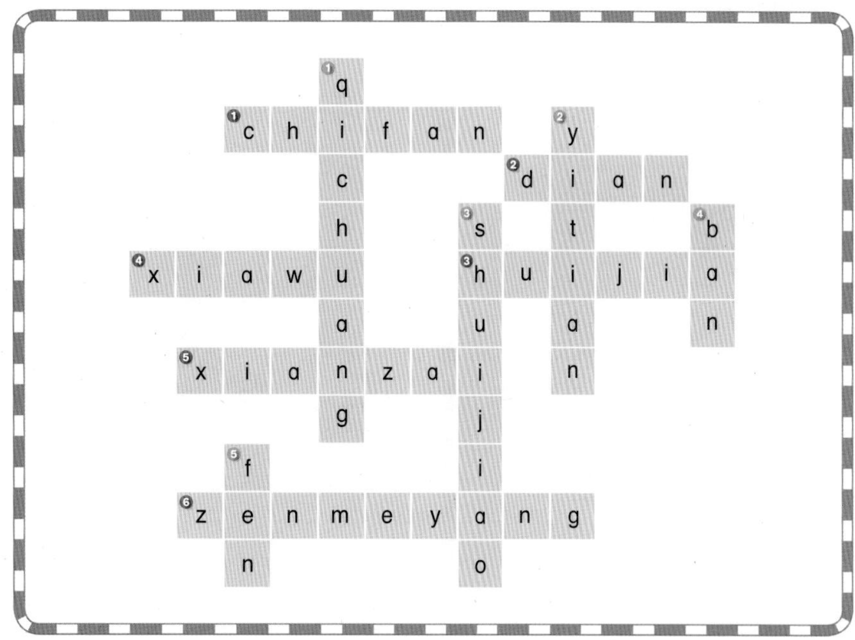

제6과 119쪽

1 시간 shíjiān 时间
2 돌다 guǎi 拐
3 不太 bú tài 그다지 ~않다
4 怎么 zěnme 어떻게
5 가량, 정도 zuǒyòu 左右
6 학교 xuéxiào 学校
7 自行车 zìxíngchē 자전거
8 말씀 좀 묻겠습니다 qǐngwèn 请问
9 곧장 yìzhí 一直
10 地铁 dìtiě 지하철

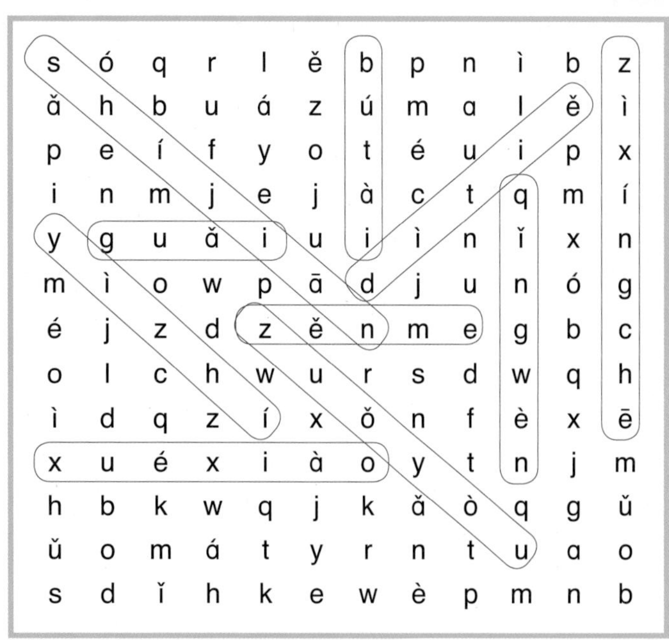

제7과 137쪽

가로 열쇠

❶ 多少 duōshao 얼마
❷ 싸다 piányi 便宜
❸ 钱 qián 돈
❹ ~하려고 하다 yào 要
❺ 책 shū 书

세로 열쇠

① 找 zhǎo 거슬러 주다
② 喜欢 xǐhuan 좋아하다
③ 치파오 qípáo 旗袍
④ 비싸다 guì 贵
⑤ 块 kuài 콰이[화폐 단위]

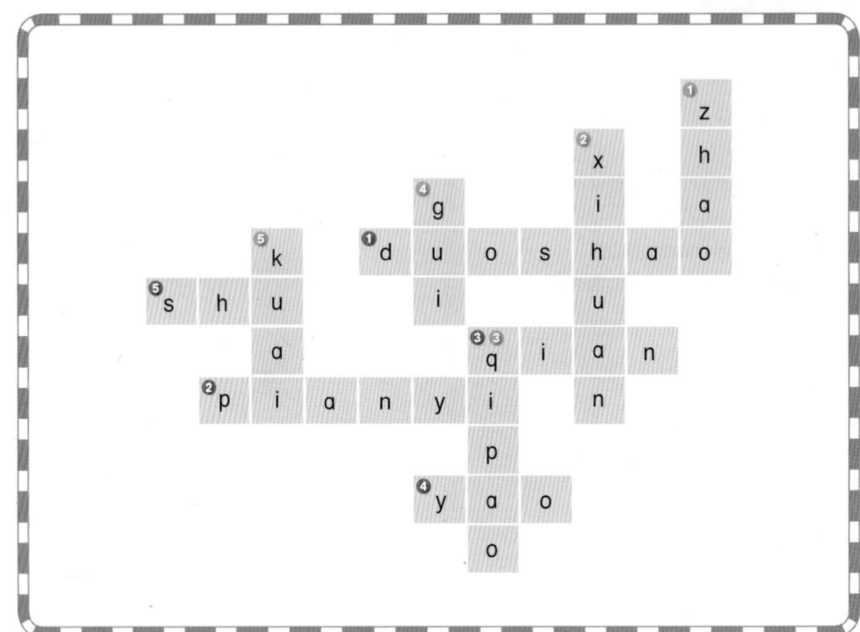

제8과 153쪽

가로 열쇠

❶ 공원 gōngyuán 公园
❷ 散 sàn 흩어지다
❸ 跑步 pǎobù 달리다
❹ 입구 ménkǒu 门口
❺ 문자 duǎnxìn 短信
❻ 餐厅 cāntīng 식당

세로 열쇠

① 운동장 cāochǎng 操场
② 看 kàn 보다
③ 슈퍼마켓 chāoshì 超市
④ 不见 bújiàn 만나지 않다
⑤ 打错 dǎcuò 잘못 걸다

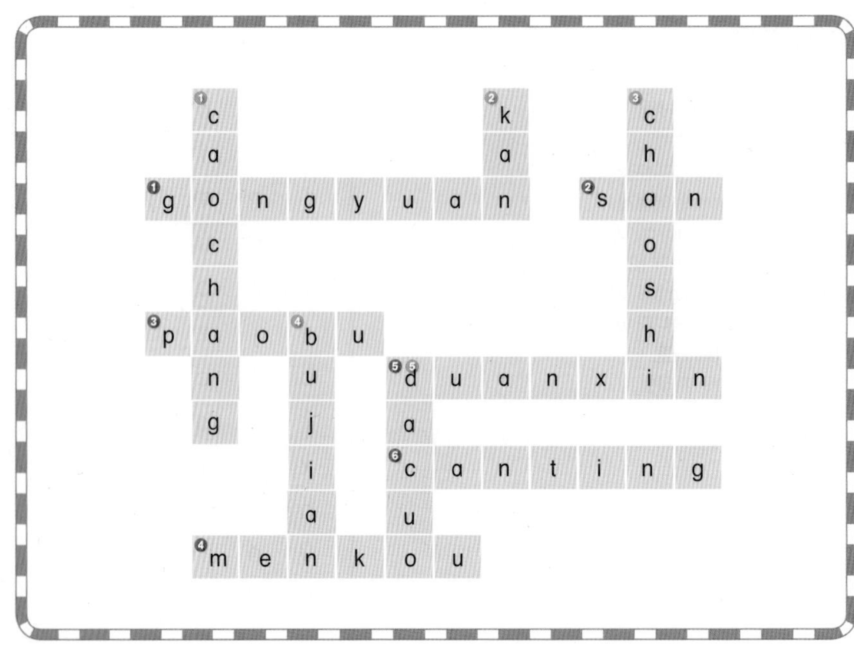

제9과 169쪽

가로 열쇠

1. 运动 yùndòng 운동
2. 当然 dāngrán 당연하다
3. ~하고 싶다 xiǎng 想
4. 会 huì ~할 줄 안다
5. 가르치다 jiāo 教
6. 축구 zúqiú 足球

세로 열쇠

1. 요리사 chúshī 厨师
2. ~이 되다 dāng 当
3. 棒球 bàngqiú 야구
4. 요리하다 zuò cài 做菜
5. 爱好 àihào 취미
6. 장래, 미래 jiānglái 将来

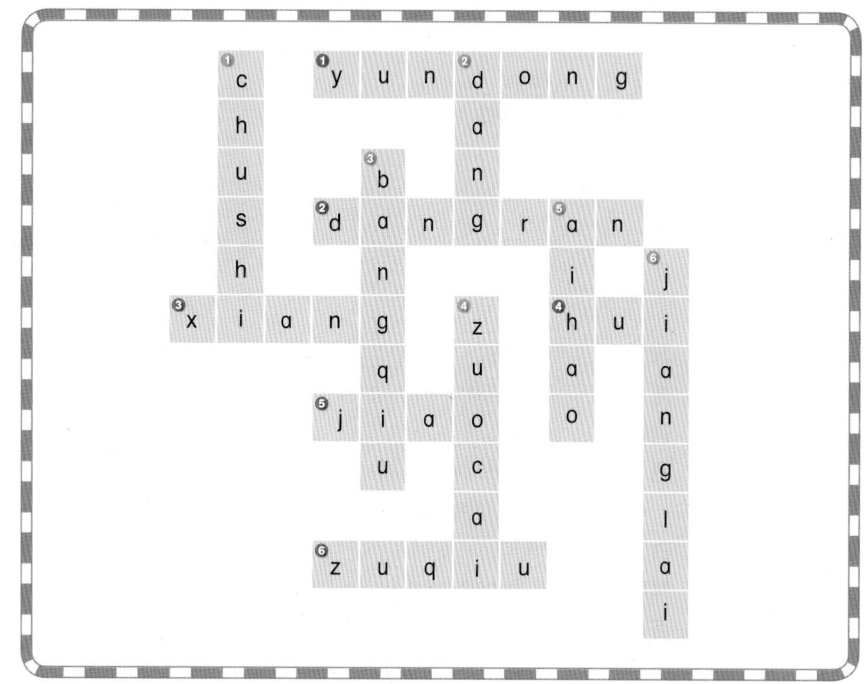

제10과 187쪽

1 맛 wèidào 味道
2 上 shàng (요리를) 내오다
3 달다 tián 甜
4 回来 huílái 되돌아오다
5 맛있다 hǎochī 好吃
6 慢 màn 느리다
7 저녁밥 wǎnfàn 晚饭
8 请客 qǐngkè 한턱내다
9 주문하다 diǎn 点
10 烤鸭 kǎoyā 오리구이

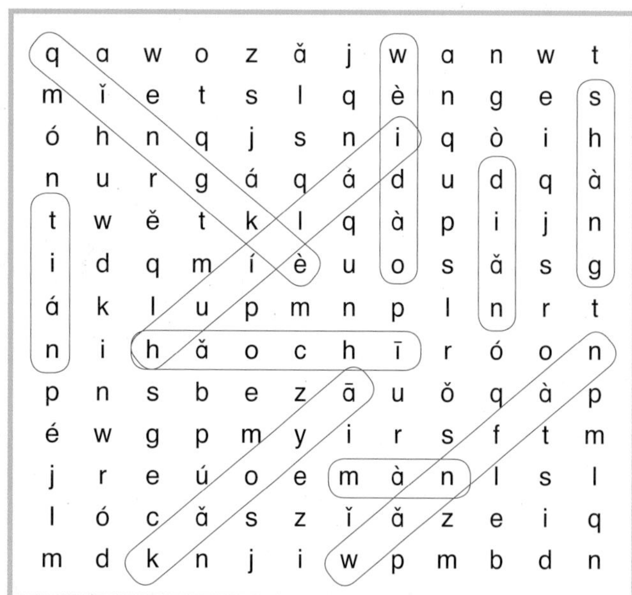

교과서 어휘 색인

A

*a	啊	어기조사(긍정을 나타냄)	132
*ài	爱	사랑하다	162
*àihào	爱好	취미	144
*ānjìng	安静	조용하다	161

B

bā	八	여덟, 8	19
*bǎ	把	자루[양사]	120
*bàba	爸爸	아버지	60
*ba	吧	~이지요?(추측의 어기조사)	72
		~하자(청유, 제안의 어기조사)	74
*bái	白	하얗다	116
báibái	拜拜	안녕(헤어질 때 인사)	138
bǎi	百	백, 100	118
*bàn	半	30분, 반	86
*bàn	办	처리하다	101
*bàng	棒	뛰어나다, 훌륭하다	45
*bàngqiú	棒球	야구	146
*bāo	包	싸다, 빚다	145
*bāozi	包子	소가 들어 있는 찐빵	155
*bēi	杯	잔[양사]	163
běi	北	북쪽	168
*Běijīng	北京	베이징[지명]	160
*běn	本	권[양사]	117
bǐsàbǐng	比萨饼	피자	154
*bǐsài	比赛	시합	76
*bié	别	다른	162
bīngqílín	冰淇淋	아이스크림	154
bǐnggān	饼干	과자	154
*bù	不	~이 아니다	30
bújiàn	不见	만나지 않다	132
bú tài	不太	그다지~않다	102
*Bùdálā Gōng	布达拉宫	포탈라궁	124

C

*cài	菜	요리	144
*càidān	菜单	차림표	163
*cāntīng	餐厅	식당	134
*cāochǎng	操场	운동장	133
*chá	茶	차	117
*cháng	长	길다	100
*cháng	尝	맛보다	145
*chàng	唱	부르다	145
*Chángchéng	长城	만리장성	101
*Cháng Jiāng Sānxiá	长江三峡	장강 삼협	125
*chāoshì	超市	슈퍼마켓	131
*chǎofàn	炒饭	볶음밥[요리명]	164
*chē	车	차	102
*chēzhàn	车站	버스 정류장	104
*chī	吃	먹다	89
chī fàn	吃饭	밥을 먹다	86
*chǒu	丑	(경극)어릿광대 역	152
chūqù	出去	나가다	130
*chūzūchē	出租车	택시	103
*chūzhōng	初中	중학교	57
chúshī	厨师	요리사	144
*chuán	船	배	103
*Chūnjié	春节	춘절	80
*cídiǎn	词典	사전	59
*cì	次	번, 차례	160
*cōngmíng	聪明	똑똑하다	31

*dǎ	打	(전화를)걸다	131
		(운동을)하다	146
dǎcuò	打错	잘못 걸다	134
dǎbāo	打包	포장하다	163
*dà	大	(나이가)많다	58
		크다	95
*dàjiā	大家	여러분	29

dàxiàng	大象	코끼리	66
*dàxué	大学	대학교	57
*dàzháxiè	大闸蟹	털게찜[요리명]	168
*dàifu	大夫	의사	148
*dàn	旦	(경극) 여자 역	152
dàngāo	蛋糕	케이크	154
*dāng	当	~이 되다	144
*dāngrán	当然	당연하다	144
*dào	到	도착하다	100
*dào	倒	거꾸로 되다	138
*de	的	~의	56
		~인 것	72
*Dēngjié	灯节	등불 축제	80
*děng	等	기다리다	132
*dìtiě	地铁	지하철	100
*dìtú	地图	지도	120
*dìdi	弟弟	남동생	58
*diǎn	点	시	86
		주문하다	162
*diǎnxin	点心	딤섬[요리명]	168
*diànhuà	电话	전화	131
*diànyǐng	电影	영화	132
*diànyǐngyuàn	电影院	영화관	132
*dǐng	顶	개[양사]	120
*dōng	东	동쪽	168
*dōu	都	모두, 다	44
*Duānwǔjié	端午节	단오절	81
*duǎnxìn	短信	문자	131
*duì	队	팀	146
*duìbuqǐ	对不起	미안합니다	31
*duō	多	얼마나	58
*duōshao	多少	얼마	118

E

*è	饿	배고프다	32
èr	二	둘, 2	19

F

*fā	发	생기다, 벌다	94
		보내다	131
*fācái	发财	돈을 벌다	94
*fānyì	翻译	번역(가)	148
*fántǐzì	繁体字	번체자	12
fàngxué	放学	하교하다	90
*fēijī	飞机	비행기	103
*fēn	分	분	86
		펀[화폐 단위]	119
*fēnzhōng	分钟	분	100
*fú	福	복	138
*fúwùyuán	服务员	종업원	163

G

*Gāndì	甘地	간디[인명]	46
gāngqín	钢琴	피아노	147
*gāo	高	(키가) 크다	101
*gāokǎo	高考	중국의 대학 입학 시험	65
*gāotiě	高铁	고속철도	108
*gāoxìng	高兴	기쁘다	42
*gāozhōng	高中	고등학교	56
*gē	歌	노래	145
*gēge	哥哥	형, 오빠	58
gēshǒu	歌手	가수	148
*ge	个	개, 명[양사]	58
*gèzi	个子	키	101
*gěi	给	(~에게) 주다	118
*gōngjiāochē	公交车	버스	102
*gōngbǎojīdīng	宫保鸡丁	닭고기에 견과류를 넣어 볶은 요리[요리명]	162
*gōngxǐ	恭喜	축하하다	37
*gōngyuán	公园	공원	133
*gǒngshǒu	拱手	공수	36
*gǒu	狗	개	59
*guǎi	拐	돌다	100

*guānxi 关系 관계 31
guānglín 光临 광림하다 37
*Guǎngdōng 广东 광둥[지명] 168
*guī 龟 거북이 139
*guǐ 鬼 귀신 139
*guì 贵 비싸다 118
*Guìlín 桂林 구이린[지명] 124
*guōbāoròu 锅包肉 중국식 찹쌀탕수육[요리명] 164
*guó 国 나라 44
*Guóqìngjié 国庆节 건국기념일 76
*guo 过 ~한 적 있다 160

H

*hái 还 아직 74
*háishi 还是 아니면 116
*Hánguó 韩国 대한민국 46
*Hánguórén 韩国人 한국인 45
hànbǎobāo 汉堡包 햄버거 154
*Hànyǔ 汉语 중국어 12, 74
*Hànyǔ Pīnyīn 汉语拼音 한어병음 12
*Hànzú 汉族 한족 12
*Hángzhōu 杭州 항저우[지명] 125
*hǎo 好 안녕하다, 좋다 28
*hǎochī 好吃 맛있다 160
*hào 号 일 72
*hàomǎ 号码 번호 130
*hē 喝 마시다 117
*hé 和 ~와(과) 162
*hēi 黑 검다 116
어둡다 161
*hěn 很 매우, 아주 30
*hòutiān 后天 모레 73
*huà 画 (그림을) 그리다 147
huàr 画儿 그림 147
*huānyíng 欢迎 환영하다 37
*huí 回 돌아가다 89
huílái 回来 되돌아오다 161
*huì 会 ~할 줄 안다 144
húntun 馄饨 만둣국 155
*huǒchē 火车 기차 103
*huǒguō 火锅 중국식 샤브샤브[요리명] 168

J

*jī 鸡 닭 66
*jīchǎng 机场 공항 117
*jǐ 几 몇 56
*jiā 家 집 89
*jiāyóu 加油 힘을 내다, 응원하다 74
*jiārù 加入 가입하다 146
jiǎ 甲 제일이다 124
*jiǎnhuàzì 简化字 간화자 12
*jiàn 见 만나다 28
*jiànmiàn 见面 만나다 132
*jiàn 件 벌[양사] 117
*jiānglái 将来 장래, 미래 144
*jiāo 交 서로 교차하다 138
*jiāo 教 가르치다 144
*jiǎo 角 자오[화폐 단위] 119
*jiǎozi 饺子 만두 145
*jiào 叫 ~라고 부르다 42
*jiē 接 (전화를)받다 131
*jiějie 姐姐 언니, 누나 60
*jiè 借 빌리다 133
*jīn 斤 근[양사] 119
*jīnnián 今年 올해 58
*jīntiān 今天 오늘 72
*Jīn Měinà 金美娜 김미나[인명] 6
*jìn 近 가깝다 103
*jīngjù 京剧 경극 152
*jìng 净 (경극)영웅호걸 역 152
jiǔ 九 아홉, 9 19, 95
*jiǔlóngpáo 九龙袍 구룡포 95
*jiǔ 久 오래되다, (시간이) 길다 95
*jiù 就 바로 100

K

*kāfēi	咖啡	커피	117
*kàn	看	보다	132
*kǎoshì	考试	시험	74
*kǎoyā	烤鸭	오리구이[요리명]	160
kělè	可乐	콜라	163
*kěyǐ	可以	할 수 있다(가능을 나타냄)	100
		~해도 된다(허가를 나타냄)	116
*kě	渴	목마르다	32
*kè	刻	15분	87
*kèqi	客气	예의를 차리다	30
*kòngr	空儿	짬, 틈	132
*kū	哭	울다	110
*kǔ	苦	쓰다	163
*kùzi	裤子	바지	116
*kuài	块	콰이[화폐 단위]	118
*kuàilè	快乐	즐겁다	37, 72
*kuàizi	筷子	젓가락	169

L

*lā	拉	당기다	110
*là	辣	맵다	162
*lái	来	(어떤 동작을) 하다	162
*lánqiú	篮球	농구	147
*Láodòngjié	劳动节	노동절	76
*lǎo	老	성씨 앞에 쓰여 존중의 뜻을 나타냄	51
*lǎohǔ	老虎	호랑이	66
*lǎoshī	老师	선생님	31
*le	了	~되다(어기조사)	58
*lèi	累	피곤하다	32
*lěng	冷	춥다	43
*lí	离	~로부터, ~에서	102
		이별, 헤어지다	139
*lí	梨	배	139
*Lǐ	李	이[성씨]	50
*liǎnpǔ	脸谱	경극의 얼굴 분장	153
*liǎng	两	둘, 2	59
*líng	零	영, 0	102
*liú	流	흐르다, 순조롭다	95
*Liǔ Kuānshùn	柳宽顺	유관순[인명]	46
liù	六	여섯, 6	19
*Liú	刘	유[성씨]	50
*lóngchuán	龙船	용선	81
*lù	路	(버스, 노선)번호	102
*lǚxíng	旅行	여행(하다)	147

M

*māma	妈妈	어머니	60
*mápódòufu	麻婆豆腐	마파두부[요리명]	164
*mǎ	马	말	103
*ma	吗	~입니까?	30
*mǎi	买	사다	116
mǎidān	买单	계산하다	163
*mài	卖	팔다	119
*mántou	馒头	소가 없는 찐빵	155
*màn	慢	느리다	162
*mànzǒu	慢走	조심히 가다	37
*máng	忙	바쁘다	31
*māo	猫	고양이	66
*máo	毛	마오[화폐 단위]	119
*màozi	帽子	모자	120
*méi	没	없다	31
*méi(yǒu)	没(有)	없다	58
*měi	每	매	88
*Měiguó	美国	미국	46
*měinǚ	美女	미녀	51
*mèimei	妹妹	여동생	59
*ménkǒu	门口	입구	132
*men	们	~들(복수를 나타냄)	28
mín	民	백성	169
*miànbāo	面包	빵	154
*míngzi	名字	이름	42
*míngtiān	明天	내일	28
*Mòzhātè	莫扎特	모차르트[인명]	46

N

*nǎ	哪	어느	44
*nǎr	哪儿	어디	130
*nà	那	저(것), 그(것)	57
		그러면	144
*nǎinai	奶奶	할머니	60
*nán	男	남자	75
nán	南	남쪽	168
*ne	呢	~는요?	42
*nǐ	你	너	28
*nián	年	해, 년	138
*niángāo	年糕	남방에서 새해에 먹는 떡	80
*niánjí	年级	학년	56
*niánjì	年纪	나이, 연령	59
*niǎo	鸟	새	66
*nín	您	당신(你의 존칭)	29
*niú	牛	소	66
*niúròumiàn	牛肉面	쇠고기 탕면[요리명]	164

P

*pá	爬	오르다	148
*pāizhào	拍照	사진을 찍다	148
*páiqiú	排球	배구	76
*pǎo	跑	뛰다	110
*pǎobù	跑步	달리다	133
*péngyou	朋友	친구	56
*piányi	便宜	싸다	118
*Piáo Zhèngmín	朴正民	박정민[인명]	7
*piào	票	표	117
*piàoliang	漂亮	예쁘다	31
*pīngpāngqiú	乒乓球	탁구	147
*píng'ān	平安	평안(하다)	73
*píng	瓶	병[양사]	117
*pǔtōnghuà	普通话	보통화	12

Q

qī	七	일곱, 7	19
*qí	骑	타다	103
*qípáo	旗袍	치파오	118
*qǐ	起	일어서다	88
*qǐchuáng	起床	일어나다	88
*qìchē	汽车	자동차	104
*qiānbǐ	铅笔	연필	120
*qián	前	앞	101
*qián	钱	돈	118
*qiántiān	前天	그제	73
qiǎokèlì	巧克力	초콜릿	154
*qīngshēng	轻声	경성	19
*qǐng	请	청하다	134
		초대하다	160
*qǐngkè	请客	한턱내다	160
*qǐngwèn	请问	말씀 좀 묻겠습니다	100
*Qū Yuán	屈原	굴원[인명]	81
*qúnzi	裙子	치마	117
*qù	去	가다	100

R

*rè	热	덥다	32
*rén	人	사람	44
*Rénmín Dàhuìtáng	人民大会堂	인민대회당	124
*rènshi	认识	알다	42
*rì	日	일, 날	75
*Rìběn	日本	일본	46
*ròu	肉	고기	119
*ruǎnwò	软卧	푹신한 침대칸	109
*ruǎnzuò	软座	푹신한 좌석칸	109

S

sān	三	셋, 3	19

sānmíngzhì	三明治	샌드위치	154
*sǎn	伞	우산	120
*sàn	散	흩어지다	132
*sànbù	散步	산책하다	87
*shān	山	산	148
shānshuǐ	山水	산수	124
*shāngdiàn	商店	상점	104
*shàng	上	(~에) 다니다	56
		지난	75
		위(하늘을 의미함)	125
		(요리를) 내오다	162
shàngbān	上班	출근하다	103
*Shànghǎi	上海	상하이[지명]	168
*shàngkè	上课	수업을 시작하다	88
*shàngwǔ	上午	오전	88
*shàngxué	上学	등교하다	102
*shāo	稍	약간	134
shāomài	烧卖	위쪽 부분이 뚫린 만두	155
sháozi	勺子	숟가락	169
*shéi	谁	누구	56
*shēntǐ	身体	신체, 몸	88
*shénme	什么	무엇, 무슨	42
shēng	生	(경극) 남자 역	152
*shēngrì	生日	생일	72
*shēngdiào	声调	성조	13
*shēngmǔ	声母	성모	15
*Shèngdànjié	圣诞节	성탄절	76
shīzi	狮子	사자	66
shí	十	열, 10	19
*shí	食	음식	169
*shíjiān	时间	시간	100
*shízì lùkǒu	十字路口	사거리	100
*shì	是	~이다	44
*shìr	事儿	일	132
*shì	试	시험 삼아 해보다	116
*shǒujī	手机	휴대 전화	130
*shū	书	책	117
*shūbāo	书包	책가방	57
*shuài	帅	잘생기다	43
*shuàigē	帅哥	미남	51
*shuāng	双	쌍, 켤레[양사]	117
*shuǐ	水	물	117
*shuì	睡	자다	88
*shuìjiào	睡觉	잠을 자다	88
*shùn	顺	순조롭다	95
*sǐ	死	죽다	95
sì	四	넷, 4	19
*Sìchuān	四川	쓰촨[지명]	168
*Sūzhōu	苏州	쑤저우[지명]	125
*sùshè	宿舍	기숙사	134
*suān	酸	시다	163, 168
*suì	岁	살, 세[양사]	58

T

*tā	他	그	29
*tā	她	그녀	29
táiquándào	跆拳道	태권도	161
tài~le	太~了	너무 ~하다	118
*Tài Shān	泰山	태산[지명]	125
*tàijíquán	太极拳	태극권	148
tán	弹	(악기를) 연주하다	147
*tāng	汤	탕	169
*táng	糖	사탕	154
tánghúlu	糖葫芦	탕후루	164
*tǎng	躺	눕다	110
*tī	踢	차다	146
*tǐyù	体育	체육	76
*tiān	天	날, 일	74
		하늘	161
*Tiān'ān Mén	天安门	천안문	124
tiāntáng	天堂	천당, 천국	125
tiānxià	天下	천하	124
*tián	甜	달다	163
*tiáo	条	개, 벌[양사]	116
tiào	跳	(위로) 깡충 뛰다	110
*tiàowǔ	跳舞	춤을 추다	145
*tīng	听	듣다	145
*tíng	停	멈추다	110
*tóngxué	同学	학우, 동급생	57

*túshūguǎn	图书馆	도서관	130
tùzi	兔子	토끼	66
tuī	推	밀다	110

W

*wàzi	袜子	양말	117
*wánr	玩儿	놀다	75
*wǎnfàn	晚饭	저녁밥	161
*wǎnshang	晚上	저녁	32
*wǎn	碗	그릇[양사]	164
*Wáng	王	왕[성씨]	50
*Wáng Lì	王丽	왕리[인명]	7
wǎngbā	网吧	PC방	133
*wǎng	往	~을(를) 향하여	100
*wéi	为	~으로 여기다	169
*wèidào	味道	맛	160
*wèi	喂	여보세요	130
*wèntí	问题	문제	144
*wǒ	我	나	29
wǔ	五	다섯, 5	19
*Wǔxīng-Hóngqí	五星红旗	오성홍기	8
*wǔfàn	午饭	점심밥	89

X

xī	西	서쪽	168
*Xī Hú	西湖	서호	125
*xǐshǒujiān	洗手间	화장실	104
*xǐhuan	喜欢	좋아하다	116
*xià	下	다음	74
		아래(지상을 의미함)	125
*xiàkè	下课	수업을 마치다	88
*xiàwǔ	下午	오후	88
*xiànzài	现在	현재, 지금	86
*xián	咸	짜다	163, 168
*xiǎng	想	~하고 싶다	144
*xiǎo	小	성씨 앞에 쓰여 친근함을 나타냄	51
		작다	59
*xiǎoxué	小学	초등학교	57
*xiào	笑	웃다	110
*xié	鞋	신발	120
*xiéyīn	谐音	해음	138
*xiě	写	쓰다	101
*xiè	谢	감사하다	31
*xièxie	谢谢	고맙습니다	30
*xīnnián	新年	새해	37
*xīngqī	星期	요일, 주	74
*xíng	行	좋다	118
*xíngli	行李	짐	101
*xìngfú	幸福	행복(하다)	73
xióng	熊	곰	66
*xióngmāo	熊猫	판다	66
*xué	学	배우다	146
*xuésheng	学生	학생	45
*xuéxiào	学校	학교	102

Y

*yào	要	걸리다, 필요하다	100
		~하려고 하다	116
*yě	也	~도, 역시	42
yī	一	하나, 1	19
*yīfu	衣服	옷	117
*yīyuàn	医院	병원	134
*(yì)diǎnr	(一)点儿	약간	118
*yíhuìr	一会儿	잠시, 잠시 후	29
*yìqǐ	一起	함께	75
yìtiān	一天	하루	88
*yíxià	一下	좀 ~하다	161
*yìzhí	一直	곧장	100
yǐ	以	~로써	169
*yǐzi	椅子	의자	57
*Yìdàlìrén	意大利人	이탈리아인	45
*yīnyuè	音乐	음악	147
*yínháng	银行	은행	103

*Yīngguó	英国	영국	46
*yìngwò	硬卧	딱딱한 침대칸	109
*yìngzuò	硬座	딱딱한 좌석칸	109
*yòng	用	들다, 먹다	162
*yóujú	邮局	우체국	103
yóutiáo	油条	꽈배기 모양의 튀긴 음식	155
*yóuyǒng	游泳	수영하다	145
*yǒu	有	있다	58
*yǒuyú	有余	여유가 있다	138
*yòu	右	오른쪽	100
*yú	余	여분, 여유	138
*yú	鱼	물고기	138
*yúxiāngròusī	鱼香肉丝	돼지고기를 가늘게 썰어 만든 요리[요리명]	162
yǔmáoqiú	羽毛球	배드민턴	147
*yuán	元	위안[화폐 단위]	119
*yuánxiāo	元宵	원소	80
*Yuánxiāojié	元宵节	원소절	80
*yuǎn	远	멀다	102
*yuè	月	월	72
*yuèbing	月饼	월병	81
*yùndòng	运动	운동	146
*yùnmǔ	韵母	운모	14

Z

*zázhì	杂志	잡지	120
*zài	再	더, 그리고	162
*zài	在	~에 있다	130
		~에서	132
*zàijiàn	再见	잘 가, 안녕(작별 인사)	28
*zǎo	早	(때가) 이르다	88
*zǎoshang	早上	아침	29
*zěnme	怎么	어떻게	100
*zěnmeyàng	怎么样	어떠하다	86
*zhàn	站	역	100
		서다	110
*Zhāng	张	장[성씨]	50
*zhāng		장[양사]	117
*Zhāng Wěi	张伟	장웨이[인명]	6
*zhǎo	找	거슬러 주다	118
*zhè	这	이(것)	56
*zhège	这个	이, 이것	101
*zhe	着	~한 채로	100
*zhēn	真	정말, 참으로	72
zhènghǎo	正好	딱 맞다	116
*zhī	支	자루[양사]	120
*zhī	只	마리[양사]	162
*zhīdào	知道	알다, 이해하다	43
*Zhōngguó	中国	중국	45
*Zhōngguórén	中国人	중국인	44
*Zhōnghuá Rénmín Gònghéguó	中华人民共和国	중화인민공화국	8
*Zhōngqiūjié	中秋节	중추절	81
*zhōngwǔ	中午	정오(낮 12시 전후)	89
*zhōngxué	中学	중·고등학교	57
*zhōng	终	종말, 죽음	139
*zhōng	钟	시계	139
*zhòng	重	무겁다	101
*zhōumò	周末	주말	132
*zhū	猪	돼지	119
*Zhūgě	诸葛	제갈[성씨]	50
*zhù	祝	빌다, 기원하다	72
*zhuōzi	桌子	책상	57
*zìxíngchē	自行车	자전거	103
*zì	字	글자	101
*zòngzi	粽子	대나무 잎에 싸서 찐 찹쌀밥	81
*zǒu	走	가다	100
*zúqiú	足球	축구	146
*zuìjìn	最近	요즘	87
*zuótiān	昨天	어제	73
zuǒ	左	왼쪽	101
*zuǒyòu	左右	가량, 정도	100
*zuòyè	作业	숙제	90
*zuò	坐	타다	102
		앉다	110
*zuò	做	하다	90

Memo

Memo

지은이

유성진 진경화 이초원 이수경 임현숙 서자연 고승희

탁은정 조서연 박주희 김민혜

고등학교 중국어 I 자습서

펴 낸 이 | 주민홍
펴 낸 곳 | 서울특별시 마포구 월드컵북로 396(상암동) 누리꿈스퀘어 비즈니스타워 10층
(주)NE능률 (우편번호 03925)
펴 낸 날 | 2018년 1월 10일 초판 1쇄 발행 2022년 1월 15일 제 5쇄 발행
전 화 | 02-2014-7114
팩 스 | 02-3142-0356
홈페이지 | www.neungyule.com
등록번호 | 제 1-68호
I S B N | 979-11-253-1973-3
정 가 | 14,000원

NE 능률

고객센터

교재 내용 문의 | contact.nebooks.co.kr (별도의 가입 절차 없이 작성 가능)
제품 구매, 교환, 불량, 반품 문의 | 02-2014-7114 ☎ 전화문의는 본사의 근무 시간 중에만 가능합니다.

읽기 정리

Nǐ jiào shénme míngzi?

읽기 1		
A	Nǐ jiào shénme míngzi? 你叫什么名字?	너는 이름이 뭐니?
B	Wǒ jiào Wáng Lì, nǐ ne? 我叫王丽，你呢?	나는 왕리라고 해, 너는?
A	Wǒ jiào Piáo Zhèngmín, rènshi nǐ hěn gāoxìng. 我叫朴正民，认识你很高兴。	나는 박정민이라고 해. 만나서 반가워.
B	Wǒ yě hěn gāoxìng. 我也很高兴。	나도 반가워.

읽기 2		
A	Nǐ shì nǎ guó rén? 你是哪国人?	너는 어느 나라 사람이니?
B	Wǒ shì Zhōngguórén. 我是中国人。	나는 중국인이야.
A	Tā yě shì Zhōngguórén ma? 她也是中国人吗?	걔도 중국인이니?
B	Shì, wǒmen dōu shì Zhōngguórén. 是，我们都是中国人。	응, 우리는 모두 중국인이야.

어휘 정리

Nǐ hǎo!

병음	한자	뜻
nǐ	你	너
hǎo	好	안녕하다, 좋다
men	们	~들(복수를 나타냄)
zàijiàn	再见	잘 가, 안녕(작별인사)
míngtiān	明天	내일
jiàn	见	만나다
dàjiā	大家	여러분
zǎoshang	早上	아침
wǒ	我	나
nín	您	당신(你의 존칭)
tā	他/她	그/그녀
yíhuìr	一会儿	잠시, 잠시 후
ma	吗	~입니까?
hěn	很	매우, 아주
xièxie	谢谢	고맙습니다
bù	不	~이 아니다
kèqi	客气	예의를 차리다
máng	忙	바쁘다
lǎoshī	老师	선생님
duìbuqǐ	对不起	미안합니다
méi	没	없다
guānxi	关系	관계

읽기 정리

Nǐ hǎo! 1과

읽기 1		
A	Nǐ hǎo! 你好!	안녕!
B	Nǐmen hǎo! 你们好!	얘들아 안녕!
A	Zàijiàn! 再见!	잘 가!
B	Míngtiān jiàn! 明天见!	내일 만나자!

읽기 2		
A	Nǐ hǎo ma? 你好吗?	잘 지내니?
B	Wǒ hěn hǎo 我很好。	잘 지내.
A	Xièxie! 谢谢!	고마워!
B	Bú kèqi! 不客气!	천만에!

어휘 정리

Nǐ jiào shénme míngzi?

병음	한자	뜻
jiào	叫	~라고 부르다
shénme	什么	무엇, 무슨
míngzi	名字	이름
ne	呢	~는요?
rènshi	认识	알다
gāoxìng	高兴	기쁘다
yě	也	~도, 역시
lěng	冷	춥다
shuài	帅	잘생기다
zhīdào	知道	알다, 이해하다
shì	是	~이다
nǎ	哪	어느
guó	国	나라
rén	人	사람
Zhōngguórén	中国人	중국인
dōu	都	모두, 다
Hánguórén	韩国人	한국인
Yìdàlìrén	意大利人	이탈리아인
xuésheng	学生	학생
bàng	棒	뛰어나다, 훌륭하다
Yīngguó	英国	영국
Měiguó	美国	미국
Rìběn	日本	일본

읽기 정리

Jīntiān jǐ yuè jǐ hào?

읽기 1

A	Jīntiān jǐ yuè jǐ hào? 今天几月几号?	오늘은 몇 월 며칠이니?
B	Wǔ yuè jiǔ hào. 五月九号。	5월 9일이야.
A	Míngtiān shì nǐ de shēngrì ba? 明天是你的生日吧?	내일이 네 생일이지?
B	Zhēn de ma? Zhù nǐ shēngrì kuàilè! 真的吗? 祝你生日快乐!	정말? 생일 축하해!

읽기 2

A	Jīntiān xīngqī jǐ? 今天星期几?	오늘은 무슨 요일이지?
B	Xīngqīliù. 星期六。	토요일이야.
A	Xià xīngqīyī yǒu Hànyǔ kǎoshì. 下星期一有汉语考试。	다음 주 월요일에 중국어 시험 있네.
B	Hái yǒu liǎng tiān, jiāyóu ba! 还有两天, 加油吧!	아직 이틀 남았잖아. 힘내!

어휘 정리

Zhè shì shéi? (3과)

병음	한자	뜻
zhè	这	이(것)
shéi	谁	누구
de	的	~의
péngyou	朋友	친구
shàng	上	(~에) 다니다
jǐ	几	몇
niánjí	年级	학년
gāozhōng	高中	고등학교
zhuōzi	桌子	책상
nà	那	저(것), 그(것)
yǐzi	椅子	의자
tóngxué	同学	학우, 동급생
shūbāo	书包	책가방
yǒu	有	있다
gēge	哥哥	형, 오빠
méiyǒu	没有	없다
ge	个	개, 명[양사]
dìdi	弟弟	남동생
duō	多	얼마나
dà	大	(나이가) 많다
le	了	~되다(어기조사)
jīnnián	今年	올해
suì	岁	살, 세[양사]
niánjì	年纪	나이, 연령

읽기 정리

Zhè shì shéi?

읽기 1			
A	Zhè shì shéi?	这是谁?	얘는 누구니?
B	Zhè shì wǒ de Zhōngguó péngyou.	这是我的中国朋友。	얘는 나의 중국 친구야.
A	Tā shàng jǐ niánjí?	她上几年级?	그녀는 몇 학년이니?
B	Tā shàng gāozhōng èr niánjí.	她上高中二年级。	그녀는 고등학교 2학년이야.

읽기 2			
A	Nǐ yǒu gēge ma?	你有哥哥吗?	너 오빠 있니?
B	Méiyǒu, wǒ yǒu yí ge dìdi.	没有，我有一个弟弟。	아니, 나는 남동생이 한 명 있어.
A	Tā duō dà le?	他多大了?	그는 몇 살이니?
B	Tā jīnnián shíwǔ suì le.	他今年十五岁了。	그는 올해 15살이야.

어휘 정리

Jīntiān jǐ yuè jǐ hào?

병음	한자	뜻
jīntiān	今天	오늘
yuè	月	월
hào	号	일
shēngrì	生日	생일
ba	吧	~이지요? (추측의 어기조사) ~하자 (청유, 제안의 어기조사)
zhù	祝	빌다, 기원하다
kuàilè	快乐	즐겁다
píng'ān	平安	평안(하다)
xìngfú	幸福	행복(하다)
xīngqī	星期	요일, 주
xià	下	다음
Hànyǔ	汉语	중국어
kǎoshì	考试	시험
hái	还	아직
tiān	天	날, 일
jiāyóu	加油	힘을 내다, 응원하다
shàng	上	지난
rì	日	일, 날
yìqǐ	一起	함께
wánr	玩儿	놀다
nán	男	남자
tǐyù	体育	체육
páiqiú	排球	배구
bǐsài	比赛	시합

읽기 정리

Qǐngwèn, dìtiězhàn zěnme zǒu? (6과)

읽기 1		
A	Qǐngwèn, dìtiězhàn zěnme zǒu? 请问，地铁站怎么走?	말씀 좀 묻겠습니다. 지하철역은 어떻게 가나요?
B	Yìzhí zǒu, dào shízì lùkǒu wǎng yòu guǎi jiù shì. 一直走，到十字路口往右拐就是。	앞으로 쭉 가다가 사거리에서 우회전하면 바로예요.
A	Kěyǐ zǒuzhe qù ma? 可以走着去吗?	걸어서 갈 수 있나요?
B	Kěyǐ. 可以。	가능해요.
A	Yào duō cháng shíjiān? 要多长时间?	얼마나 걸리나요?
B	Zǒu shíwǔ fēnzhōng zuǒyòu. 走十五分钟左右。	15분 정도 가면 돼요.

읽기 2		
A	Nǐ jiā lí xuéxiào yuǎn ma? 你家离学校远吗?	너 집에서 학교까지 멀어?
B	Bú tài yuǎn. 不太远。	그다지 멀지 않아.
A	Nǐ měi tiān zěnme shàngxué? 你每天怎么上学?	매일 어떻게 등교하니?
B	Wǒ zuò gōngjiāochē shàngxué. 我坐公交车上学。	나는 버스 타고 등교해.
A	Nǐ zuò jǐ lù chē? 你坐几路车?	몇 번 버스 타?
B	Wǒ zuò yāo líng wǔ lù. 我坐105路。	105번 타.

어휘 정리

Xiànzài jǐ diǎn le? (5과)

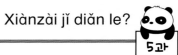

병음	한자	뜻
xiànzài	现在	현재, 지금
diǎn	点	시
fēn	分	분
chī fàn	吃饭	밥을 먹다
wǔfàn	午饭	점심밥
bàn	半	30분, 반
zěnmeyàng	怎么样	어떠하다
kè	刻	15분
yìtiān	一天	하루
měi	每	매
zǎoshang	早上	아침
shàngwǔ	上午	오전
zhōngwǔ	中午	정오(낮 12시 전후)
xiàwǔ	下午	오후
wǎnshang	晚上	저녁, 밤
shàngkè	上课	수업을 시작하다
xiàkè	下课	수업을 마치다
qǐchuáng	起床	일어나다
shuìjiào	睡觉	잠을 자다
zǎo	早	(때가) 이르다
shēntǐ	身体	신체, 몸
huí jiā	回家	집으로 돌아가다
fàngxué	放学	하교하다
zuò zuòyè	做作业	숙제하다

읽기 정리

Xiànzài jǐ diǎn le? 5과

읽기 1		
A	Xiànzài jǐ diǎn le? 现在几点了?	지금 몇 시니?
B	Wǔ diǎn shí fēn. 五点十分。	5시 10분이야.
A	Wǒmen jǐ diǎn chī fàn? 我们几点吃饭?	우리 몇 시에 밥 먹을까?
B	Liù diǎn bàn chī fàn, zěnmeyàng? 六点半吃饭, 怎么样?	6시 반에 먹자. 어때?
A	Hǎo ba. 好吧。	좋아.

읽기 2	
Wǒ de yìtiān 我的一天	나의 하루
Wǒ měi tiān zǎoshang qī diǎn qǐchuáng. 我每天早上七点起床。	나는 매일 아침 7시에 일어난다.
Shàngwǔ bā diǎn shàngkè. 上午八点上课。	오전 8시에 수업을 시작한다.
Xiàwǔ sì diǎn wǔshí fēn xiàkè. 下午四点五十分下课。	오후 4시 50분에 수업을 마친다.
Wǎnshang shí diǎn shuìjiào. 晚上十点睡觉。	저녁 10시에 잠을 잔다.
Zǎo shuì zǎo qǐ shēntǐ hǎo. 早睡早起身体好。	일찍 자고 일찍 일어나면 몸에 좋다.

어휘 정리

Qǐngwèn, dìtiězhàn zěnme zǒu? 6과

병음	한자	뜻
qǐngwèn	请问	말씀 좀 묻겠습니다
zěnme	怎么	어떻게
zǒu	走	가다
yìzhí	一直	곧장
shízì lùkǒu	十字路口	사거리
wǎng	往	~을(를) 향하여
yòu	右	오른쪽
guǎi	拐	돌다
kěyǐ	可以	~할 수 있다 (가능을 나타냄)
yào	要	걸리다, 필요하다
cháng	长	길다
shíjiān	时间	시간
fēnzhōng	分钟	분
zuǒyòu	左右	가량, 정도
zhège	这个	이, 이것
Chángchéng	长城	만리장성
xuéxiào	学校	학교
yuǎn	远	멀다
bú tài	不太	그다지 ~않다
gōngjiāochē	公交车	버스
lù	路	(버스, 노선) 번호
qí	骑	타다
zìxíngchē	自行车	자전거
xǐshǒujiān	洗手间	화장실

읽기 정리

Wèi! Wáng Lì zài ma?

읽기 1

A	Wèi! Wáng Lì zài ma? 喂！王丽在吗？	여보세요! 왕리 있나요?
B	Tā bú zài, chūqù le. 她不在，出去了。	없는데, 밖에 나갔단다.
A	Tā qù nǎr le? 她去哪儿了？	어디 갔나요?
B	Tā qù túshūguǎn le. 她去图书馆了。	도서관에 갔어.
A	Wáng Lì de shǒujī hàomǎ shì duōshao? 王丽的手机号码是多少？	왕리 휴대 전화 번호가 몇 번이에요?
B	Líng yāo líng – yāo èr sān sì – wǔ liù qī bā. 010-1234-5678。	010-1234-5678이란다.

읽기 2

A	Wáng Lì, zhōumò nǐ yǒu kòngr ma? 王丽，周末你有空儿吗？	왕리야, 주말에 시간 있니?
B	Yǒu, shénme shìr? 有，什么事儿？	있어, 무슨 일인데?
A	Wǒ yǒu liǎng zhāng diànyǐngpiào, yìqǐ qù kàn ba. 我有两张电影票，一起去看吧。	영화표 두 장이 있는데 같이 보러 가자.
B	Hǎo a, jǐ diǎn jiànmiàn? 好啊，几点见面？	좋아, 몇 시에 만날까?
A	Xiàwǔ liǎng diǎn, wǒ zài diànyǐngyuàn ménkǒu děng nǐ. 下午两点，我在电影院门口等你。	오후 2시, 영화관 앞에서 기다릴게.
B	Bújiàn bú sàn. 不见不散。	올 때까지 가지 마.

어휘 정리

Nín yào mǎi shénme?

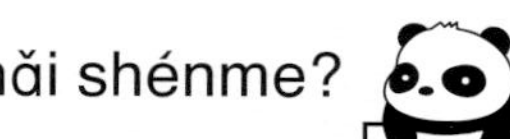

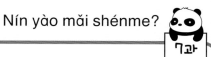

병음	한자	뜻
yào	要	~하려고 하다
mǎi	买	사다
tiáo	条	개, 벌[양사]
kùzi	裤子	바지
xǐhuan	喜欢	좋아하다
hēi	黑	검다
de	的	~인 것
háishi	还是	아니면
bái	白	하얗다
kěyǐ	可以	~해도 된다 (허가를 나타냄)
shì	试	시험 삼아 해보다
qípáo	旗袍	치파오
duōshao	多少	얼마
qián	钱	돈
bǎi	百	백, 100
kuài	块	콰이[화폐단위]
tài~le	太~了	너무 ~하다
guì	贵	비싸다
piányi	便宜	싸다
(yì)diǎnr	(一)点儿	약간
gěi	给	(~에게) 주다
zhǎo	找	거슬러 주다
máo	毛	마오[화폐단위]
fēn	分	펀[화폐단위]

읽기 정리

Nín yào mǎi shénme?

읽기 1

A	Nín yào mǎi shénme? 您要买什么?	무엇을 사시겠습니까?
B	Wǒ yào mǎi yì tiáo kùzi. 我要买一条裤子。	바지 한 벌 사려고 해요.
A	Nín xǐhuan hēi de háishi bái de? 您喜欢黑的还是白的?	검은색 좋아하세요, 아니면 흰색 좋아하세요?
B	Wǒ xǐhuan hēi de. 我喜欢黑的。	검은색 좋아해요.
A	Nín kěyǐ shìshi. 您可以试试。	한번 입어보세요.
B	Zhènghǎo, wǒ yào zhè tiáo. 正好，我要这条。	딱 맞네요. 이걸로 할게요.

읽기 2

A	Zhè jiàn qípáo duōshao qián? 这件旗袍多少钱?	이 치파오 얼마예요?
B	Sānbǎi bāshí kuài qián. 三百八十块钱。	380위안입니다.
A	Tài guì le! Piányi diǎnr ba! 太贵了！便宜点儿吧！	너무 비싸요! 좀 깎아 주세요!
B	Xíng, sānbǎi wǔ. 行，三百五。	알겠습니다. 350위안으로 하지요.
A	Gěi nín sìbǎi kuài. 给您四百块。	400위안 드릴게요.
B	Zhǎo nín wǔshí kuài. 找您五十块。	50위안 거슬러 드립니다.

어휘 정리

Wèi! Wáng Lì zài ma?

병음	한자	뜻
wèi	喂	여보세요
zài	在	~에 있다
chūqù	出去	나가다
nǎr	哪儿	어디
túshūguǎn	图书馆	도서관
shǒujī	手机	휴대 전화
hàomǎ	号码	번호
dǎ	打	(전화를) 걸다
diànhuà	电话	전화
zhōumò	周末	주말
kòngr	空儿	짬, 틈
shìr	事儿	일
diànyǐng	电影	영화
kàn	看	보다
jiànmiàn	见面	만나다
zài	在	~에서
diànyǐngyuàn	电影院	영화관
ménkǒu	门口	입구
děng	等	기다리다
jiè	借	빌리다
cāochǎng	操场	운동장
pǎobù	跑步	달리다
wǎngbā	网吧	PC방
gōngyuán	公园	공원

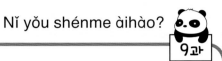

읽기 정리

Nǐ chī fàn le ma?

읽기 1		
A	Nǐ chī fàn le ma? 你吃饭了吗?	너 밥 먹었니?
B	Wǒ hái méi chī. 我还没吃。	아직 안 먹었어.
A	Wǒmen chī Běijīng kǎoyā ba. 我们吃北京烤鸭吧。	우리 베이징 카오야(오리구이) 먹으러 가자.
B	Wǒ hái méi chīguo. Wèidào zěnmeyàng? 我还没吃过。味道怎么样?	나 아직 안 먹어 봤는데, 맛이 어떠니?
A	Běijīng kǎoyā hěn hǎochī. Jīntiān wǒ qǐngkè! 北京烤鸭很好吃。今天我请客!	베이징 카오야(오리구이)는 정말 맛있어. 오늘 내가 한턱낼게!
B	Xièxie, xià cì wǒ qǐng nǐ. 谢谢，下次我请你。	고마워. 다음에는 내가 낼게.

읽기 2		
A	Nǐmen yào diǎn shénme cài? 你们要点什么菜?	어떤 요리 주문하시겠습니까?
B	Lái yì zhī Běijīng kǎoyā hé yí ge yúxiāngròusī. 来一只北京烤鸭和一个鱼香肉丝。	베이징 카오야(오리구이) 한 마리하고, 돼지고기 야채볶음 하나 주세요.
A	Hái yào bié de ma? 还要别的吗?	더 필요하신 것은요?
B	Wǒ ài chī là de, zài lái yí ge gōngbǎojīdīng. 我爱吃辣的，再来一个宫保鸡丁。	내가 매운 것을 좋아하니까, 닭고기 견과류 볶음요리도 하나 주세요.
A	Cài dōu shàng le, qǐng màn yòng! 菜都上了，请慢用!	음식이 모두 나왔습니다. 천천히 드세요!
B	Zhèngmín, nǐ duō chī diǎnr. 正民，你多吃点儿。	정민아, 많이 먹으렴.

어휘 정리

Nǐ yǒu shénme àihào?

병음	한자	뜻
àihào	爱好	취미
cài	菜	요리
huì	会	~할 줄 안다
dāngrán	当然	당연하다
jiānglái	将来	장래, 미래
xiǎng	想	~하고 싶다
dāng	当	~이 되다
chúshī	厨师	요리사
nà	那	그러면
jiāo	教	가르치다
wèntí	问题	문제
yóuyǒng	游泳	수영하다
tīng	听	듣다
yùndòng	运动	운동
tī	踢	차다
zúqiú	足球	축구
dǎ	打	(운동을) 하다
bàngqiú	棒球	야구
xué	学	배우다
jiārù	加入	가입하다
duì	队	팀
yīnyuè	音乐	음악
dàifu	大夫	의사
gēshǒu	歌手	가수

읽기 정리

Nǐ yǒu shénme àihào? 9과

읽기 1

A	Nǐ yǒu shénme àihào? 你有什么爱好?	너는 취미가 뭐니?
B	Wǒ xǐhuan zuò cài. 我喜欢做菜。	나는 요리하는 것을 좋아해.
A	Nǐ huì zuò Zhōngguócài ma? 你会做中国菜吗?	너 중국 요리 할 줄 알아?
B	Dāngrán, wǒ jiānglái xiǎng dāng chúshī. 当然，我将来想当厨师。	물론이지, 나는 장래에 요리사가 되고 싶어.
A	Nà nǐ jiāojiao wǒ, xíng ma? 那你教教我，行吗?	그럼 나 좀 가르쳐 줘. 괜찮아?
B	Xíng, méi wèntí. 行，没问题。	좋아. 문제없어.

읽기 2

A	Nǐ xǐhuan shénme yùndòng? 你喜欢什么运动?	너는 무슨 운동을 좋아하니?
B	Wǒ xǐhuan tī zúqiú, nǐ ne? 我喜欢踢足球，你呢?	나는 축구하는 것을 좋아해, 너는?
A	Wǒ xǐhuan dǎ bàngqiú. 我喜欢打棒球。	나는 야구하는 것을 좋아해.
B	Shì ma? Wǒ bú huì dǎ, hěn xiǎng xué. 是吗? 我不会打，很想学。	그래? 나는 할 줄 몰라서 정말 배우고 싶은데.
A	Nà nǐ jiārù wǒmen bàngqiúduì ba. 那你加入我们棒球队吧。	그럼 우리 야구팀에 가입해.
B	Tài hǎo le. 太好了。	정말 잘 됐다.

어휘 정리

Nǐ chī fàn le ma? 10과

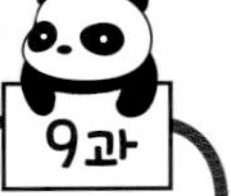

병음	한자	뜻
Běijīng	北京	베이징
guo	过	~한 적 있다
wèidào	味道	맛
hǎochī	好吃	맛있다
qǐngkè	请客	한턱내다
táiquándào	跆拳道	태권도
wǎnfàn	晚饭	저녁밥
diǎn	点	주문하다
zhī	只	마리[양사]
hé	和	~와(과)
bié	别	다른
ài	爱	사랑하다
là	辣	맵다
gōngbǎojīdīng	宫保鸡丁	닭고기 견과류 볶음요리
màn	慢	느리다
yòng	用	들다, 먹다
bēi	杯	잔[양사]
suān	酸	시다
tián	甜	달다
kǔ	苦	쓰다
xián	咸	짜다
càidān	菜单	차림표
fúwùyuán	服务员	종업원

경극 인형 만들기

도안1

도안2

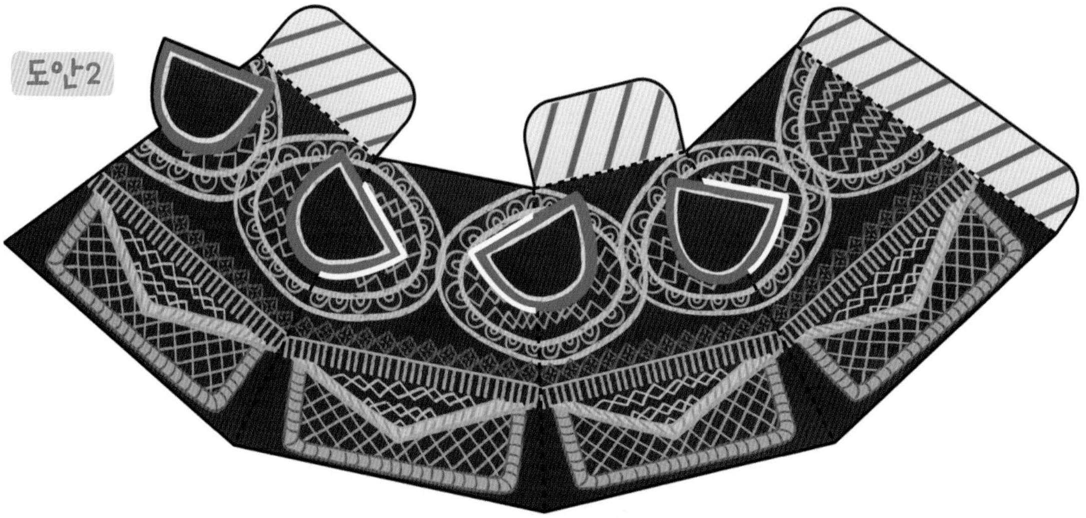

도안3

www.nebooks.co.kr NE 능률

문법/구문을 배워도 독해가 안 된다면?
유일한 해결책은 천문장!

전국 **온오프 서점** 판매중

구문이 독해로 연결되는 해석 공식, 천문장

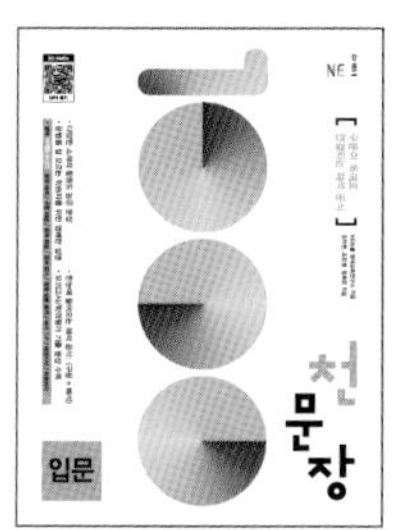
입문
(중2~중3)

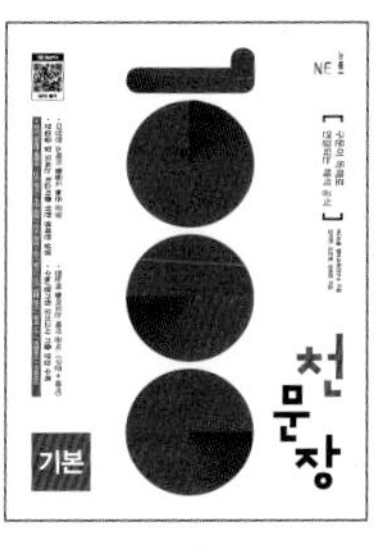
기본
(예비고~고1)

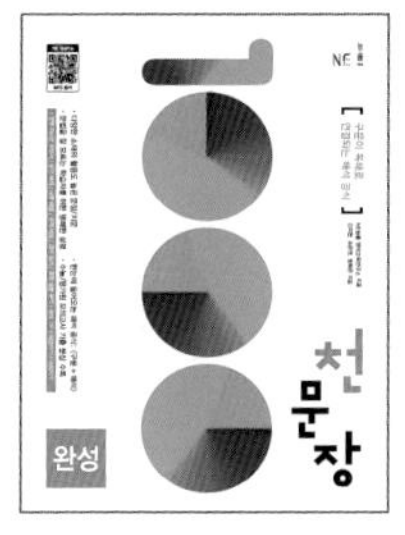
완성
(고2~고3)

한눈에 들어오는 해석 공식

· 도식화된 문법 설명과 <구문+해석>으로 제시되어 외우기 쉬운 해석 공식

다양한 소재의 활용도 높은 문장과 학교 시험 대비 서술형 문제 제공

· 구문/문법 적용 사례를 이해하기 쉬운 문장부터, 수능/평가원 모의고사 기출에 나오는 복잡한 문장까지 학습 가능

문법을 잘 모르는 학습자를 위한 명쾌한 설명

· 학생들이 독해 시 어려움을 겪는 포인트를 콕 집어 설명하는 해석 TIP 제공
· 확실한 개념 이해를 도와주는 삽화 제공(입문)

NE능률 교재 MAP

교과서/내신

아래 교재 MAP을 참고하여 본인의 현재 혹은 목표 수준에 따라 교재를 선택하세요.
NE능률 교재들과 함께 영어실력을 쑥쑥~ 올려보세요!
MP3 등 교재 부가 학습 서비스 및 자세한 교재 정보는 www.nebooks.co.kr에서 확인하세요.

중1

중학영어1 자습서 (김성곤_2015 개정)
중학영어1 평가문제집 1학기 (김성곤_2015 개정)
중학영어1 평가문제집 2학기 (김성곤_2015 개정)
중학영어1 자습서 (양현권_2015 개정)
중학영어1 평가문제집 1학기 (양현권_2015 개정)
중학영어1 평가문제집 2학기 (양현권_2015 개정)

중2

중학영어2 자습서 (김성곤_2015개정)
중학영어2 평가문제집 1학기 (김성곤_2015개정)
중학영어2 평가문제집 2학기 (김성곤_2015개정)
중학영어2 자습서 (양현권_2015 개정)
중학영어2 평가문제집 1학기 (양현권_2015 개정)
중학영어2 평가문제집 2학기 (양현권_2015 개정)

중2-3

생활 일본어 자습서 (2015 개정)
생활 중국어 자습서 (2015 개정)

중3

중학영어3 자습서 (김성곤_2015 개정)
중학영어3 평가문제집 1학기 (김성곤_2015 개정)
중학영어3 평가문제집 2학기 (김성곤_2015 개정)
중학영어3 자습서 (양현권_2015 개정)
중학영어3 평가문제집 1학기 (양현권_2015 개정)
중학영어3 평가문제집 2학기 (양현권_2015 개정)

고1

영어 자습서 (김성곤_2015 개정)
영어 평가문제집 (김성곤_2015 개정)
내신100신 기출예상문제집_영어1학기 (김성곤_2015)
내신100신 기출예상문제집_영어2학기 (김성곤_2015)
영어 자습서 (양현권_2015 개정)
영어 평가문제집 (양현권_2015 개정)

고1-2

영어 I 자습서 (2015 개정)
영어 I 평가문제집 (2015 개정)
내신100신 기출예상문제집_영어 I (2015 개정)
실용 영어 자습서 (2015 개정)
실용 영어 평가문제집 (2015 개정)
일본어 I 자습서 (2015 개정)
중국어 I 자습서 (2015 개정)

고2

영어 독해와 작문 자습서 (2015 개정)
영어 독해와 작문 평가문제집 (2015 개정)
영어 회화 자습서 (2015 개정)

고2-3

영어 II 자습서 (2015 개정)
영어 II 평가문제집 (2015 개정)
내신100신 기출예상문제집_영어II (2015 개정)

고3

www.nebooks.co.kr NE 능률

수능 어법의 시작부터 완성까지, **All Clear!**

올클 수능 어법 완성

All Clear

시험에 꼭 나오는 수능 어법 총정리

www.nebooks.co.kr 지문 MP3 파일 무료 다운로드

www.neclass.com NE능률 교재 무료 강의

전국 **온오프 서점** 판매중

빈출 어법으로 완성하는 수능 대비서 올클

수능 어법의 시작, 올클 수능 어법 Start

- 수능 어법을 처음 접하는 예비고 ~ 고1 대상 난이도 구성
- 50개 수능 빈출 어법 포인트 총정리
- 지문형 리뷰 테스트를 통한 실전 수능 어법 완벽 대비
- 수능 어법에 쉽게 접근할 수 있는 단계별 구성(Pre-Study 코너)

수능 어법의 완성, 올클 수능 어법 완성

- 실전 수능과 유사한 난이도 구성
- 36개 수능 빈출 어법 포인트 총정리
- 기출 어법 문제를 통한 수능 어법 포인트 완벽 마무리
- 최신 수능 출제 경향 및 난이도를 반영한 5회분 모의고사 제공

올클 Start

올클 완성